L'éthique de l'avocat pénaliste

5-7, rue de l'École-Polytechnique ; 75005 Paris
http://www.harmattan.fr
diffusion.harmattan@wanadoo.fr
harmattan1@wanadoo.fr
ISBN : 978-2-343-05222-9
EAN : 9782343052229

Edwige RUDE-ANTOINE

L'ETHIQUE DE L'AVOCAT PENALISTE

Préface par Jean DANET

L'Harmattan

Éthique en contextes

une collection de la Fondation Ostad Elahi
– éthique et solidarité humaine

reconnue d'utilité publique

L'éthique ne se limite pas à une réflexion purement théorique sur le contenu et l'application des valeurs morales. Elle est inséparable de l'action humaine et du travail par lequel des sujets se forment eux-mêmes au contact de leurs semblables, dans des environnements particuliers.

Il n'y a donc d'éthique qu'*en contextes* : contextes sociaux, économiques, professionnels, institutionnels, géopolitiques, etc. Les acteurs qui évoluent dans ces différents espaces, et souvent de l'un à l'autre, développent des compétences et des savoirs pratiques. Leur « sens éthique » leur permet d'articuler à chaque fois les droits et les devoirs en jeu en s'efforçant de ne pas s'y perdre, c'est-à-dire de trouver un *modus vivendi* entre des valeurs personnelles, familiales, religieuses, et des valeurs professionnelles ou organisationnelles qui ne leur sont pas d'avance ajustées.

Les enjeux concrets de ce travail, les conflits qu'il occasionne parfois, le savoir tacite ou explicite des différents acteurs et les stratégies qu'ils adoptent pour la résolution des conflits et la construction d'une éthique personnelle et collective, sont autant de dimensions qu'une réflexion sur l'éthique appliquée peut tenter d'explorer.

Ainsi, penser l'éthique en contextes ne se résume pas à établir la déontologie ou les règles de bonne conduite propres à chaque type d'activité. Il s'agit plutôt, à travers des analyses menées sur des cas concrets, d'éclairer les modalités pratiques de la prise de décision, de proposer des outils nouveaux pour la réflexion et pour l'action.

Déjà publiés dans la même collection

La Beauté à la rencontre de l'éducation. Académie internationale de Théâtre pour enfants, 2014
par E. Toulet.

État des lieux de l'enseignement et de la recherche en éthique, 2014
Sous la direction d'E. Rude-Antoine et M. Piévic.

Éthique et Famille, 2013
Tome 3, sous la direction d'E. Rude-Antoine et M. Piévic.

La Construction du savoir éthique dans les pratiques professionnelles, 2011
Avec des contributions de P. Fortin, B. Leclerc, P.-P. Parent, S. Plourde, D. Rondeau (Université du Québec à Rimouski).

Éthique et Famille, 2011
Tomes 1 et 2, sous la direction d'E. Rude-Antoine et M. Piévic.

Stratégies d'entreprises en développement durable, 2010
Sous la direction d'E. Reynaud, avec des contributions de L. Barin Cruz, H. Chebbi, W. Chtourou, E. Dontenwill, C. Gauthier, A. Mathieu, M. Marais, C. J. Ney, E. Reynaud et collab.

Éthique de l'entreprise : Réalité ou illusion ?, 2010
Avec des contributions de A. Anquetil, M. Bon, F. Cardot, J.-F. Connan, L. Hirèche-Baïada, Th. Hommel, J.-J. Nillès, S. Orru, B. Saincy.

Éthique et Développement durable, 2010
Sous la direction de l'IFORE, avec des contributions de D. Bourg, D. de Courcelles, A. Létourneau, P. Ponsart-Ponsart, Cl. Revel, A. Touraine, P. Viveret. Introduction de M. Pappalardo.

Éthique et crise financière, 2009
Avec des contributions de A. Benassy-Quéré, J.-Ch. Le Duigou, B. Esambert, D. Lamoureux, J.-F. Pécresse, Ch. Walter.

La Musique à l'esprit : Enjeux éthiques du phénomène musical, 2008
Sous la direction de J. During, avec des contributions de L. Aubert, A. Didier-Weil, J. During, G. Goormaghtigh, E. Lecourt, F. Picard, P. Sauvanet, B. Stiegler et J. Viret.

Validité et limites du consensus en éthique, 2007
Sous la direction d'A. Létourneau et B. Leclerc, avec des contributions de N. Aumonier, G. Beauregard, L. Begin, A.-M. Boire-Lavigne, G. Caron, D. Boucher, J. Fortin, R. Lair, A. Le Blanc, J.F. Malherbe, P. Martel, M. Monette, S. Mussi, L. Rochetti, G. Voyer.

Qu'avons-nous fait du droit à l'éducation ?, 2007
Avec des contributions de M. Assémat, G. Azoulay, F. Boissou, B. Bourgeois, H. Cohen, M. Kostova, M. Méheut, A. de Peretti, J. Salame Sala, B. Stiegler et des interviews de M.-C. Restoux-Gasset et J.-F. Connan.

Éthique et solidarité humaine à l'âge des réseaux, 2006
Avec des contributions de Ph. Breton, H. Le Crosnier, C. Henry, P. Mathias, S. Missonnier, P. Pérez, V. Peugeot, P. Soriano.

Trois Écoles québécoises d'éthique appliquée : Sherbrooke, Rimouski et Montréal, 2006
A. Letourneau, F. Moreault (collab.).

L'Éthique individuelle, un nouveau défi pour l'entreprise, 2005
Avec des contributions de A. Ballot, L. Bibard, G. Even-Granboulan, C. Ganem, M. Grassin. Préfacé par M. Bon.

Éthique et éducation. L'École peut-elle-donner l'exemple ?, 2004
Avec des contributions de B. Bourgeois, J. Costa-Lascoux, B. Elahi, J. Houssaye, B. Kriegel, C. Mollard, E. Morin, D. Ottavi, A. Peignault, J.-C. Pettier, R.-M. Saugey, L. Villemard, J. Wimberley, L. Wirth.

Intervenir auprès des familles
Guide pour une réflexion éthique, 2004
Sous la direction de P.-P. Parent, avec des contributions de B. Boulianne, M. Beaulieu, M. Dumais.

Le Souci éthique dans les pratiques professionnelles.
Guide de formation, 2004
Sous la direction de P. Fortin et P.-P. Parent.

Remerciements

Je tiens à remercier tout particulièrement :

Rémy Aucharles pour ses remarques toujours justes, tout au long de l'écriture de ce livre, et pour son soutien indéfectible et affectueux.

Marc Piévic, qui a cru en ce projet et m'a soutenue de sa générosité et de son amitié.

Bernard Reber, Eric Fourneret. Ils ont été mes premiers lecteurs. Ils m'ont considérablement aidée par leurs objections, leurs observations, leurs façons de me questionner pour une partie de ce livre.

Maîtres Alain Molla et Philippe Vouland pour leurs récits filmés qui ont enrichi ma réflexion. Jean-Marie Fayol-Noireterre qui a contribué à ma collecte de données de procès d'assises.

Et particulièrement tous les avocats qui ont accepté de me rencontrer et de donner de leur temps. Volontairement, j'ai choisi de ne pas divulguer leur nom. Mais qu'ils sachent que leurs témoignages ont été déterminants pour la compréhension de la défense pénale et l'orientation thématique de cet ouvrage.

Préface

par Jean Danet

Est-il bien raisonnable d'accepter de préfacer un ouvrage qui paraîtra aux yeux de celui qui le feuillette citer abondamment… le préfacier ?

Le lecteur pourrait soupçonner l'un de ces compérages si commun – hélas – aux milieux universitaires. Pour dissiper tout soupçon de ce genre, disons-le d'emblée, je ne connaissais pas Edwige Rude-Antoine avant qu'elle ne m'adresse par un premier courriel la version initiale de son ouvrage et sollicite dans le même temps cette préface. À ce jour, nous ne nous sommes pas encore rencontrés.

Ajoutons encore que les renvois en note au film *Des deux côtés de la barre*[1] sont trompeurs. Ce sont, en réalité, Maîtres Alain Molla et Philippe Vouland qu'Edwige Rude-Antoine cite dans l'ouvrage qui suit. Tous deux sont avocats et protagonistes du film en question[2]. J'avais voulu, pour servir à la formation des avocats, réaliser avec eux sous forme d'entretiens un film pédagogique sur le métier d'avocat pénaliste. Ces entretiens ont fourni à Edwige Rude-Antoine comme ceux qu'elle a elle-même réalisés le matériau de sa réflexion. Je suis heureux d'avoir ainsi participé indirectement à son entreprise.

Si j'ai accepté de préfacer ce livre qui n'en avait pas besoin, ce n'est évidemment pas au nom d'une compétence ou d'une autorité particulière en ce domaine mais parce que, comme avocat honoraire et comme enseignant-

1 Ce film est accessible sur le site de l'UNJF (Université numérique juridique francophone).

2 Alain Molla et Philippe Vouland dirigent ensemble l'Institut de défense pénale à Marseille. Les sessions de formation qu'ils organisent dans ce cadre font une part notable à la réflexion sur l'éthique de l'avocat pénaliste. Cette préoccupation était aussi présente dans leurs réponses à mes questions à l'occasion du film *Des deux côtés de la barre*.

chercheur, je suis convaincu de l'intérêt de tels travaux. Nous en avons le plus grand besoin.

Avocats, magistrats, policiers, journalistes, bâtonniers[3], et bien sûr tous ceux qui se destinent à ces professions, et puis encore les citoyens qui s'intéressent à la justice et les citoyens qui la découvrent en tant que jurés, tous ceux-là, pour des raisons très diverses tireront profit de la lecture de ce livre. L'éthique de l'avocat pénaliste les concerne très concrètement. Le métier intrigue les uns parce qu'ils en ignorent la réalité. Et les autres, même lorsqu'ils le côtoient au quotidien, en ont bien souvent des représentations faussées.

Edwige Rude-Antoine n'est pas avocate et n'avait pas avant de réaliser ce travail de connaissance particulière de ce métier. C'est sa réflexion très construite et ses travaux antérieurs sur les rapports entre l'éthique et le droit qui l'ont menée à s'y intéresser. Et c'est cette approche, par la théorie de l'éthique, qui fait l'originalité de ce livre.

Edwige Rude-Antoine est juriste et sociologue et c'est comme telle qu'elle a porté son regard sur ce métier qui fascine les uns tout autant qu'il irrite, choque ou reste tout simplement incompréhensible aux autres. Chacun peut bien avoir en tête un point de vue très différent de celui de son voisin sur cette profession et pourtant, tous ont la même interrogation : « Comment font-ils pour défendre ? » Edwige Rude-Antoine n'échappe pas à cette question mais si elle la fait aussi sienne, elle la pose avec la méthode qui est celle de son métier. Et elle nous livre le résultat d'une enquête faite de lectures, et d'entretiens approfondis avec des avocats pénalistes aux profils variés.

Cette diversité des points de vue pris en compte par l'auteur donne à ce livre l'une de ses forces. Elle fonde au plan phénoménologique comme au plan méthodologique l'affirmation conclusive du caractère pluriel de l'éthique de l'avocat pénaliste.

La cohérence et la beauté parfois du discours de tel ou tel avocat célèbre qui réfléchit sur son éthique peuvent nous séduire. Si profonde soit-elle, cette méditation n'aura pas la richesse qu'offre la confrontation de points de vue multiples, parfois très opposés et tirés d'expériences professionnelles diverses. Et même si certains des points de vue rapportés ici sont moins mûris, plus spontanés, moins élaborés, ils livrent sans aucun doute des données plus

[3] Lesquels ne sont pas le plus souvent des pénalistes.

réalistes sur la situation de l'avocat pénaliste confronté dans son quotidien à des questions concrètes d'éthique.

Cette enquête témoigne aussi de ce que ces questions évoluent en même temps que le cadre procédural dans lequel la défense opère, et Edwige Rude-Antoine a pris soin de rappeler cette évolution dans le premier chapitre. L'éthique de l'avocat pénaliste est mouvante, en tout cas vivante. Elle n'est pas réductible à une posture ou à une série de postures qui seraient figées dans le temps.

Mais en revanche, chacune des questions concrètes que la pratique évolutive de la défense peut soulever fait écho à des réflexions fondamentales, des approches philosophiques ou théoriques de l'éthique parfois très anciennes. C'est l'apport essentiel de ce livre que d'éclairer le lecteur – et en premier lieu le juriste, le praticien – sur ces parentés, ces correspondances. Que ces questions concrètes fassent écho à la pensée d'Aristote, de Rousseau, de Ricœur ou d'autres encore nous aide en effet à mieux saisir la complexité des situations qu'affronte l'avocat.

Les notations jamais pesantes d'Edwige Rude-Antoine sur ces correspondances fournissent au lecteur autant d'outils de réflexion mais sans jamais asséner de trop longs et savants commentaires qui étoufferaient, noieraient les questionnements concrets de ceux qu'elle a pris soin d'écouter et de faire parler. Les analyses de l'auteur ne font pas écran entre les avocats sollicités et le lecteur ; elles éclairent les dires des premiers pour le second.

Cet ouvrage, avons-nous dit, intéressera les avocats pénalistes, ceux qui les côtoient dans leur pratique et tous ceux qui se destinent à ces professions. Mais il devrait aussi faire réfléchir ceux qui ont la charge de les former.

Les facultés de droit se sont depuis très longtemps enfermées dans une approche technicienne du droit tout en étant le plus souvent très éloignées de ses pratiques. Elles ne savent pas faire le lien entre le droit qu'elles enseignent et le droit vivant. Trop d'universitaires, en France, cultivent encore, au nom d'on ne sait quelle supériorité intellectuelle autoproclamée, un mépris à peine masqué pour les préoccupations de la pratique. Elles ne les intéressent pas car – n'est-ce pas – « ce n'est pas du droit ». Tout ce qui n'est pas du droit – du « droit pur » disent même certains ! – n'aurait pas sa place à l'université et ces questions de pratique ne seraient que des « tours de mains », des « ficelles du métier » tout juste bonnes pour les écoles d'application professionnelle.

La distinction entre déontologie et éthique est alors méconnue. Le lien entre les principes fondamentaux du droit – le contradictoire par exemple – et l'éthique n'est pas fait. Les articulations entre le procès équitable, les règles concrètes de procédure et les questions concrètes d'éthique constituent l'aporie d'un enseignement que la réflexion sur les pratiques n'irrigue plus.

Ce livre nous rappelle tout simplement que l'avocat pénaliste croise tous les jours des questions d'éthique que des pensées exigeantes – Aristote –, des pensées contemporaines – anglo-saxonnes par exemple – éclairent de leur puissance. Ces questions pénètrent au plus profond des enjeux de justice ; elles ont été formalisées au plan théorique – déontologisme, conséquentialisme, et d'autres – et elles intéressent nécessairement le juriste. Le rapport au client, le rapport à la victime, le rapport à la notion de vérité, les valeurs de loyauté, de confiance, de prudence ne sont pas, comme on va le voir, des questions théoriques, elles se posent à propos de la communication d'une pièce, du contenu de la plaidoirie, d'une question posée en audience. Elles interfèrent avec le déroulement de la procédure, avec les initiatives de l'avocat, ses demandes d'investigation, etc.

Le lecteur et notamment l'enseignant chercheur pourra lire cet ouvrage comme un exemple de ce que peut être une réflexion sur l'éthique appliquée au droit. Ici sur l'exemple de l'avocat pénaliste, après que l'auteur ait aussi abordé ces questions à propos du droit de la famille[4]. De tels ouvrages sont encore trop rares. Et surtout, ils ne sont pas assez utilisés pour la formation initiale des juristes.

Avant que demain elles ne soient, en termes d'apprentissage technique du droit, disqualifiées par des établissements privés qui feront mieux qu'elles et qui s'intéresseront aussi à l'éthique, les facultés de droit pourraient en un ultime sursaut proposer de telles réflexions à leurs étudiants. Loin de déroger à leur vocation universitaire comme elles le pensent parfois, elles l'assumeraient enfin.

En attendant, découvrons avec Edwige Rude-Antoine, l'éthique plurielle de l'avocat pénaliste.

Essaouira, le 8 mai 2014.

[4] E. Rude-Antoine et M. Piévic (dirs), *Éthique et famille, t. 1,2 et 3* (coll.), Paris, L'Harmattan, Coll. « Éthique en contextes », 2011, 2013.

Introduction

« Je me souviens d'un bâtonnier qui disait : "Regardez les pénalistes, ils ont la même gueule que leurs clients." Quand je défends les accusés d'Outreau lorsqu'ils sont réputés être pédophiles, on me regarde comme un salaud. Quand je défends les mêmes alors qu'ils sont devenus innocents, je suis un héros. Je ne mérite ni cet excès d'opprobre, ni cet excès d'honneur. Lorsque je dis qu'il est intéressant de faire acquitter un coupable parce que faire acquitter un innocent, c'est la moindre des choses, je sais que cela peut choquer. Que traduit le fait qu'un coupable soit acquitté ? Est-ce le signe d'un dysfonctionnement de la justice ? Est-ce que cela ne montre pas plutôt que la justice a appliqué les règles qui sont les siennes, à savoir que dans un État de droit, la culpabilité ne peut être consacrée que si la preuve en est clairement rapportée par l'accusation ? N'est-ce pas cela qui est rassurant ? Dans l'une des plus vieilles démocraties du monde, on n'a pas encore intégré que la défense est un droit essentiel. Après un repas de communion, il y a toujours quelqu'un pour demander : "Comment faites-vous pour défendre l'assassin d'un enfant ?"[1]. »

C'est bien en effet cette question, soulignée par Eric Dupond-Moretti, que les avocats pénalistes entendent à propos de leur métier. C'est aussi à cette question que nous voudrions répondre dans cet ouvrage.

Grandes figures de la profession, connues du grand public, les avocats pénalistes sont tantôt admirés, tantôt controversés, voire condamnés… Gisèle

[1] E. Dupond-Moretti, *in* CH. Perrin et L. Gaune, *Parcours d'avocat(e)s*, préface par Ch. Charrière-Bournazel, Paris, Le Cavalier bleu, 2010, p. 61-62.

Halimi, la « défenseuse pour le droit des femmes et contre la torture », Jacques Vergès, « l'avocat de la terreur », Henri Leclerc, « l'engagé pour les droits de l'homme », tous trois sont au service de la justice pour le meilleur... et pour le pire ! Car le métier fascine[2] : jeux de dupe, faux-semblants, manipulation, l'avocat est souvent représenté dans la fiction sous les traits d'un être ambigu, sans cesse sur le fil... L'avocat pénaliste du XXIe siècle s'est-il véritablement éloigné de l'avocat tel que décrit dans *Les Gens de justice* de Daumier ? L'instant de la métamorphose de bourgeois en avocat revêtant sa robe et endossant le rôle de plaidoirie, le spectacle des avocats en robe qui, les bras chargés de dossiers, arpentent l'escalier du Palais, ou l'avocat parlant à son client en aparté tandis que la partie adverse poursuit sa plaidoirie ? Sans doute pas. Mais les mutations permanentes de la matière pénale, du modèle du procès, de leur traitement par l'institution judiciaire peuvent-elles inviter l'avocat pénaliste à occuper de nouvelles fonctions, conquérir de nouveaux droits et élargir ses champs d'exercice ? On peut se demander si d'autres réformes devront être engagées pour protéger ou renforcer les « valeurs éthiques » nécessaires au métier d'avocat pénaliste, qui intervient tantôt en défense, tantôt au soutien des intérêts de la partie civile. L'éthique n'étant pas entendue seulement comme la déontologie d'un corps professionnel que nous évoquerons nécessairement, mais comme « un ensemble de règles, ou plutôt de références, non écrites, et très souvent innommées, qui font qu'au-delà du rapport nécessaire au droit, se construisent, pour l'avocat, la fonction de défense et pour le magistrat, l'œuvre de justice qu'il s'agisse de l'exercice de l'action publique ou du jugement[3] ».

Ce livre voudrait combler un manque dans les réflexions contemporaines de l'avocature. Rares sont, en effet, les travaux qui abordent l'éthique de l'avocat pénaliste. Nous avons tenté de surmonter cette lacune et voulu savoir si, et comment, les questions morales se posent dans la pratique. Quelles sont les interrogations et incertitudes des avocats pénalistes confrontés à des choix de défense ? Nous ouvrons ici une parenthèse : à aucun moment nous n'avons cherché à réaliser un ouvrage de philosophie morale. Les

---

[2] « Les enquêtes de notoriété effectuées auprès des justiciables révèlent que les deux ou trois noms d'avocats qu'ils connaissent sont immanquablement ceux de pénalistes », *in* Ed. de Lamaze et Ch. Pujalte, *L'Avocat, le juge et la déontologie*, Paris, Puf, Coll. « Questions judiciaires », 2009, p. 33.

[3] S. Gaboriau, *L'Éthique des gens de justice*, Entretiens d'Aguesseau, actes de colloque, Limoges, Presses universitaire de Limoges, 2000, p. 10.

théories morales utilisées l'ont été uniquement comme ressources et pour appuyer notre démonstration. Dans notre démarche, nous associons le terrain juridique à un regard sociologique. Nous nous situons à la fois dans le cadre de la sociologie du droit et de la sociologie morale. Nous étudions le droit comme une action sociale en ce sens où nous enquêtons sur les actions des avocats qui s'en inspirent et vérifions jusqu'à quel point ils s'en inspirent. Nous décrivons ces actions dans leur évolution temporelle, en identifions les effets concrets en reliant de telles enquêtes à une vision théorique générale qui rend compte des positions qui, dans le cadre de relations sociales, incluent le droit considéré dans son ensemble et dans ses détails[4]. Nous analysons les intentions, les pratiques quotidiennes effectives et les enjeux de responsabilité des pénalistes[5]. Les avocats pénalistes que nous avons entendus ont, certes, des pratiques différentes, mais ils sont tous confrontés à la petite, moyenne et grande délinquance du monde urbain contemporain. La défense est leur ciment commun. Comme l'exprimait Henry Torrès à son jeune collaborateur de l'époque, Robert Badinter : « La justice, mon petit, ce n'est pas ton affaire. Tu n'as pas à rendre la justice toi, tu ne décides rien, tu ne condamnes personne, tu ne peux même pas acquitter quelqu'un. Ton problème à toi, ce n'est pas de savoir ce qui est juste ou non, ton seul problème, ta raison d'être, à toi, avocat, c'est de défendre… Ce qui compte, c'est que tu fasses tout pour défendre ton bonhomme… La défense, mon petit c'est une totalité, je veux dire que tu dois t'engager totalement[6]. » Et citant Vincent de Moro-Giafferi : « Je n'ai pas de cas de conscience ! J'ai derrière moi une longue expérience. Je fus toujours la défense. Mais je confonds volontiers la défense avec la justice. Il n'existe personne si odieux soit-il à nos yeux qui n'ait droit à être défendu – et sincèrement défendu par un autre homme. »

L'avocat philosophe et essayiste québécois François-Xavier Gosselin renchérit : « Simple devoir de conscience, contrainte philosophique et morale, la présence de l'avocat doit être imposée non en guise de symbole, nourrissant les bonnes consciences mais comme un protagoniste majeur. S'il n'a pas de droits, ou, ce qui est plus grave, s'il ne s'en empare pas, il n'est rien[7]. » Les

---

[4] V. Ferrari, *Lineamenti di sociologia del diritto*, Roma, éd. Laterza, 2004 (1997), p. 55-105.

[5] Cet ouvrage s'appuie sur l'analyse des données recueillies lors d'entretiens semi-directifs avec des avocats pénalistes des barreaux de Paris, Lille, Clermont-Ferrand réalisés au cours des années 2012 et 2013 et sur l'analyse d'audiences enregistrées devant plusieurs cours d'assises.

[6] R. Badinter, *L'Exécution*, Paris, Grasset, 1973.

[7] F. X. Gosselin, *Histoire des avocats,* (blog de l'auteur), 19 novembre 2007.

nouvelles formes de violences, les comportements et les repères parfois inédits de justiciables, du meurtre de Karine Chassing[8] à l'affaire dite « du bus incendié de Marseille[9] », ont-ils modifié cette vision de la fonction du pénaliste ? Il y a peu de chance, nous le verrons. L'affaire Dominique Strauss-Kahn, en revanche, peut avoir pour conséquence d'élargir la compétence « investigatrice » de l'avocat qui deviendrait « enquêteur », et ceci avec l'assentiment du Conseil de l'ordre. Ce métier, probablement le plus difficile humainement parmi les professions judiciaires, a de « beaux jours » devant lui…

Dans cet ouvrage, il s'agit de relever la complexité de cette notion même de défense pénale qui surgit dans les interstices des savoirs et des pratiques, au croisement des activités sociales, de la politique et du droit sans oublier l'imaginaire. Il faut souligner la difficulté de réduire cet objet à des représentations univoques. Depuis son entrée dans le cabinet du juge d'instruction en 1897 puis son irruption dans le cabinet du Procureur pour reconnaître à huis clos la culpabilité de son client, le « plaider-coupable » ou plus techniquement la « comparution sur reconnaissance préalable de culpabilité » en 2004, sans omettre le droit à délivrance des copies pénales en 1981, le débat contradictoire en matière de détention provisoire en 1984, l'inculpé qui se transforme en « mis en examen », le juge de l'application

[8] O. Ballande, *Avant les assises. Une affaire de meurtre*, DVD vidéo, Maha Productions. Le mercredi 26 mars 1997, Karine Chassing est découverte poignardée et égorgée à son domicile dans lequel courait un incendie. Christophe Bauer, son concubin, est accusé de ce meurtre. Cette affaire a été instruite et jugée à Paris.

[9] A. Molla, Ph. Voulland, *in* J. Danet, *Des deux côtés de la barre*, DVD vidéos 1 et 2, réalisation D. Duuez, Filippi et Duuez Production, janvier 2009. L'auteur présente ici l'affaire qui sert de fil rouge au film. C'est à Marseille que le 28 octobre 2006, un groupe de jeunes gens tous mineurs va à la nuit tombée et en pleine ville arrêter un des autobus de la ligne 32. Le bus stoppé, ils vont s'engouffrer dans le véhicule, après avoir forcé les portes arrière et vont répandre de l'essence sur les banquettes. Affolés la conductrice et les passagers vont tenter de fuir, de sortir précipitamment. Mais sans attendre l'évacuation complète du bus, un des jeunes va jeter un mouchoir enflammé et prendre la fuite. Le bus s'embrase immédiatement et piège cinq personnes dans l'incendie. Parmi celles qui n'étaient pas encore sorties du bus, plusieurs encore ont été blessées dont une très grièvement brûlée. Jeune étudiante d'origine sénégalaise, Mama Galledou sera brûlée aux 2e et 3e degrés et à 62 %. Après avoir été entre la vie et la mort de longs jours, elle subira, pendant deux années, plusieurs greffes et opérations de chirurgies réparatrices et il lui faudra encore de nombreuses rééducations pour mener une vie normale. L'affaire qui allait devenir « L'affaire du bus incendié de Marseille » a soulevé une très vive émotion non seulement localement mais aussi au niveau national. La pression médiatique fut exceptionnelle. Cette affaire a été instruite et jugée à Marseille et à Aix-en-Provence et elle a fait l'objet, compte tenu de l'âge des accusés, de deux procès distincts : l'un aux assises pour les mineurs de plus de 16 ans, l'autre au tribunal pour enfants statuant au criminel, d'abord en 1ère instance, puis en appel pour les deux mineurs de moins de 16 ans.

des peines qui peut accorder des libertés conditionnelles, la capacité à participer à la recherche de la vérité face à un juge d'instruction dépossédé du pouvoir d'incarcérer en 1993, l'assistance par l'avocat du « témoin assisté », l'arrivée du juge de la liberté et de la détention et le droit d'appel des arrêts de cour d'assises en 2000, ou la réforme de la garde à vue en 2011, l'avocat pénaliste a vu l'exercice de son métier subir des mutations. Encore de nos jours, l'ambiguïté constitutive de la fonction de défenseur est loin d'être résolue, comme le montre cette oscillation de sens qu'on perçoit dans les réformes des institutions judiciaires mais aussi dans les paroles des avocats. C'est pourquoi il convient de rechercher les manières selon lesquelles, dans l'histoire et le droit, se sont construits la défense pénale et plus globalement, l'exercice de la justice. On a affaire plutôt à un processus complexe, qui ne peut être reconstitué que par un effort de mise en ordre des données qui lui sont adéquates. La notion de défense se dégage toujours partiellement, sans jamais atteindre son degré le plus accompli de formalisation. Les juristes ont le plus grand mal à imposer la forme d'une même notion à la totalité des pratiques auxquelles est associée la défense. C'est pourquoi on ne peut procéder que par reconstructions historiques et juridiques approximatives qui se dérobent à une définition ultime. Mais cette approche de l'histoire sociale des réformes judiciaires ne va pas sans produire des conséquences sur la manière de concevoir la défense pénale et sur la référence plus ou moins forte à des valeurs éthiques qui pourraient en découler.

À côté de cette analyse des mutations qui s'opèrent dans l'institution judiciaire, il nous faut analyser les qualités déontologiques attendues de l'avocat. Comment et en présence de quelles circonstances historiques les règles déontologiques applicables à la profession d'avocat se sont-elles structurées ? En quoi, aujourd'hui, sommes-nous en mesure d'en tirer quelques profits pour mieux comprendre la relation de l'avocat avec son institution et la fonction de défenseur ? Car la déontologie pourrait, par glissements, se retrouver mise à l'épreuve, voire mise en échec. Pour essayer de répondre à ces questions, il apparaît instructif de déchiffrer toute la rationalité pratique véhiculée par les termes d'indépendance, de courtoisie, de prudence, d'honneur, de désintéressement, de probité, de confraternité, de loyauté, et de délicatesse, qui sont contenus dans les règles déontologiques. L'étude de toutes les significations attribuées à ces qualités requises de l'avocat peut être très utile pour comprendre un ensemble de pratiques normatives.

À l'opposé de ces obligations professionnelles qui se parent du nom d'éthique mais qui s'apparentent plutôt à une morale professionnelle, il nous faudra découvrir ce qui permet à l'avocat de construire la relation à l'autre, en toute liberté, indépendamment de l'institution. Comme l'écrivent Edouard de Lamaze et Christian Pujalte[10], le travail de l'avocat dans ses moindres détails, les actes qu'il accomplit, les stratégies qu'il élabore, les plaidoiries qu'il prononce sont suivis pas à pas par le client. L'avocat doit inspirer toute la confiance et la légitimité requises pour que l'on puisse s'en remettre à lui. Les espoirs que la personne mise en cause, dite « prévenu » ou « accusé » ou que la victime placent dans leur avocat, les attentes qu'elles en ont sont immenses. Mais l'avocat est aussi un partenaire de justice dans la mesure où il forme avec le magistrat un binôme indissociable. Là également, il lui faut être à la hauteur, en se montrant digne de ses prétentions naturelles. S'il ne l'est pas, l'équilibre même de la justice en sera rompu. C'est alors qu'interviennent les qualités ou ce que nous pouvons nommer les vertus de l'avocat qui sont ici spécifiques en ce sens où elles concernent non plus les conditions extérieures de la défense, par exemple le contradictoire, mais la personne même de l'avocat pénaliste. Il s'agit de réfléchir aux interrogations morales auxquelles est confronté l'avocat, c'est-à-dire aux questions dont les réponses peuvent être contradictoires (sympathie ou antipathie par rapport à son client qui renvoient à la vertu de proximité, indulgence ou sévérité vis-à-vis d'une affaire qui sont à relier à la vertu de mesure, pour n'en citer que quelques-unes) et qui traduisent le risque d'attitudes ambivalentes de l'avocat. Plutôt que de vouloir chercher des solutions et d'édicter des règles pour résoudre les problèmes, le présent ouvrage entend susciter une réflexion sur le propre travail de l'avocat et construire un débat éthique autour de cette fonction de défense. La vertu sera entendue dans son sens aristotélicien : « Les vertus ne sont pas en nous par l'action seule de la nature, et elles n'y sont pas davantage contre le vœu de la nature ; mais la nature nous en a rendus susceptibles, et c'est l'habitude qui les développe et les achève en nous. De plus, pour toutes les facultés que nous possédons naturellement, nous n'apportons d'abord que le simple pouvoir de nous en servir, et ce n'est que plus tard que nous produisons les actes qui en sortent. On peut bien voir un frappant exemple de ceci dans les sens. Ce n'est pas à force de voir, à force d'entendre, que nous acquérons les sens de la vue et de l'ouïe. Tout au contraire, nous nous sommes servis de ces sens parce

[10] Ed. de Lamaze, Ch. Pujalte, *L'Avocat, le juge et la déontologie*, préface par Jean-Claude Magendie, avant-propos par Michel Benichou, *op. cit.*, p. 39-41.

que nous les avions ; et nous ne les avons pas du tout parce que nous nous en sommes servis. Loin de là, pour les vertus, nous ne les acquérons qu'après les avoir préalablement pratiquées. Il en est pour elles comme pour tous les autres arts ; car dans les choses qu'on ne peut faire qu'après les avoir apprises, nous ne les apprenons qu'en les faisant. Ainsi, on devient architecte en construisant, on devient musicien en faisant de la musique. Tout de même, on devient juste en pratiquant la justice ; sage, en cultivant la sagesse ; courageux en exerçant le courage[11]. »

Ainsi, la vertu n'est pas un don de la nature, elle doit être acquise. La vertu est un comportement qui ne cherche pas à être conforme à une règle déontologique. La bonne conduite ne peut être appréciée qu'en fonction des circonstances. Les qualités de l'avocat pénaliste sont spécifiques en ce sens où celui-ci n'agit pas pour lui, mais pour un autre. Il doit ainsi dépasser son intérêt propre au profit de celui de son client, mais le peut-il ? Il s'agira ici de reconnaître de façon raisonnée l'importance d'une éventuelle qualité à la fonction même de défenseur. C'est une question à laquelle nous tenterons de répondre. Comme Aristote dans l'*Éthique à Nicomaque*, nous ferons une distinction entre vertus morales et vertus intellectuelles. Nous différencierons ainsi les vertus de caractère, les vertus de cœur d'une part et les vertus de pensée, les vertus d'esprit d'autre part.

Nous réfléchirons ensuite à la question de la défense pénale et de la vérité. Qu'est-ce qui est à l'œuvre dans l'action de défendre un prévenu ou un accusé ou de soutenir les intérêts d'une victime ? Les avocats sont-ils animés par une idée de vérité ? Toute réflexion sur la place qu'occupe la recherche de la vérité dans le procès pénal et plus particulièrement pour le défenseur suppose que l'on s'interroge sur la nature même de la vérité dite « judiciaire » ; mais de quelle vérité s'agit-il ? Peut-on dire que la recherche de la vérité pour l'avocat ne serait que les éléments à charge et à décharge dans le dossier de son client ? Peut-on parler d'une vérité absolue, d'une vérité de fait, d'une vérité rationnelle, d'une vérité objective, d'une vérité subjective, d'une vérité accessible, d'une vérité convaincante ? Peut-on dire comme l'écrit Patrick Pharo, que « la norme de vérité reste soumise à une norme de justice, d'abord parce qu'il peut être injuste de dire certaines vérités qui trahissent un secret,

---

[11] Aristote, *Éthique à Nicomaque*, *Livre II*, trad. par Jules Barthélémy Saint-Hilaire et Alfredo Gomez-Muller, Paris, Libraire générale française, Coll. « Classiques de la philosophie », 1992, p. 78-79, 3§ et 4§.

apportent une information inutile ou entraînent une souffrance indue » ? Mais aussi que « la justice est par elle-même une norme fondamentale de la vie sociale qui commande en grande partie le respect de la norme de vérité, car il n'est pas juste de mentir ou de tromper »[12] ? Nous entrerons ainsi de plain-pied dans la construction d'une « vérité judiciaire », intégrant les notions récurrentes que sont « le doute raisonnable » ou « l'intime conviction ». Il s'agira aussi de savoir si les pensées qui meuvent les avocats sont des valeurs morales ou s'appuient sur d'autres motifs plus prosaïques. On ne peut, en effet, saisir la dynamique causale de la position pratique de défenseur sans chercher à identifier la pensée de l'avocat, ce qui, à son tour, ne peut se faire que par une réflexion sur sa validité cognitive et morale, c'est-à-dire sa vérité pratique. Au regard des intérêts de son client, l'avocat doit-il la vérité aux juges ou en d'autres termes, peut-il mentir ? Peut-on parler de la vérité de son client ? Cela renvoie à la question de la vérité/mensonge centrale dans ce débat. Une place est-elle libre pour le mensonge « officieux » ? L'utilité n'est-elle pas un critère plus important que la vérité ?

Dans le chapitre suivant, nous montrerons que la défense a en charge le respect des règles du procès équitable et participe au débat contradictoire du procès. Nous analyserons le rôle joué par l'avocat dans l'équilibre entre l'acte commis et la peine. Nous rechercherons s'il existe des discriminations devant la justice. Nous réfléchirons à l'influence des médias sur le déroulement du procès. Peut-on alors parler d'une égalité des armes dans le procès ? Ou conclure qu'elle fait défaut ?

Nous constaterons que défendre n'est pas une simple application de la loi mais une participation à une justice humaniste. On tentera ici de définir quelles sont les lignes de la défense pénale. On s'interrogera sur le rapport existant entre la personne et son acte, sur la confiance dans la relation avocat-client, le respect du secret professionnel, la récusation des jurés, la plaidoirie et les risques de trahison du client, et enfin sur la place accordée à la victime.

Dans un dernier chapitre, le questionnement portera sur ces actes extrêmes, odieux qui rendent difficiles la compréhension de l'acte même de défense. Nous soulignerons que le crime monstrueux n'exclut pas une trace d'humanité. Face à la différence de valeurs de justice ou de valeurs morales entre l'avocat et son client, nous chercherons à comprendre comment résoudre

[12] P. Pharo, *Morale et Sociologie*, Paris, Gallimard, « Folio Essais », 2004, p. 319.

cette distance. Nous évoquerons l'apport d'une éthique narrative. Et si l'agir de l'avocat pénaliste concerne son client, nous verrons qu'il a un impact plus vaste, à la fois auprès de la victime et de la société civile. Il sera temps alors de s'interroger, à l'appui de diverses théories morales, sur l'éthique de l'avocat pénaliste. Est-elle spécifique ? Est-elle plurielle ?

Le pari de ce livre est d'explorer l'action de défense pénale. Qu'est-ce qui distingue l'action de défense pénale des autres activités humaines ? Qu'y a-t-il d'authentiquement original dans cet acte de défense qui prend la forme d'une cérémonie de paroles au cours de laquelle des arguments sont échangés selon un certain ordonnancement ? Comment l'avocat pénaliste replace-t-il la dimension humaine dans le droit ? « Plus qu'un procès, il s'agit d'un processus, plus que d'un sens déposé dans une norme qui sera appliquée à une situation, il s'agit d'une co-construction de sens. L'incertitude sera d'autant plus grande que l'on se rapproche du fait, c'est-à-dire de l'inordonné », soulignent à propos du jugement Antoine Garapon, Julie Allard, Frédéric Gros[13]. On verra ainsi que le principal déterminisme se niche dans les affects de l'avocat qui se trouve mobilisé par le contact avec des personnes en chair et en os. La défense s'articule sur la perception sociale préalable qui agit souvent à l'insu de l'avocat lui-même. Le procès pénal est un univers de fictions, de pressions, de manipulations légitimes, d'effets de manche, mais il est aussi un lieu où l'avocat doit convaincre. Celui-ci ne doit pas refouler ses déterminismes sociaux mais au contraire doit les accepter et les assumer. « Ce n'est pas en effet, dit Bourdieu, en refusant arbitrairement la pesanteur physique qu'on a réussi à vaincre et à conquérir l'espace… Il peut en aller de même pour la pesanteur sociale. La liberté n'est pas dans la négation magique du déterminisme mais dans la compréhension des lois du réel[14]. » Défendre est un art qui s'apprend par l'expérience et se transmet par l'exemple. Dans certaines affaires – crimes crapuleux, sévices particulièrement graves, grand état de faiblesse des victimes – peut-on trouver une issue à l'aporie dialectique : défendre son client jusqu'au bout, par tous moyens, tout en restant un auxiliaire de justice ? Ce sont les notions éthiques de convictions, de valeurs, d'honneur, de principes, d'« idée de la justice », qui viendront se confronter (se heurter parfois) à celles de « droit à la défense », « droit à l'avocat ».

[13] A. Garapon, J. Allard, F. Gros, *Les Vertus du juge*, Paris, Dalloz, 2008, p. 6.

[14] P. Bourdieu, J.-C. Chamboredon, J.-C. Passeron, *Le Métier de sociologue*, Paris, Mouton, 1975.

CHAPITRE 1

Les mutations de la défense pénale

La défense pénale apparaît sous une image lointaine, voire déformée. Si, ces dernières années, la chronique judiciaire des affaires pénales a occupé une place non négligeable dans les émissions télévisées, la réalité est bien différente de sa représentation au cinéma ou à la télévision. Les avocats, eux-mêmes, ne livrent guère une véritable analyse de leurs pratiques professionnelles. Rien ne nous est dit sur la défense pénale et son quotidien. Rien ne nous est dit sur l'art de défendre, l'art de convaincre. Le portrait des avocats pénalistes de la fin du XXe siècle décrit par les chroniques ou tracé par les croquis d'audience de Jean-Marc Théolleyre nous parlent d'une autre époque. Les avocats d'aujourd'hui sont divisés sur la défense pénale. Les uns soulignent qu'il s'agit du plus noble métier d'avocat, se situent comme les artistes du verbe. Les autres rappellent qu'ils font partie de cette génération marquée par le livre *Surveiller et punir*[1], ou par la fin du combat contre la peine de mort. D'autres encore insistent sur les qualités de technicité nouvelle qu'elle implique. Laissons s'exprimer Alain Molla, avocat pénaliste, inscrit au barreau de Marseille :

> Prêter serment en 1977 n'est pas neutre, je l'ai fait avec la révolte au cœur, bouleversé que j'avais été à deux reprises quelques mois auparavant, en juillet 1976 puis en septembre 1977, alors que j'étudiais le droit et que je découvrais avec enthousiasme à quel point il pouvait être un rempart contre la force et la barbarie, d'apprendre qu'à quelques centaines de mètres de mon domicile familial, au petit matin, dans la cour hideuse de la Maison d'arrêt des Baumettes, deux jeunes hommes, Christian Ranucci et Hamida Djandoubi, allaient être exécutés dans le fracas d'une lame d'acier qui leur trancha la tête. C'est dans cette révolte que j'ai puisé ma motivation et mon énergie à défendre, la même révolte que celle qui m'avait envahi encore lycéen, en septembre 1969, lorsque cette enseignante marseillaise, Gabrielle Russier, se suicidait après avoir été poursuivie, incarcérée, et condamnée

[1] M. Foucault, *Surveiller et punir*, Paris, Gallimard, 1975.

> pour être tombée amoureuse d'un de ses élèves mineurs. J'avais été ému aux larmes quand Georges Pompidou, interrogé sur l'affaire, avait cité Paul Eluard en ses vers des femmes tondues après la Libération : « Moi mon remord, ce fut la victime raisonnable au regard d'enfant perdue, celle qui ressemble aux morts qui sont morts pour être aimés. » Le monde a changé, débarrassé de la honte de l'échafaud notamment. Mais la justice n'a pas disparu trente ans après, avec des hauts et des bas, parfois au gré des contraintes économiques. De ce qui reste un métier, et sans jamais renoncer à rester un technicien du droit, je crois avoir gardé cette capacité à être ému, scandalisé, révolté, anticonformiste, qui fonde la vocation d'avocat[2].

Ou encore Philippe Vouland, avocat inscrit au barreau de Marseille depuis novembre 1976 :

> Je suis devenu avocat pour être pénaliste. Je n'ai d'ailleurs revendiqué que cette seule mention de spécialité. J'ai eu la chance d'être avocat stagiaire dans un immense cabinet d'avocats pénalistes mais me revendique aujourd'hui généraliste, certes à forte tendance pénaliste. Au cours de ces trente ans, j'ai eu le plaisir d'intervenir dans de très grandes affaires, en tous les cas très médiatisées et de continuer à être un avocat de proximité, au contact d'affaires dites banales mais qui constituent le quotidien de nos juridictions, c'est-à-dire ce que l'on appelle “la vie des gens”. Après dix-huit mois de barre, j'avais plaidé une affaire dans laquelle la peine de mort avait été requise contre le co-accusé et j'avais été commis d'office de nombreuses fois devant le tribunal permanent des forces armées que l'on appelle le tribunal militaire. Je peux vous dire que cela marque pour toujours[3].

C'est dire que les avocats pénalistes oscillent entre plusieurs tendances qui justifient que l'on essaie de mieux saisir leurs manières d'être et de faire. Si, pour analyser l'éthique des avocats pénalistes, l'analyse des pratiques des acteurs est essentielle, la prise en compte du contexte de la défense pénale et de ses métamorphoses profondes l'est tout autant. On verra d'abord que le champ de la défense pénale s'étend avec celui du droit pénal. On constatera ensuite que depuis quelques décennies, les progrès législatifs de la défense se sont inspirés du modèle du procès équitable avec l'importance donnée au débat contradictoire. On notera enfin que la défense pénale intervient de façon

[2] A. Molla *in* J. Danet, *Des deux côtés de la barre*, DVD vidéos 1 et 2, réalisation D. Duuez, Filippi et Duuez Production, janvier 2009.

[3] Ph. Vouland, *in* J. Danet, *Des deux côtés de la barre*, ibid.

multiple, depuis la garde à vue jusqu'à l'application de la peine. Il sera alors temps de se demander si les avocats puisent à travers tout ce contexte de la défense pénale une culture commune, s'ils y adhèrent de manière aveugle ou en font une analyse critique susceptible d'orienter leurs valeurs et leur agir.

La pénalisation de la société

Le juge européen a défini deux critères d'appréciation de ce que recouvre la matière pénale : la nature du fait ou du comportement transgresseur, le but et la sévérité de la sanction. La matière pénale recouvre tout à la fois, sous la notion de sanction répressive, des sanctions pénales et des sanctions administratives ou disciplinaires.

Les lois pénales « sont moins une espèce particulière de droit que la sanction de toutes les autres[4] », disait Portalis. Ces propos qu'il a tenus au moment de la naissance du Code civil se vérifient de nos jours. Pour chaque domaine du droit, le législateur veille à sanctionner pénalement la violation de nouvelles règles qu'il pose. On assiste ainsi à la naissance de nouvelles incriminations qui ont pour conséquence que la qualification, c'est-à-dire l'opération consistant à identifier un comportement à une infraction, devient de plus en plus complexe et demande de plus en plus d'attention.

Le nouveau Code pénal[5] et la pratique judiciaire ont consacré, depuis dix ans, une expansion des catégories de personnes poursuivies et participé à une pénalisation accrue de notre société par les peines qu'il a édictées. Les poursuites dirigées contre les chefs d'entreprise, les élus et les fonctionnaires pour des infractions volontaires telles que corruption ou trafic d'influence en sont des exemples. La responsabilité des personnes morales de droit privé et de droit public symbolise également cette évolution du champ en expansion de la défense pénale, qui n'est plus seulement la charge de personnes en chair et en os. La montée en puissance de la notion de risque dans notre droit pénal a également conduit le législateur à incriminer toujours plus en amont pour tenter de prévenir un comportement pouvant générer un résultat dommageable. La loi du 21 janvier 1995 a défini le droit à la sécurité comme l'une des conditions de l'exercice des libertés individuelles et collectives, et comme

[4] Portalis, « Discours préliminaire au projet du Code civil », in *Naissance du Code civil*, Préface par François Ewald, Paris, Flammarion, 1989, p. 49.

[5] P. Poncela, P. Lascoumes, *Réformer le Code pénal*, Paris, Puf, 1998, p. 43.

un droit fondamental qui n'a été remis en cause ni par la loi du 15 novembre 2001 relative à la sécurité quotidienne, ni par celle du 18 mars 2003 pour la sécurité intérieure. Certes, le mouvement s'est accéléré avec les attentats du 11 septembre 2001 ou depuis la campagne électorale de 2002 très centrée sur les notions de sécurité. Mais surtout, il s'est accéléré avec les nombreux textes adoptés depuis 2001 et relatifs à la sécurité et à la justice. On peut en citer quelques-uns : la loi du 29 août 2002 d'orientation et de programmation pour la sécurité intérieure, la loi du 9 septembre 2002 d'orientation et de programmation pour la justice, la loi du 3 février 2003 visant à aggraver les peines punissant les infractions à caractère raciste, antisémite ou xénophobe, la loi constitutionnelle du 25 mars 2003 relative au mandat d'arrêt européen, la loi du 3 février 2003 relative à la conduite sous l'influence de substances ou plantes classées comme stupéfiants, la loi du 9 mars 2004 ou loi Perben II portant adaptation de la justice aux évolutions de la criminalité. Cette dernière loi a introduit la circonstance aggravante de « bande organisée » dans de nombreuses infractions où elle ne figurait pas.

C'est peut-être aussi le nouveau regard porté sur les victimes qui explique encore cette pénalisation de la société. En effet, des raisons procédurales et financières (bénéfice du pouvoir d'inquisition de la justice pour aller chercher les preuves de l'infraction, absence d'avances de frais pour certaines expertises, consignation financière au début de la procédure d'un montant très faible, contact avec le juge d'instruction, suivi du dossier, meilleure visibilité de la procédure) conduisent les victimes à rechercher réparation de leur préjudice par la voie pénale. Mais aussi l'idée pour la victime que la plainte devant le juge pénal permettra de donner tout son sens à sa souffrance. Le glissement du préjudice moral vers le préjudice psychique inscrit d'ailleurs la victime dans un univers qui est celui du soin. L'enjeu du pénal pour les victimes reste celui de la reconnaissance et de la réparation du préjudice subi ou encore le besoin d'entendre prononcer une punition ou tout simplement de reconnaître une responsabilité.

Dans l'affaire dite « du bus incendié de Marseille » décrite précédemment, l'avocat de la partie civile rappelle la nécessité de cette reconnaissance de la responsabilité et l'importance pour celle-ci de comprendre les motivations des auteurs de l'incendie. Il explique l'attitude du père de la jeune femme brûlée en ces termes :

> Le père de la victime est quelqu'un d'extrêmement réfléchi et méthodique. La seule fois où il a voulu déposer, parler, c'était pour savoir, pour avoir une appréciation. Il avait identifié ceux qu'il considérait comme plus responsables, plus impliqués dans le drame de sa fille, et ceux qui, à l'évidence, y étaient pour quelque chose de moins important. Donc, il y avait une vraie demande de la partie civile de savoir, de comprendre, et c'est peut-être ce qui a fait la sérénité de cette partie civile. Elle n'était pas aveuglée ; on les a considérés comme éloignés de la chose judiciaire, [mais] ils étaient très proches, ils voulaient savoir, ils voulaient comprendre, ils voulaient même analyser, encore une fois, les motivations des uns et des autres[6].

La matière pénale est ainsi mouvante et en expansion et avec elle, l'avocat voit se diversifier ses fonctions, qu'il soit en défense ou représentant de la victime. Comme le précise Jean Danet, « la défense pénale, dans cet exercice croisé, peut échapper au risque de s'enfermer dans une pratique univoque et sans distance, et devenir un savoir nourri de ses allées et venues entre le prétoire et l'accusé, la victime et l'auteur, les proches de l'accusé et l'opinion. La défense pénale est un travail dans la distance, à l'égard de la loi, du juge et de "son client". De cette distance, elle tire la capacité d'assurer sa part dans la fonction symbolique du procès[7]. »

Vers un procès équitable

Schématiquement, comme l'a parfaitement montré le magistrat Denis Salas, depuis le XIXe siècle, le droit français avait choisi un modèle de procédure pénale mixte ; la première phase du procès relevait du modèle inquisitoire avec une phase d'enquête secrète, écrite et non contradictoire ; la seconde phase, celle du jugement se rattachait plutôt au modèle accusatoire avec ses audiences publiques marquées par l'oralité des débats et par cet échange contradictoire final au cours des plaidoiries. Peu à peu, des effets de convergences avaient rapproché les deux phases, chacune faisant référence à des règles inspirées de l'un et l'autre modèle. Le modèle français était toutefois plus inspiré du modèle inquisitoire. Comme l'écrit très justement Jean Danet, dans ce contexte, « l'enquête n'ignore rien de ce qui est nécessaire pour qu'un dossier "tienne"

---

[6] A. Molla, *in* J. Danet, *Des deux côtés de la barre*, IX « L'activité de l'avocat durant l'instruction », DVD 1, *op.cit.*

[7] J. Danet, « Défendre », *in* L. Cadiet (dir.), *Dictionnaire de la justice*, Paris, Puf, 2004, p. 312.

à l'audience. Le juge sait la différence entre le contexte de l'enquête et celui de l'audience, une différence que l'accusation et la défense exploiteront sous des optiques opposées »[8]. Cette oscillation entre ces deux modèles ne demeure plus de nos jours le centre de gravité du procès pénal. Le concept de procès équitable introduit par l'article 6 § 1 de la Convention européenne des droits de l'homme et la jurisprudence de la Cour européenne dans notre droit interne ont laissé place pour qu'un autre modèle se dessine, européen, commun aux procès civil et pénal.

En effet, la Convention européenne des droits de l'homme définit les conditions du procès équitable, notamment pour juger le bien-fondé de toute accusation en matière pénale. Le procès équitable doit offrir les garanties générales de tout procès : le droit à un tribunal indépendant et impartial, le droit à ce que la cause du prévenu ou de l'accusé soit entendue équitablement, publiquement, dans un délai raisonnable, la garantie du respect de la présomption d'innocence, l'égalité des armes, le droit de se taire, le caractère contradictoire du procès, la possibilité d'assurer ou de faire assurer sa défense, le droit à l'information, le droit à un interprète, le respect des principes de légalité dans l'administration de la preuve, la garantie de non-rétroactivité de la loi pénale, le droit au double degré de juridiction, et enfin le droit à l'interdiction de nouvelles poursuites pour la même infraction. Cette évolution vers un procès équitable justifie sans aucun doute toutes les réformes qui ont été souhaitées en France par les avocats en matière de procédure pénale. On pense ici d'emblée à la demande de plus de contradictoire dans toutes les différentes phases du procès. On pense également aux nouvelles règles juridiques du régime de garde à vue renforçant la protection de la présomption d'innocence et à celles concernant les droits des victimes. Laissons Eric Dupond-Moretti donner son point de vue sur les besoins de réforme des droits de la défense : « Il y a en France un déficit manifeste des droits de la défense. Le comité Léger va dans le bon sens quand il propose notamment de limiter la durée de la détention provisoire, d'autoriser l'intervention de l'avocat plus tôt pendant la garde à vue et de supprimer le juge d'instruction. Une seule personne ne peut mener l'enquête et protéger les droits de la défense. Ces fonctions doivent être clairement séparées et renforcées. Il faut une sorte de triangle avec au

[8] J. Danet, *Défendre. Pour une défense pénale critique*, Paris, Dalloz, Série « Regards sur la justice », 2004, p. 36.

sommet un juge totalement indépendant et en bas, avec les mêmes droits, le procureur et l'avocat[9]. »

Désormais, la défense pénale ne se caractérise plus par ce temps court de l'audience, tendu vers la plaidoirie, mais par un temps long vers de multiples interventions entre le moment où une personne est suspectée d'avoir commis une infraction jusqu'au terme de l'exécution de la peine.

La garde à vue et l'intervention limitée de l'avocat pénaliste

Commençons par donner la parole, dans le cadre de l'affaire dite « du bus incendié de Marseille » de 2006, à l'avocat de la défense sur la garde à vue d'un de ses clients, alors mineur, qui reconnaissait avoir participé aux faits :

> La garde à vue : il fallait voir mon client ! Le premier contact avec le client, je pense que les policiers eux-mêmes ont été époustouflés. Il fallait voir les policiers des geôles, il fallait voir le juge des libertés et de la détention lui-même ! Mon client avait le physique – je n'exagère pas parce que je l'ai vérifié et je l'ai fait vérifier par d'autres, j'avais peur de ma propre émotion – je vous affirme que mon client avait l'aspect d'un enfant de 10 à 11 ans, alors qu'il avait 15 ans et demi. C'était le plus jeune. La garde à vue ne s'est pas mal passée pour lui. Globalement, les gardes à vue se sont passées correctement. Les enregistrements n'ont absolument pas été utilisés et ils n'avaient pas à l'être, en ce qui concerne celui que je défendais, parce que l'on ne contestait rien de ce qui avait pu se passer en garde à vue ; les faits n'étaient pas niés en ce qui concernait mon propre client, et il n'y avait pas de dysfonctionnements en garde à vue qui m'auraient permis de faire voir le DVD pour essayer d'en tirer quelques avantages. Donc, l'enregistrement, comme dans neuf cas sur dix, à l'instant où je parle, peut-être même plus de neuf cas sur dix, n'a pas été utilisé[10].

De même, laissons une avocate exprimer ses inquiétudes sur la mise en œuvre de la réforme de la garde à vue :

> Je pense que la réforme était indispensable mais je ne sais pas comment concrètement, matériellement, financièrement, elle va pouvoir être mise

---

[9] Entretien avec E. Dupond-Moretti, *in* Ch. Perrin et L. Gaune, *Parcours d'avocat(e)s*, préface par Ch. Charrière-Bournazel, Paris, Le Cavalier Bleu, 2010, p. 64.

[10] Ph. Vouland, *in* J. Danet, *Des deux côtés de la barre*, I « Premiers contacts avec l'affaire », *op.cit.*

> en place. Je ne sais pas si, par rapport à ce que l'on entend aujourd'hui, l'avocat a la possibilité d'être présent à chaque audition par les policiers. Laissez-moi me poser la question de savoir comment on peut faire. Il faut que l'on se dédouble, qu'on embauche, parce que l'on a nos audiences, nos rendez-vous. Bien sûr, aller en garde à vue, c'est possible quand cela dure 30 minutes avec le client. Mais si l'on doit rester une journée ou si l'on fait deux-trois allers et retours parce que le prévenu est entendu deux ou trois fois dans une journée, comment va-t-on faire ? Je pense que la réforme était indispensable, parce qu'on se retrouvait face à des incohérences dans les dossiers où l'avocat n'était pas présent, parce que vous vous doutez bien que 30 minutes d'entretien, ce n'est pas suffisant, et qu'on n'avait pas accès à la procédure. Sans avoir accès à la procédure, qu'est-ce que vous voulez dire à votre client quand vous allez le voir 30 minutes ? Soit vous avez un client qui est relativement intelligent, et vous allez pouvoir vous baser sur un certain nombre d'éléments et peut être le conseiller, soit vous tombez sur quelqu'un qui ne sait pas de quoi on lui parle et qui, au fur et à mesure, devant le débit qui sort du chapeau des policiers, ne va savoir ni que faire ni que dire. Là, l'accès au dossier est fondamental. Mais je vous dis : "Concrètement, comment va-t-on faire ?" Je ne sais pas ! Peut-être que l'avocat va décider d'arriver pour la dernière audition de la journée, et avec les deux ou trois procès-verbaux qui vont arriver avant, il va pouvoir conseiller son client... C'était nécessaire, c'était fondamental, mais je ne sais pas comment cela va être mis en place (Entretien n° 6).

On pourrait ainsi penser que la garde à vue ne suscite aucune contestation. Il n'en est rien. Les avocats pénalistes ont réclamé depuis bien longtemps de pouvoir mieux assister leur client. Néanmoins, ils ressentent un certain malaise dans l'application concrète de la réforme. Le nouveau cadre normatif donne lieu chez les avocats à l'expression de priorités différentes. Le dilemme est pour cet avocat d'avoir à choisir entre plusieurs possibilités d'action qui peuvent comporter des conséquences plus ou moins avantageuses et parfois entrer en conflit du fait d'intérêts divergents entre le client et l'avocat. Retraçons ici comment la machine s'est mise en route tant bien que mal pour permettre une assistance effective au client par la défense pénale. Si certaines avancées de la loi du 15 juin 2000 avaient été remises en cause, des textes plus récents ont élargi le champ et les conditions d'exception de la garde à vue. La défense pénale a-t-elle acquis toute la place qu'elle souhaitait occuper ?

C'est à partir de 1992 que la France a été condamnée dans plusieurs affaires[11] pour violation de l'article 3 de la Convention européenne des droits de l'homme suite à des faits de violence commis au cours d'une garde à vue. Cette institution qui, par décision d'un officier de police judiciaire de la police nationale ou de la gendarmerie nationale ou de la douane, conformément au Code de procédure pénale, dûment habilité par le procureur général près la cour d'appel, prive de liberté pour une durée déterminée toute personne soupçonnée d'avoir commis ou tenté de commettre une infraction est récente, mais construite sur des pratiques anciennes, datant des tribunaux ecclésiastiques au XIIe siècle. Comme le précise Jean Danet : « Avec la "question préalable", les tribunaux ecclésiastiques allaient pratiquer dans le secret des interrogatoires sous serment… et sous torture. […] Ce système repris par les tribunaux laïcs, codifié en 1670 par la grande ordonnance de Colbert, allait constituer le socle de la procédure inquisitoire. [Et il ajoute :] Ce n'est qu'en 1897 que la loi Constans brisera le secret de l'instruction pour autoriser la présence de l'avocat aux interrogations menées par le juge d'instruction et lui accordera parcimonieusement la possibilité d'accéder au dossier[12]. »

La garde à vue était ainsi née. Mais il faudra attendre quelques années pour lui conférer un encadrement légal.

Le 20 mai 1903, un décret relatif à l'organisation de la gendarmerie précise que toute personne qui n'est pas libre de se retirer, notamment à la fin de son audition, doit être considérée en garde à vue et fixe alors le délai à 24 heures pour la présenter au ministère public. Avec le législateur de 1958,

---

[11] Dans l'affaire Tomasi c/France, 25 juin 1992, la Cour a condamné la France pour des actes violents commis par des forces de l'ordre. Dans cette affaire, M. Tomasi, corse nationaliste, était soupçonné d'avoir participé à un attentat et fut arrêté pour ce motif. Les certificats médicaux prouvaient que M. Tomasi avait été victime de violences physiques commises par des inspecteurs au cours de sa garde à vue. Ayant pris connaissance de ces faits, la Cour européenne des droits de l'homme a condamné la France pour violation de l'article 3 de la Convention européenne des droits de l'homme interdisant l'usage de la torture et des traitements inhumains et dégradants. Elle a, en effet, constaté l'intensité et la multiplicité des coups portés à M. Tomasi. Elle a ensuite précisé que « les nécessités de l'enquête et les indéniables difficultés de la lutte contre la criminalité, notamment en matière de terrorisme, ne sauraient conduire à limiter la protection due à l'intégrité physique de la personne ». Dans une autre affaire, Rivas c/France, 1er avril 2004 : un lieutenant de police avait frappé un jeune homme de 17 ans aux parties génitales avec une telle violence qu'il avait provoqué chez lui une fracture du testicule à opérer d'urgence. La Cour européenne des droits de l'homme a considéré que les actes de violence infligés à ce M. Rivas étaient des traitements inhumains et dégradants. Elle en a donc conclu à la violation de l'article 3 de la Convention européenne des droits de l'homme par la France.

[12] J. Danet. *Défendre. Pour une défense pénale critique*, op. cit., p. 39.

l'encadrement légal de cette procédure n'accordera pas plus de droit à la défense. Il faudra attendre 1993 pour que s'engagent de véritables droits de la défense dans cette phase de l'enquête ; mais surtout les années 2000 et 2011, où l'on assistera à de profondes mutations des procédures d'instruction et du traitement des délits et crimes.

Ainsi, afin de mettre en conformité le droit français avec les exigences de la Convention européenne des droits de l'homme, la loi du 4 janvier 1993 a reconnu le principe du droit à l'entretien avec un avocat. Cet entretien confidentiel, dont la durée est de 30 minutes, est qualifié de « visite de courtoisie » par les avocats. En effet, le conseil n'a un accès que très limité au dossier (procès-verbal d'audition, nature et date présumées de l'infraction), et son intervention se borne généralement à expliquer ses droits au gardé à vue, à le rassurer, et éventuellement à déposer des observations écrites qui seront annexées aux procès-verbaux d'audition. L'intervention de l'avocat lors des interrogatoires n'était pas prévue dans le dispositif issu de la loi du 4 janvier 1993.

La loi du 24 août 1993, puis les lois Guigou et Perben II du 15 juin 2000 et du 9 mars 2004 en ont modifié les modalités. Si la personne gardée à vue n'est pas en mesure de désigner un avocat ou si l'avocat choisi ne peut être contacté, elle peut demander qu'il lui en soit commis un d'office par le bâtonnier de l'ordre des avocats.

L'article préliminaire du Code de procédure pénale introduit par la loi du 15 juin 2000 impose que la garde à vue réponde à une double exigence de nécessité et de proportionnalité. Une enquête préliminaire, une enquête de flagrance ou l'exécution d'une commission rogatoire peuvent valoir à une personne d'être placée en garde à vue lorsqu'elle est suspectée d'avoir commis ou tenté de commettre un crime ou un délit puni d'une peine d'emprisonnement.

La Cour européenne des droits de l'homme a rendu un arrêt Salduz contre Turquie, le 27 novembre 2008, qui impose l'intervention de l'avocat « dès le premier interrogatoire ». Sauf « circonstances impérieuses », l'absence de l'avocat serait donc de nature à violer l'article 6 §1 de la Convention européenne des droits de l'homme qui prévoit le droit à un procès équitable. Un second arrêt Dayanan contre Turquie de la Cour européenne des droits de l'homme du 13 décembre 2009 vient préciser les principes énoncés dans l'arrêt Salduz, réaffirmant notamment la nécessité d'une assistance dès le premier interrogatoire et définissant les différentes missions de l'avocat pendant la garde à vue : discussion de l'affaire, organisation de la défense, préparation des interrogatoires, contrôle des conditions de détention…

En réaction, le ministère de la Justice émet un argumentaire en novembre 2009, concluant à la conformité du droit français à la Convention et, subsidiairement, à ce que l'absence d'un avocat en garde à vue ne pouvait être un motif de nullité de celle-ci en l'absence de violation du Code de procédure pénale. Le 30 juillet 2010, saisi dans le cadre d'une question prioritaire de constitutionnalité (QPC), le Conseil constitutionnel abroge « les articles 62 (audition des personnes convoquées sans avocat), 63 (principe et modalités de la garde à vue), 63-1 (notification des droits), 63-4 (entretien limité avec un avocat : 30 minutes maximum, pas d'accès à la procédure) et 77 (application de la garde à vue aux enquêtes préliminaires) du Code de procédure pénale ». Cette abrogation ne doit prendre effet qu'au 1er juillet 2011, afin de laisser au législateur le temps de voter une nouvelle loi et, surtout, afin que l'abrogation n'entraîne pas de nullités de procédure et, partant, la remise en cause de trop nombreuses enquêtes. Surtout, elle ne concerne que le régime de garde à vue de droit commun, à l'exception des régimes dérogatoires prévus en matière de terrorisme et de criminalité organisée.

La Cour européenne des droits de l'homme, le 14 octobre 2010, dans un nouvel arrêt Brusco contre France portant sur la garde à vue, condamne cette fois-ci explicitement la France pour ne pas permettre « dès le début de la garde à vue, […] de se voir garantir l'ensemble des droits de la défense, en particulier celui de ne pas participer à sa propre incrimination et d'être assisté d'un avocat durant les interrogatoires ».

Par un arrêt du 19 octobre 2010, la chambre criminelle de la Cour de cassation reçoit la jurisprudence Brusco et va plus loin que le Conseil constitutionnel en déclarant non conformes au droit européen toutes les dispositions limitant la présence de l'avocat en garde à vue, y compris pour les régimes dérogatoires – criminalité organisée, terrorisme, stupéfiants. Néanmoins, elle refuse d'en tirer des conséquences et d'annuler les gardes à vue.

Le 14 avril 2011 est promulguée une loi relative à la garde à vue[13] afin de mettre en conformité les règles juridiques avec la Constitution française et

[13] Loi n° 2011-392 du 14 avril 2011 relative à la garde à vue, applicable à partir du 1er juin 2011.

le droit européen. Il s'agissait aussi en réaction à l'arrivée de l'avocat chez le juge d'instruction de reconstruire en amont de l'instruction un espace-temps de procédure inquisitoire. Le lendemain, l'Assemblée plénière de la Cour de cassation rend quatre arrêts[14] qui rendent applicables immédiatement les dispositions de la Convention européenne des droits de l'homme. Aussi, les gardes à vue, même antérieures à ces arrêts, prises sur le fondement du dispositif légal antérieur en violation de l'article du droit européen, doivent désormais être annulées.

Cette loi du 14 avril 2011 est un grand bouleversement dans l'exercice des fonctions de l'avocat pénaliste puisque celui-ci doit être présent lors de la garde à vue. Le délai de carence de 2 heures est maintenu pour la première audition qui ne pourra pas débuter sans la présence de l'avocat choisi ou commis d'office. Le procureur de la République peut toutefois différer la présence de l'avocat pendant une durée de 12 heures, en raison de circonstances particulières faisant apparaître la nécessité, en urgence, de rassembler ou de conserver des preuves ou de prévenir une atteinte imminente aux personnes ou pour une durée de 24 heures maximale pour les mêmes raisons si la peine encourue est de cinq ans de prison ferme. Le gardé à vue doit être informé de son droit de garder le silence dès le début de la procédure, sauf en ce qui concerne son obligation de décliner son identité aux officiers de police judiciaire[15].

L'article 2 de la loi du 14 avril 2011 introduit une notion d'« objectifs de la mesure ». Le placement en garde à vue d'une personne nécessite que la mesure soit prise pour au moins l'un des motifs suivants[16] : permettre l'exécution des investigations impliquant la présence ou la participation de la personne ; garantir la présentation de la personne devant le procureur de la République afin que ce magistrat puisse apprécier la suite à donner à l'enquête ; empêcher que la personne ne modifie les preuves ou indices matériels ; empêcher que la personne ne fasse pression sur les témoins ou les victimes ainsi que sur leur famille ou leurs proches ; empêcher que la personne ne se concerte avec d'autres personnes susceptibles d'être ses coauteurs ou complices ; et garantir la mise en œuvre des mesures destinées à faire cesser le crime ou le délit.

---

[14] Arrêts 589, 590, 591 et 592 du 15 avril 2011 rendus par l'assemblée plénière de la Cour de cassation sur la régularité de mesures de garde à vue.

[15] Art. 63-4-2 al. 1 du CPP.

[16] Art. 62-2 du CPP.

Notons que la durée initiale de la garde à vue est de 24 heures, avec possibilité d'une prolongation de 24 heures supplémentaires lorsque l'infraction motivant la mesure de garde à vue est punie d'au moins un an d'emprisonnement, soit 48 heures maximum. Cette prolongation doit être justifiée par les nécessités de l'enquête. Un régime exceptionnel est maintenu pour les affaires de criminalité organisée (terrorisme et trafic de stupéfiants, prolongation de 48 à 72 heures).

Pour les mineurs, l'article 4 de l'ordonnance du 2 février 1945 sur l'enfance délinquante, récemment modifiée par la loi Perben I et II, demeure le texte de référence. Si avant 10 ans, aucune mesure de garde à vue ou de rétention ne peut être prise, de 10 à 13 ans, le mineur peut être mis en retenue dans un local de police pour les nécessités de l'enquête après l'autorisation d'un magistrat et sous son contrôle en cas de crime ou de délit puni d'au moins cinq ans d'emprisonnement, et pour une durée de 12 heures maximum, renouvelable une fois (avant la loi Perben I du 9 septembre 2002, cette retenue était de 10 heures au plus, renouvelable une fois, en cas de délit ou crime punissable d'au moins sept ans d'emprisonnement). Cette mesure de rétention n'est possible que s'il existe des indices graves ou concordants laissant présumer que le mineur a commis ou tenté de commettre un crime ou un délit, et après présentation de ce dernier devant le magistrat pour son renouvellement, sauf en cas de circonstances insurmontables. De 13 à 16 ans, la garde à vue est possible, d'une durée de 24 heures, avec prolongation possible de 24 heures si l'infraction commise est punie d'un emprisonnement supérieur ou égal à cinq ans. Le mineur doit obligatoirement être présenté préalablement au procureur ou au juge chargé de l'instruction. De 16 à 18 ans, les règles sont les mêmes que pour les majeurs à l'exception près que le mineur ne peut sortir de la garde à vue sans un membre de sa famille majeur.

Pour autant, la loi du 14 avril 2011, si elle vient autoriser l'avocat pénaliste à participer à tous les interrogatoires dès le début et tout au long de la procédure, ne lui donne pas tout pouvoir. Si l'avocat demeure taisant durant les auditions et confrontations auxquelles il assiste au côté de son client, il peut prendre des notes[17]. L'avocat ne peut non plus avoir accès au dossier

[17] Art 63-4-2 al 1 du CPP.

concernant l'infraction que si les enquêteurs le décident, l'article 63-4-1 du Code de procédure pénale n'énumérant comme pièces communicables que les seuls procès-verbaux relatifs à la garde à vue. Cette liste peut être tenue comme exhaustive et la limitation des droits de la défense qui en résulte n'est pas contraire à la Constitution. Néanmoins, certains auteurs font valoir, de même que les avocats, que l'interdiction de prendre connaissance du dossier fait échec à l'exercice de « toute la vaste gamme d'interventions qui sont propres au conseil » « indépendamment des interrogatoires », exigée par la Cour européenne des droits de l'homme. Par ailleurs, l'article 63-4-3 du Code de procédure pénale, qui rappelle que l'officier de police judiciaire mène l'interrogatoire et qui autorise l'avocat à poser des questions à la fin de l'audition, est interprété de façon stricte, conformément à la circulaire du 15 avril 2011.

C'est ainsi qu'il y a eu 336 718 gardes à vue en 2001, 530 994 en 2006, 562 083 en 2007, 577 816 en 2008[18]. En 2010, il y a eu plus de 523 000 gardes à vue, soit près de 10 % de moins qu'en 2009 (plus de 580 000). Le nombre de garde à vue a continué à baisser en 2011 et 2012.

Pour la défense pénale, cette réforme longtemps attendue est certainement la plus importante pour la période considérée. Se situant en amont de la chaîne pénale, avant l'instruction, avant l'audience, avant l'application des peines, elle donne, même incomplètement, à l'avocat la possibilité d'une intervention absolument novatrice pour les libertés fondamentales. Il faut d'ailleurs considérer que cette intervention de la défense pénale, si limitée soit-elle en ses formes actuelles, a permis une évolution des esprits au sein de la police mais aussi a attiré l'attention du gardé à vue sur le marché de dupe que peut constituer toute proposition entre un traitement judiciaire allégé – le bénéfice d'une composition pénale[19] ou d'une comparution sur reconnaissance préalable

[18] http://fr.wikipedia.org/wiki/Garde_%C3%A0_vue_en_droit_fran%C3%A7ais#cite_note-5

[19] La composition pénale est une procédure qui permet au procureur de la République de proposer une ou plusieurs mesures alternatives aux poursuites à une personne ayant commis certaines infractions. En pratique, les infractions concernées sont les contraventions et les délits suivants : violences ayant entraîné une incapacité de travail, menaces, appels téléphoniques malveillants, abandon de famille, atteinte à l'exercice de l'autorité parentale, vol simple, délit de filouterie, délit de recel, destructions, dégradations et détériorations, port illégal d'une arme, détournement de gage, d'objet saisi, usage illicite de stupéfiants, menaces de destruction, fausses alertes, outrages contre une personne chargée d'une mission de service public, délit de conduite sous l'empire d'un état alcoolique, sévices contre animaux.

de culpabilité[20] – contre un aveu vrai ou faux. Toutefois pour de nombreux avocats, cette procédure ne permet pas véritablement de remédier aux effets psychologiques de la garde à vue même si la présence de l'avocat peut les atténuer. Au plan éthique, il reste bien évidemment à estimer les conséquences de cette réforme, à recueillir les réactions spontanées des acteurs en présence, et à prendre conscience des éléments qui tiennent lieu de normes et de valeurs dans ce cadre de la garde à vue.

L'instruction et la responsabilité accrue de l'avocat pénaliste

Rapidement, rappelons que dans le Code d'instruction criminelle de 1808, le juge d'instruction avait un rôle d'enquêteur sous le contrôle du parquet qui rapportait au tribunal correctionnel le résultat de ses investigations. Ce tribunal tranchait les difficultés juridiques. La chambre de mise en accusation renvoyait l'accusé devant la cour d'assises. L'enquête, le pouvoir juridictionnel et la décision de poursuivre étaient ainsi dissociés. De 1856 à 1958, le juge d'instruction toujours placé sous le contrôle du parquet avec un statut d'officier de police judiciaire est devenu à la fois enquêteur et juge du premier degré en matière de détention provisoire et de remise en liberté. Avec le Code de 1958, le juge d'instruction devient un juge du siège et donc inamovible, nommé par le président de la République et ses fonctions sont contrôlées par la chambre d'accusation. Il faut lire et entendre les témoignages des avocats pour mieux comprendre les effets pervers de cette situation : « L'enquêteur utilisait les pouvoir du juge et justifiait ainsi ses décisions relatives à la détention. L'accusateur utilisait les pouvoirs du juge pour décider de maintenir en détention la personne renvoyée devant le tribunal correctionnel[21]. » Des propositions de réformes s'en suivirent mais suscitèrent de vives réactions des magistrats. Il fallut attendre la loi du 15 juin 2000 pour voir les règles de procédure pénale

[20] La comparution sur reconnaissance préalable de culpabilité (appelée aussi plaider-coupable) permet au procureur de la République de proposer, directement et sans procès, une ou plusieurs peines à une personne qui reconnaît les faits qui lui sont reprochés. Cette procédure est applicable aux personnes âgées d'au moins 18 ans, qui reconnaissent avoir commis un délit. Elle n'est toutefois pas applicable à certains délits ou certaines accusations particulièrement graves : les violences, les menaces, les agressions sexuelles et les atteintes involontaires à l'intégrité de la personne, pour lesquelles une peine d'emprisonnement d'une durée supérieure ou égale à cinq ans est encourue ; les homicides involontaires ; les délits de presse ; les délits politiques. La comparution sur reconnaissance préalable de culpabilité est proposée sur l'initiative du juge d'instruction, du procureur de la République, de l'accusé ou de son avocat.

[21] J. Danet, *Défendre. Pour une défense pénale critique*, op. cit., p. 50.

relatives à la détention provisoire modifiées. Ce n'est désormais plus le juge d'instruction qui l'ordonne, mais le juge des libertés et de la détention. Double regard, double accord sont ainsi posés pour cette mesure de sureté. Il n'y a pas saisine directe du juge des libertés et de la détention par le ministère public. En effet, lorsque le juge d'instruction estime la détention provisoire inutile, le juge des libertés et de la détention n'est pas saisi. Mais le ministère public peut exercer un recours sous la forme de l'appel contre ce refus d'une détention provisoire, ou d'une remise en liberté ou encore contre une mainlevée de contrôle judiciaire effectuée par le juge d'instruction. Si le juge d'instruction estime nécessaire une détention provisoire, il doit saisir le juge des libertés et de la détention et c'est ce dernier qui la prononce ou l'écarte. La loi du 9 mars 2004 revient partiellement sur ce double accord : désormais, pour les crimes et les délits de dix ans d'emprisonnement, sous certaines conditions, le procureur peut saisir directement le juge des libertés et de la détention lorsque le juge d'instruction estime que la détention n'est pas justifiée. Dans les faits, comment se passe la détention provisoire ? L'avocat pénaliste a-t-il un accès facile à son client ? Est-ce que les conditions de détention rendent plus difficiles le travail à faire en défense ? À propos du contentieux de demandes de mise en liberté provisoire, quels sont les questionnements éthiques que peut se poser l'avocat de la partie civile ?

Dans l'affaire dite « du bus incendié de Marseille », plusieurs mineurs ont été placés en détention provisoire. Un des jeunes a été placé en maison d'arrêt proche de son domicile, d'autres ont été placés dans des maisons d'arrêt très éloignées de leur domicile, cela engendrant pour les familles et les avocats des difficultés pour les rencontrer. L'avocat de la défense du barreau de Marseille explique tout cela :

> J'ai été privilégié : peut-être parce qu'il était le plus jeune, il a été en maison d'arrêt à Aix-en-Provence/Luynes. Donc il était le seul à être là. Mais certains ont été très éloignés, certains sont allés jusqu'à Moulins je crois. Et donc cela devenait absolument terrifiant pour les familles, pour les avocats, sans parler du coût que cela engendre. Là, vraiment, on les a séparés et on les a traités très exactement comme on traite les affaires de grand banditisme, spectaculaires, avec un éclatement France entière des gens. Ça s'est mal passé. [...] L'accès au client par l'avocat est un parcours du combattant invraisemblable : il faut confirmer, il faut écrire au juge, il faut écrire au greffe, et enfin on a un permis qui n'est valable que quinze

> jours. En ce qui concerne les familles, il arrive qu'elles mettent quinze jours, trois semaines pour obtenir une autorisation, puis elles doivent prendre un rendez-vous à la maison d'arrêt ; et là, le téléphone sonne dans le vide pendant des heures, des heures, des heures, il faut s'y astreindre, c'est extrêmement difficile, extrêmement compliqué pour avoir un rendez-vous. L'accès aux familles, pour des gens qui sont présumés innocents, est extrêmement difficile et cela participe du scandale permanent des prisons[22].

Et d'ajouter à propos des conditions de détention provisoire :

> Dans cette affaire-là, c'étaient des gamins des quartiers Nord. Compte tenu de ce qui se passe à l'intérieur de la maison d'arrêt, c'est-à-dire qu'il y a des gens qui viennent, qui s'érigent en justiciers alors qu'ils ne sont pas dans l'affaire, et si vous avez parlé, ou si vous avez parlé de quelqu'un, vous êtes indigne donc on vous brime… Mon petit client, il y avait quelques caïds qui l'avaient pris sous leur aile. Il est arrivé le soir tard, il a commencé par subir des menaces et puis, quand il est sorti dans la cour et qu'ils ont vu un petit de 11 ans, je crois qu'ils se sont tous disputés pour le protéger. Donc pour lui, ça ne s'est pas mal passé. Son problème a été d'être sur-adapté, et lorsque des mineurs sont sur-adaptés en prison, cela veut dire qu'ils en ont compris tous les principes, qu'ils sont comme du papier buvard, et on peut se dire que l'école du crime est en train de fonctionner à la perfection. Je ne pense pas que ce sera son cas, parce que maintenant il est dans la prison de La Valentine qui est un centre spécialisé pour mineurs, qu'il a un but. Il a pu arriver dans une prison qui était adaptée à lui et là, je me dis que le pronostic est bon[23].

Plusieurs questions se posent alors par rapport à la détention provisoire et au rôle de l'avocat pénaliste selon qu'il se situe en défense ou en soutien des intérêts de la victime (présomption d'innocence, contrôle judiciaire et de la liberté). Certains considèrent que la mise en détention provisoire par le juge peut être considérée comme une atteinte à la présomption d'innocence, d'autres rappellent que lorsque les juges ont respecté le principe de la liberté, cela a posé un problème. C'est ce que rapporte l'avocat de la partie civile de l'affaire du bus incendié de Marseille :

> On est sans cesse en révolte contre la détention provisoire, atteinte à la présomption d'innocence. Mais quand on a des juges qui ont joué la carte

---

[22] Ph. Vouland, *in* J. Danet, *Des deux côtés de la barre*, I « Premiers contacts avec l'affaire », *op. cit.*

[23] Ph. Vouland, *in* J. Danet, *ibid.*

> de la présomption d'innocence, et donc du contrôle judiciaire et de la liberté, qui ont respecté le principe de liberté, on a des émois consistant à dire qu'il est scandaleux de réincarcérer quelqu'un qui s'est réinséré, on a une révolution culturelle sur ce terrain[24].

De même, la question de la place grandissante faite aux victimes dans le procès pénal[25] et notamment dans le cas des demandes de mise en liberté suscite de la part des avocats quelques réflexions sur l'exercice de la défense pénale. Un des avocats en défense de l'affaire du bus incendié de Marseille explique que son jeune client n'a pas demandé de mise en liberté et rappelle que cette attitude est exceptionnelle :

> C'est le seul client en trente deux ans, le seul et unique, tous détenus confondus, majeurs, mineurs, hommes, femmes, africains, européens, qui ne m'a jamais demandé : "À combien je vais être condamné ? Combien de temps je vais rester en prison ? Faites-moi sortir !" …jamais ! C'est pour cela que lorsque j'entendais dire qu'il ne prenait pas conscience, qu'il avait rigolé et fait des grimaces, que les excuses étaient extrêmement formelles, je trouvais que c'était faux, car ce gamin qui ne me demandait pas de sortir de prison, il savait que c'était sa place, et donc il avait compris où était la faute et qu'il était bel et bien coupable ; mais il ne pouvait pas l'exprimer par des mots, puisqu'il n'avait pas de mots, alors il était là et il ne demandait pas à son avocat de sortir[26].

Et d'ajouter par rapport à la demande de mise en liberté d'un autre client, dans la même affaire, que la mise en liberté reste la question la plus terrible posée par les détenus à leur avocat :

> Concernant le jeune homme, celui que j'ai défendu par la suite, lui plaidait non coupable ; donc il a fait cinq demandes de mise en liberté parce qu'il disait qu'il était innocent. […] C'est la question la plus terrible que l'on pose à un avocat, c'est toujours "Je vais rester combien de temps ?". L'avocat ne peut jamais répondre, jamais répondre. Quand il s'aventure sur ce terrain, il a des chances de se tromper[27].

---

[24] A. Molla, *in* J. Danet, *ibid.*

[25] Il a fallu attendre les années 1970 pour que la législation reconnaisse des droits aux victimes, les intègre dans le procès pénal, leur offre réparation et indemnisation. Plusieurs lois depuis 1982 consacrent et élargissent ces droits. Le point d'orgue de ce processus est la nomination le 2 janvier 2009 des juges délégués aux victimes dans chaque tribunal de grande instance.

[26] Ph. Vouland, *in* J. Danet, *Des deux côtés de la barre*, I « Premiers contacts avec l'affaire », *op. cit.*

[27] Ph. Vouland, *in* J. Danet, *ibid.*

Sur la détention provisoire et sur le rôle de l'avocat face aux demandes de mise en liberté, dans cette affaire du bus incendié de Marseille, l'avocat de la partie civile rappelle ses droits en ces termes :

> On a finalement à réfléchir à la juste place de la partie civile dans le procès pénal, avec une procédure française qui nous fait une place entière, presque totale ; et j'avoue que j'avais de cette conception-là des idées claires, notamment sur le fait que la peine ne doit pas concerner la partie civile. Mais c'est plus compliqué que cela. En tous les cas, l'exécution des peines ne doit pas la concerner. Par contre, sur la détention provisoire, je me suis rendu compte qu'on était dans un univers d'hypocrisie totale, avec une espèce de discipline et d'éthique professionnelle qui consiste à dire : "N'allons pas, nous avocats, demander à ce que quelqu'un soit en prison !" C'est un peu simpliste et un peu démagogique. Il se trouve que j'avais des clients qui jamais ne m'ont demandé s'ils allaient rester en prison, ils étaient dans une approche totalement disponible à ce qui allait se passer et ils ne demandaient rien. Quand je me suis retrouvé convoqué par la chambre de l'instruction alors qu'il s'agissait de dire aux juges – puisque la procédure me donne ce droit – ce que je pensais de la détention provisoire interrompue ou non de tel ou tel gamin, j'avais le souci et le devoir de remplir mon rôle. Par exemple avec des clients qui pouvaient de me dire "on souhaite qu'il y reste, parce qu'on a peur qu'il sorte" – là, le langage de la partie civile lorsqu'il s'agit de la détention provisoire, c'est celui de la peur, la peur que l'agresseur sorte... Alors arriver devant une juridiction et dire qu'on s'en rapporte [...], qu'on n'a rien à en dire [...] il y a une espèce de trahison du client. Je me suis rendu compte que même si, là, je n'avais pas de demande [de maintien en détention], j'avais le devoir de dire que la mise en liberté, quand on connaissait l'émoi qu'avait connu cette affaire, quand on connaissait l'état dans lequel était la victime – parce que des demandes de mise en liberté ont surgi immédiatement, alors qu'elle était en réanimation – on avait envie de dire qu'elle était indécente, cette demande de mise en liberté. Je n'ai pas dit qu'elle était indécente, mais j'ai dit qu'on pouvait s'étonner d'une telle demande et que l'on pouvait s'en émouvoir. Cette implication, cette responsabilité de la partie civile sur la détention provisoire me paraissaient salutaires[28].

Les avocats traduisent ainsi les conditions carcérales mais aussi les difficultés qu'ils rencontrent dans l'exercice de leur fonction du fait du mandat qui leur est donné par le client. Jusqu'où peuvent-ils aller dans le cadre de ce mandat ?

---

[28] A. Molla, *in* J. Danet, *Des deux côtés de la barre*, I « Premiers contacts avec l'affaire », *op. cit.*

> Même si la condition carcérale tout d'un coup s'améliorait, on aurait quand même ce problème de l'avocat de la partie civile qui, parce qu'il est de temps en temps avocat de la défense, est gêné de venir au soutien d'un maintien en détention. Est-ce qu'il peut trahir son mandat ? Dans les affaires d'agression sexuelle, on a des victimes et des parties civiles qui disent : "Je me fous complètement de la détention et j'aime autant qu'il soit libre" et dans des affaires tout à fait semblables, des victimes qui viennent dire : "Je ne veux pas qu'il sorte de là". À un moment, il y a une dimension porte-parole, et lorsque l'on parlera de la relation avec le client, d'une manière générale, le problème sera de savoir jusqu'où je peux aller dans le mandat que me donne le client[29].

Ainsi, dans cette affaire du bus incendié de Marseille, le maintien en détention provisoire des jeunes a été motivé par les juges pour des raisons d'ordre public. Cette mesure de sureté a été un formidable révélateur des places, et des rôles de chaque acteur dans la défense pénale.

Dans le cadre des réformes du procès pénal, il faut s'arrêter un instant sur l'évolution de l'instruction et sa complexification. Quel regard l'avocat pénaliste peut-il porter sur ces réformes de l'instruction ? Est-ce que la place donnée au contradictoire est suffisante ? Ou subsiste-t-il encore des lacunes à souligner ? Qu'est-ce que les avocats considèrent comme des avancées déterminantes dans les nouveaux droits qui leur ont été accordés ?

Disons que c'est sans doute à la fonction d'enquêteur du juge d'instruction que la loi du 9 mars 2004 porte le plus préjudice. Dans le domaine de la criminalité organisée, des investigations qui autrefois se faisaient sous le contrôle du juge d'instruction peuvent désormais se mener sous le contrôle du procureur de la République ou du juge des libertés et de la détention. Ainsi, cette loi a pu être perçue comme une forme de contournement du procès équitable tel que la loi du 15 juin 2000 avait cherché à l'instaurer dans l'instruction[30].

Il faut ici rappeler que la loi de 1993 avait donné la possibilité pour le juge d'instruction d'entendre sur sa demande une personne sous le statut de « témoin assisté », c'est-à-dire avec l'assistance de son conseil, et ceci, lorsqu'elle était nommément visée par une plainte avec constitution de partie civile. Avec la loi du 15 juin 2000, toute personne visée par un réquisitoire introductif et

---

[29] A. Molla et Ph. Vouland, *in* J. Danet, *ibid.*

[30] H. Dalle, « Juges et procureurs dans la loi Perben II », in *Le Nouveau Procès pénal après la loi Perben II*, Paris, Dalloz, 2004.

qui n'est pas mise en examen peut être entendue comme « témoin assisté » et toute personne nommément visée par une plainte ou mise en cause par un plaignant peut être entendue comme « témoin assisté », sans que toutefois ce statut lui soit conféré. Ce statut de témoin assisté protège contre toute mise en examen prématurée, puisque désormais, elle ne peut plus intervenir à peine de nullité que si des indices graves et concordants laissent supposer une participation à une infraction et si le juge d'instruction estime ne pas pouvoir recourir à la procédure de témoin assisté. Le législateur a ainsi introduit avec ce statut de témoin assisté une graduation entre l'audition du témoin et la mise en examen. Cette mise en examen qui ne peut intervenir qu'après que le juge ait recueilli les observations de la personne en cause et entendu celles de son avocat constitue un progrès vers plus de contradictoire. La loi du 9 mars 2004 élargit à son tour le domaine d'application du statut de témoin assisté puisque toute personne visée par un mandat délivré par un juge d'instruction ne peut être entendue que comme « témoin assisté ».

Le droit pour le détenu de désigner directement son avocat est une autre mesure qui améliore la place de l'avocat dans la défense de son client. Ce n'est donc plus, comme avant la loi du 15 juin 2000, le juge d'instruction qui délivre le permis de communiquer à l'avocat, avec tous les risques de retard de la visite de l'avocat au détenu et de l'accès de la défense au dossier. La loi du 9 mars 2004 apporte cependant quelques modifications. Elle exige, en cas de changement d'avocat notifié par écrit, une déclaration au greffe et ouvre la possibilité au prévenu ou accusé de désigner son avocat par une déclaration auprès de l'administration pénitentiaire. La désignation par lettre du détenu à l'avocat doit être confirmée sous quinze jours au greffe de la prison ou du juge. Toutes ces réformes visent à faciliter le rôle plus actif de la défense pénale. Le principe du contradictoire et, plus largement, l'égalité des armes constituent les notions par lesquelles la défense pénale pense l'évolution de ses droits et, par voie de conséquence, de ses devoirs et responsabilités.

Rappelons ainsi que si depuis 1993, l'avocat en défense ou en partie civile pouvait demander certaines investigations, avec la loi du 15 juin 2000, il peut demander tout acte qui semble utile pour la recherche de vérité. L'avocat de la défense peut demander à ce que cet acte soit effectué en sa présence. La réponse du juge est susceptible d'appel. Laissons s'exprimer, sur ce point particulier des demandes d'actes, l'un des avocats en défense dans l'affaire du bus incendié de Marseille :

> Celui que j'ai défendu par la suite avait fait une demande d'acte qui consistait à démontrer qu'il s'était ravisé et qu'il était reparti avant que les actes les plus graves aient été commis sur le bus. Malheureusement, cette mesure d'expertise n'a pas abouti à ce qu'il espérait, mais elle a été acceptée[31].

Dans cette affaire, deux juges d'instruction se sont réparti le travail, l'une était chargée d'investiguer sur la personnalité des mis en examen et l'autre s'attachait aux faits. L'un des avocats en défense donne son point de vue sur l'évolution de l'instruction :

> Il n'y a plus de direction d'enquête. En plus, avec l'ADN – pas dans notre affaire – les écoutes téléphoniques, des expertises diverses et variées, des expertises informatiques, lorsque des policiers arrêtent les gens et les placent en garde à vue, ils ont déjà tout et ce qui est important, ce ne sont pas les réponses mais les questions. On met le juge d'instruction devant un produit fini, et celui-ci doit, là, apporter un plus, qui n'est pas de l'ordre de la direction d'enquête mais qui est de l'ordre de l'organisation judiciaire d'un dossier. Je crois que dans cette affaire, elles ne l'ont pas mal fait, parce qu'il fallait encore approfondir certaines choses, notamment le "je parle pour moi pas pour les autres" ; c'est-à-dire que mon client disait ce qu'il avait fait, et quand on lui disait une évidence de ce qu'avait fait le voisin, il ne voulait même pas dire l'évidence. On en a tiré des conséquences à charge[32].

Il y a eu ainsi des interrogatoires, des présentations derrière des vitres teintées en l'absence des avocats, des expertises techniques pour savoir comment le feu avait pu circuler dans le bus, des expertises de la personnalité, des mises en examen, des contre-expertises, une reconstitution des faits faite dans la nuit.

À propos des expertises, l'un des avocats en défense explique :

> Les expertises étaient classiques, banales, peu de matériaux, c'étaient des gamins qui n'avaient pas beaucoup de vocabulaire, qui n'avaient pas fait d'études brillantes, même s'ils n'étaient pas désocialisés pour la plupart d'entre eux, donc les expertises n'étaient pas déterminantes. C'était

---

[31] Ph. Vouland, *in* J. Danet, *Des deux côtés de la barre*, I « Premiers contacts avec l'affaire », *op.cit.*

[32] Ph. Vouland, *in* J. Danet, *Des deux côtés de la barre,* ibid.

> beaucoup plus intéressant de voir le milieu social. On a eu recours aux experts habituels du tribunal. Il n'y avait rien à redire. Les expertises posent problème lorsque l'on est dans des affaires d'agression sexuelle ou de viol, où l'on est sur la crédibilité – sans le dire, maintenant, puisque c'est interdit mais on le dit quand même –, où, effectivement, on fait passer l'expert pour un expert en vérité, pour un détecteur de mensonge. Là, on n'était pas du tout dans cette problématique. On savait bien que les années de prison allaient se jouer sut tout autre chose, sur la capacité que l'on aurait à écarter la médiatisation et sur la capacité qu'avait la victime à ne pas crier vengeance[33].

Sur la reconstitution des faits, les avocats en défense comme en partie civile disent tous les deux l'absence de contradictoire :

> Il y a eu une reconstitution des faits, qui s'est déroulée sur la base de Marignane, l'aéroport de Marignane, où tout le périmètre était sécurisé ; ça s'est fait la nuit, dans les conditions d'éclairage réelles. Malheureusement il faisait moins 50°C – on est à Marseille… Mais il faisait très froid, c'était très difficile, et surtout cela a été mal fait au contradictoire des uns des autres, parce que les jeunes gens étaient éloignés les uns des autres, avec leurs avocats. Et cette reconstitution a servi sans servir[34].

> C'était une reconstitution ratée, dans laquelle il y avait une ambiance et des configurations matérielles qui faisaient que l'on n'entendait strictement rien, et ce fut une série de petites déclarations au juge en aparté avec l'avocat tout près de celui qu'il défendait, et les autres n'entendaient rien. Aucune contradiction ne pouvait s'exprimer[35].

Soulignons encore que dans cette affaire, il y avait une demande de confrontation générale par le parquet. Les juges d'instruction et la chambre d'instruction avaient refusé cette demande de confrontation générale en la motivant. C'est ce qu'explique l'avocat de la partie civile :

> Il y avait une longue motivation sur le fait que le parquet avait épuisé toutes les possibilités d'obtenir une vérité complète, notamment sur celui qui avait mis le feu, et qu'une confrontation générale ne rajouterait rien, d'autant plus qu'elle arriverait à l'audience – ce qui était moyennement

---

[33] Ph. Vouland, *in* J. Danet, *Des deux côtés de la barre,* ibid.

[34] A. Molla, *in* J. Danet, *Des deux côtés de la barre*, ibid.

[35] Ph. Voulland, *in* J. Danet, *Des deux côtés de la barre*, ibid.

> vrai, puisqu'il allait y avoir une césure : deux partiraient quelque part et six ailleurs, c'était un petit peu compliqué. La chambre d'instruction a décidé elle aussi, ce qui peut paraître rare, qu'il n'était pas question d'organiser une confrontation à ce stade en se référent aussi au fait qu'une reconstitution avait été opérée. Les juges, donc, jouaient aussi sur cette reconstitution en la confondant un peu volontairement avec une confrontation, ce qui était tout à fait faux puisque c'était une reconstitution catastrophique[36].

Il faut encore insister sur ce travail d'assistance de l'avocat pénaliste à l'instruction, au moment des interrogatoires, qui nécessite une grande vigilance de contrôle de la transcription du juge. Comme l'affirme clairement l'avocat en défense dans l'affaire du bus incendié de Marseille :

> Le travail d'assistance à l'instruction consiste éventuellement à poser des questions à notre propre client, ou à quelqu'un d'autre dans le cadre d'une confrontation, et puis consiste aussi à être vigilant sur la manière de transcrire, parce que le juge d'instruction et le greffier peuvent en toute bonne foi commettre quelquefois des petites inflexions, des erreurs ou omettre des mots qui peuvent avoir leur importance plus tard et que l'avocat demande à voir rajouter. Neuf fois trois quart sur dix, les magistrats s'y prêtent de bonne grâce[37].

Propos complétés d'ailleurs par l'avocat de la partie civile :

> Les enregistrements dans le cabinet des juges d'instruction prévus par la loi 2007, je considère que c'est une démission, c'est presque une disqualification de l'avocat. Nous sommes là principalement pour contrôler la transcription, celle de bonne foi et celle de mauvaise foi. [...] Je vous donne un exemple grossier : après avoir entendu la victime parler, un individu dit au juge : "Je m'en branle, de ce qu'elle vient de dire ! ", et le magistrat de traduire et de transcrire : "Je m'en moque". Ce n'est pas la même chose, et on se demande pourquoi il dit "Je m'en moque" comme s'il s'agissait de présenter une expression plus polie et plus respectable, alors que les propos sont intéressants à analyser [et révélateurs] de la façon dont on traite la victime en disant "Je m'en branle". Eh bien : le magistrat ne transcrit pas ce qui s'est dit, je me demande pourquoi, et le contrôle, il est là, il existe et il est utile. [...] Je dis à tous ces jeunes [avocats] qui considèreront qu'ils sont des pots de fleurs devant le magistrat instructeur

[36] Ph. Voulland, *in* J. Danet, *Des deux côtés de la barre*, ibid.

[37] A. Molla, *in* J. Danet, *Des deux côtés de la barre*, ibid.

> et que ça ne sert pas à grand chose, que leur seule présence est pour le juge une vigilance particulière ; et je suis convaincue que le magistrat, lorsque l'avocat n'est pas là, a une liberté de transcrire trop grande et qui n'est pas contrôlée[38].

Comme le précise Jean Danet, cette possibilité de demande d'actes par l'avocat pénaliste est une grande avancée en matière d'instruction « mais elle a son revers, une plus grande responsabilité de l'avocat pénaliste. Le reproche pourra lui être fait à l'audience de ne pas avoir sollicité telle ou telle investigation. La défense pénale devient responsable des lacunes de l'instruction si elle-même manque de réactivité »[39]. C'est aussi durant cette instruction jusqu'au procès que se construit la relation de confiance avec le client. L'avocat pénaliste aura la charge parfois difficile d'aller expliquer à son client tout ce qui rentre dans le dossier au cours de l'instruction.

Voilà donc une instruction où les avocats sont à la fois des acteurs mais aussi ceux qui préparent la suite, c'est-à-dire le procès. Peut-on dire que l'instruction se déroule encore dans l'ombre ? Qu'en est-il du secret de l'instruction ? N'est-il plus qu'un beau principe ? C'est ce qui transparaît dans les entretiens avec les avocats.

Si le secret de l'instruction a été motivé par le souci de protéger la présomption d'innocence de celui qui se trouve inculpé, le mis en examen et sur lequel l'opprobre peut tomber, de nos jours, il semble qu'il n'en reste plus rien, que le secret d'instruction soit mort. Il y a la multitude d'affaires qui n'intéressent personne pour lesquelles le secret ne sert à rien, puisque cela reste secret, ça n'intéresse personne, donc il n'y a aucun danger que l'on en parle. Et pour les affaires où il y a un intérêt du public, tout filtre, tout passe, je ne sais plus vraiment sur quoi on se base quand on parle encore de secret de l'instruction [précise un avocat du barreau de Marseille]. Pourtant, l'article 11 du code de procédure pénale rappelle ce principe : « Sauf dans les cas où la loi en dispose autrement et sans préjudice des droits de la défense, la procédure au cours de l'enquête et au cours de l'instruction est secrète. Toute personne qui concourt à cette procédure est tenue au secret professionnel… ». Mais la loi du 15 juin 2000 explique sans doute sa disparition. En effet, elle a voulu protéger les victimes contre toutes informations erronées, aménager le

---

[38] A. Molla et Ph. Vouland, *in* J. Danet, *Des deux côtés de la barre*, ibid.

[39] J. Danet, *Défendre. Pour une défense pénale critique*, op. cit, p. 56.

secret de l'instruction par la publicité possible du débat contradictoire devant le juge des libertés et de la détention et de tous les débats en appel devant la chambre d'instruction, permettre au procureur de la République de diffuser des communiqués pour « éviter la propagation d'informations parcellaires ou inexactes ou pour mettre fin à un trouble à l'ordre public » et rendre publics « des éléments objectifs tirés de la procédure ne comportant aucune appréciation sur le bien-fondé des charges retenues contre les personnes mises en cause ». Il apparaît ainsi que le secret de l'instruction se soit disloqué.

Cet exposé sur la phase d'instruction a permis de comprendre de quelle façon se posent les problèmes éthiques pour les avocats pénalistes, notamment par rapport à la demande de mise en liberté du prévenu, ou de l'accusé. Sur le plan éthique, cela pose des questions à notre société quant à la façon dont elle veut réguler la détention provisoire et la prison. Cette description des investigations possibles dans le cadre de l'enquête a encore mis en évidence la responsabilité croissante de l'avocat pénaliste au sens où ce dernier est tenu de faire des choix vis-à-vis des demandes d'actes. Sur le plan éthique, cela suppose de décider ce que peut être la meilleure façon de défendre son client.

La défense pénale a aussi un rôle plus actif à la phase du jugement avec l'accès facilité au dossier, la nouvelle forme de l'instruction d'audience plus accusatoire et la juridictionnalisation de l'application des peines. Le mouvement vers le procès équitable semble ainsi suivre son chemin.

Les audiences de jugement devant le tribunal correctionnel ou la cour d'assises

Notons d'emblée que la loi du 15 juin 2000 a introduit dans les règles du procès correctionnel, sous réserve des pouvoirs de police du président, la possibilité pour le ministère public et les avocats des parties de poser directement des questions au prévenu, à la partie civile et aux témoins, ainsi qu'à toutes les personnes appelées à la barre (expert par exemple). Une fois les interrogatoires du prévenu, de la partie civile et des témoins terminés, c'est-à-dire l'instruction à l'audience, le tribunal correctionnel entend dans l'ordre, les observations ou plaidoiries de la partie civile, du ministère public et de la défense. La loi du 15 juin 2000 a rétabli en appel l'ordre du tribunal correctionnel, la défense s'exprimant après l'accusation. Lorsqu'une partie fait appel, le délai ouvert aux autres parties est allongé pour leur permettre de faire un appel incident. La loi du 9 mars 2004 modifie les règles de comparution du prévenu. Son avocat peut plaider même si celui-là est absent à moins que le tribunal estime sa comparution personnelle nécessaire. L'utilisation de moyens audiovisuels est autorisée devant la juridiction de jugement pour l'audition des témoins, de la partie civile et des experts.

Devant la cour d'assises, et depuis longtemps, jurés et magistrats votent ensemble sur la culpabilité et la peine. On note toutefois que le législateur a posé deux exceptions à ce principe : le terrorisme et le trafic de stupéfiants. Dans ces deux cas, la cour d'assises est composée de sept magistrats professionnels et statue à la majorité. Notons que la loi du 15 juin 2000 a modifié la procédure devant la cour d'assises, qui n'était pas susceptible d'appel et était ainsi en contradiction avec le principe du procès équitable. Les faits pourront être jugés devant une autre cour d'assises d'un autre département. La cour composée en appel de douze jurés[40] statue à la majorité de dix voix au moins. Si la faculté d'appel appartient à toutes les parties, depuis la loi du 4 mars 2002, l'appel du procureur général est possible contre les décisions d'acquittement. Si l'accusé seul est appelant, son sort ne peut être aggravé. Là encore, le désistement d'appel de l'accusé rend caduques les appels incidents. Il faut souligner que cette procédure est mal perçue par les victimes qui se voient revivre un second procès.

La loi de 2004 a permis toutefois au président d'ordonner que les débats fassent l'objet en tout ou partie d'un enregistrement sonore et, à la demande de la victime ou de la partie civile, que l'audition ou la déposition de cette dernière soit enregistrée de manière audiovisuelle. Ces enregistrements peuvent être utilisés en appel. L'article 706-71 du code de procédure pénale a été modifié par l'article 22 de la loi du 14 avril 2011 qui dispose que : « Lorsque les nécessités de l'enquête ou de l'instruction le justifient, l'audition ou l'interrogatoire d'une personne ainsi que la confrontation entre plusieurs personnes peuvent être effectués en plusieurs points du territoire de la République se trouvant reliés par des moyens de télécommunication garantissant la confidentialité de la transmission. Dans les mêmes conditions, la présentation aux fins de prolongation de la garde à vue ou de la retenue judiciaire peut être réalisée par l'utilisation de moyens de télécommunication

[40] A. Jolivet, « La participation des citoyens à la fonction de juger en France et en Italie : Une étude socio-anthropologique du jury populaire en cour d'assises », *Thèse de doctorat en sociologie*, Université Lumière Lyon 2 et Université de Milan, 12 décembre 2012, 435 p.

audiovisuelle. Il est alors dressé, dans chacun des lieux, un procès-verbal des opérations qui y ont été effectuées. Ces opérations peuvent faire l'objet d'un enregistrement audiovisuel ou sonore. » Laissons s'exprimer à ce propos, dans l'affaire du bus incendié de Marseille, l'avocat de la partie civile :

> Dans la préparation de ces procès, il y avait pour la partie civile un enjeu un peu particulier, qui était la négociation de la visio-conférence. Il s'agissait de dire que la victime ne souhaitait pas croiser le regard des prévenus. C'était un peu délicat à motiver, [mais] on a accédé à la demande de ma cliente. La défense aurait pu dire que le souhait de cette jeune femme de ne pas croiser le regard de ces jeunes gens était injustifié, qu'ils étaient précisément des gamins qui devaient ne pas lui faire peur[41].

Et l'avocat en défense de répondre :

> Finalement, ça nous arrangeait, parce qu'il y a, me semble-t-il, une règle d'or en matière de défense pénale qui est de ne jamais faire rester à la barre un témoin qui vous est fatal ou qui est attaché à votre perte. Le juge d'instruction vient témoigner, le directeur d'enquête est là de manière générale, ou la victime ou les proches de la victime : les faire rester trop longtemps à la barre, leur poser des questions, on est à peu près certains d'avoir des questions boomerang. Le fait que la victime soit en visio-conférence, certes, dramatisait un peu plus en effet, elle demandait un peu plus, mais finalement je craignais sa propre présence[42].

Dans ces réformes, peut-on dire que l'unité de lieu qui gouvernait les règles de procédure relatives aux débats des audiences, à la confrontation entre les parties, est ainsi rompue ? Dans cette affaire du bus incendié de Marseille, ce n'est pas l'avis de l'avocat en défense :

> Cela n'a pas cassé l'unité car nous savions tous qu'elle était à cinquante mètres de nous et elle était vraiment présente. Le fait qu'elle ait été sur un piédestal, c'était son affaire et la médiatisation était là. Je pense qu'elle a été moins présente que si elle avait été physiquement là, parce que la victime a un très beau visage qui était intact. On a appris qu'elle devait beaucoup au maquillage parce que, si j'ai bien compris, les dégâts des brûlures sur des peaux noires sont infiniment plus spectaculaires que sur des peaux blanches. On voyait son visage africain totalement reconstitué et

41 A. Molla, *in* J. Danet, *Des deux côtés de la barre*, op. cit.

42 Ph. Vouland, *in* J. Danet, *Des deux côtés de la barre*, ibid.

> on avait affaire à une très belle jeune fille qui s'exprimait bien, ce qui fait qu'on ne voyait absolument en rien les dégâts ; on devinait, parce qu'il y avait une minerve transparente ; elle avait une très belle expression, c'était un temps fort bien sûr, mais ce visage occupait tout l'espace, elle était là, on n'a pas cassé l'unité[43].

Autrement dit, sur le plan éthique, peut-on penser que le recours à des moyens techniques (vidéo-conférence par exemple) lors de l'audience a engendré chez les avocats une plus grande prise de conscience relative à l'attention qu'ils sont censés porter à certaines valeurs, tel le respect de la personne ? La réponse ne va pas de soi.

La loi n° 2011-939 du 10 août 2011 sur la participation des citoyens au fonctionnement de la justice pénale et le jugement des mineurs prévoit l'obligation de motivation des arrêts d'assises. Le nouvel article 365-1 du Code de procédure pénale prévoit la rédaction par le président d'une « feuille de motivation » qui, selon ce texte, et en cas de condamnation, présente « les principaux éléments à charge qui pour chacun des faits reprochés à l'accusé ont convaincu la cour d'assises ». La Cour européenne des droits de l'homme a rendu plusieurs arrêts le 10 janvier 2013[44], estimant le besoin d'une réelle motivation développée dès que l'affaire est complexe et/ou controversée, ceci pour que chacun, grâce à la motivation, connaisse le raisonnement de la cour d'assises qui a conduit à sa décision finale. S'ouvrent devant nous d'autres champs d'observation : l'exécution des décisions pénales qui peut s'avérer difficile ; la nouvelle place acquise des avocats dans la procédure de l'application des peines.

L'audience de l'application des peines[45]

La loi du 15 juin 2000 a modifié sensiblement la procédure de l'application des peines. La juridictionnalisation de l'application des peines en matière de placement à l'extérieur, de semi-liberté, de fractionnement ou de suspension

[43] Ph. Vouland, *in* J. Danet, *ibid.*

[44] Voir notamment Cour européenne des droits de l'homme (CEDH), 5e Sect. 10 janvier 2013, *Agnelet c/France*, Req. n° 61198/08 ; CEDH, 5e Sect. 10 janvier 2013, *Legillon c/France*, Req. n° 53406/10 ; CEDH, 5e Sect. 10 janvier 2013, *Fraumens c/France*, Req. n° 30010/10 ; CEDH, 5e Sect. 10 janvier 2013, *Oulahcene c/France*, Req. n° 44446/10 ; CEDH, 5e Sect. 10 janvier 2013, *Voica c/France*, Req. n° 60995/09.

[45] A. Beziz-Ayache, D. Boesel, *Droit de l'exécution de la sanction pénale*, Rueil-Malmaison, Lamy, Coll. « Axe Droit », 2010.

des peines et surtout de libération conditionnelle a changé les pratiques. Pour toutes les décisions d'octroi, d'ajournement, de retrait, de révocation, de refus de ces mesures qui sont prises dans le cadre d'un débat contradictoire, le condamné peut être assisté par un avocat.

Dans la continuité de cette loi, la loi du 9 mars 2004 permet au juge de l'application des peines, au tribunal de l'application des peines et à la chambre de l'application des peines de la cour d'appel de faire procéder à toutes mesures d'instruction pour préparer leur décision d'individualisation de la peine. Ils peuvent, de plus, susciter les réactions de la partie civile sur ces informations. On peut ainsi parler d'une véritable phase de mise en état des décisions de l'application des peines. À l'exception des réductions de peines, toutes les autres mesures d'application des peines font l'objet de jugements après débat contradictoire entre l'accusation et la défense et parfois après avis de l'administration pénitentiaire.

Le juge de l'application des peines[46] statue sur demande du condamné ou sur réquisitions du procureur de la République. Il agit également d'office. Ce magistrat spécialisé du tribunal de grande instance intervient après condamnation à une peine privative ou restrictive de liberté. À ce titre, le juge d'application des peines fixe les principales modalités du traitement pénitentiaire.

Lorsqu'il intervient en « milieu fermé », en prison, le juge de l'application des peines est compétent pour prononcer des mesures d'aménagement de peines. Il peut décider d'un placement à l'extérieur, d'une semi-liberté, d'une réduction, fractionnement ou suspension de peine, d'une libération conditionnelle et d'un placement sous surveillance électronique. En milieu ouvert, il est chargé de suivre et de contrôler le condamné dans l'exécution de sa peine. Il s'agit, en général, d'un emprisonnement avec sursis et d'une mise à l'épreuve, d'un ajournement du prononcé de la peine, d'un travail d'intérêt général, d'une liberté conditionnelle ou d'un suivi socio-judiciaire. Il peut délivrer un mandat d'amener en cas d'inobservation par le condamné des obligations qui lui incombent ainsi qu'un mandat d'arrêt.

Si le discours politique va vers plus de répression, tous les textes juridiques depuis 2004 visent à réduire les possibilités d'emprisonnement. La loi du 24

[46] A. Beziz-Ayache, D. Boesel, *Droit de l'exécution de la sanction pénale*, ibid.

novembre 2009 étend le champ d'application de l'article 723-15 du CPP[47], et l'article 132-24 alinéa 3 de ce même code rend exceptionnel le prononcé d'une peine d'emprisonnement ferme sauf en cas de récidive.

Il est ainsi demandé au juge d'application des peines d'aménager[48] de plus en plus. Notons que les investigations sont nombreuses avant de prendre une décision sur un éventuel aménagement : les enquêtes hébergement, les projets professionnels et enquêtes employeur, la personnalité du condamné, les expertises psychiatriques, les enquêtes victimes pour les informer des mesures d'aménagement en cours de préparation et qu'elles émettent un avis sur ces éventuelles mesures. La loi 2009 prévoit que pour les condamnés à une peine assortie d'une période de sureté de plus de quinze ans, le placement sous surveillance électronique pourra désormais être ordonné comme mesure probatoire obligatoire à la libération conditionnelle (et non plus la seule semi-liberté). Le texte prévoit que les semi-libertés, placements sous surveillance électronique et placements extérieurs probatoires à une libération

---

[47] Article 723-15 modifié Loi n° 2009-1436 du 24 novembre 2009 pénitentiaire, JORF n°0273 du 25 novembre 2009 page 20192, Article 84 : « Les personnes non incarcérées, condamnées à une peine inférieure ou égale à deux ans d'emprisonnement ou pour lesquelles la durée de la détention restant à subir est inférieure ou égale à deux ans, ou pour lesquelles, en cas de cumul de condamnations, le total des peines d'emprisonnement prononcées ou restant à subir est inférieur ou égal à deux ans bénéficient, dans la mesure du possible et si leur personnalité et leur situation le permettent, suivant la procédure prévue au présent paragraphe, d'une semi-liberté, d'un placement à l'extérieur, d'un placement sous surveillance électronique, d'un fractionnement ou d'une suspension de peines, d'une libération conditionnelle ou de la conversion prévue à l'article 132-57 du code pénal. Les durées de deux ans prévues par le présent alinéa sont réduites à un an si le condamné est en état de récidive légale. Préalablement à la mise à exécution de la ou des condamnations, le ministère public informe le juge de l'application des peines de cette ou de ces décisions en lui adressant toutes les pièces utiles, parmi lesquelles une copie de la ou des décisions et le bulletin n° 1 du casier judiciaire de l'intéressé. Sauf s'il a déjà été avisé de ces convocations à l'issue de l'audience de jugement en application de l'article 474 du présent code, le condamné est alors, sauf décision contraire du juge de l'application des peines, convoqué en premier lieu devant le juge de l'application des peines, puis devant le service pénitentiaire d'insertion et de probation, dans des délais qui ne sauraient être respectivement supérieurs à trente et à quarante-cinq jours à compter de leur information par le ministère public, afin de déterminer les modalités d'exécution de sa peine les mieux adaptées à sa personnalité et à sa situation matérielle, familiale et sociale. »

[48] Art. 65, Loi n° 2009-1436 du 24 novembre 2009 pénitentiaire, JORF n°0273 du 25 novembre 2009 page 20192 : *« En matière correctionnelle, en dehors des condamnations en récidive légale prononcées en application de l'article 132-19-1, une peine d'emprisonnement sans sursis ne peut être prononcée* qu'en dernier recours si la gravité de l'infraction et la personnalité de son auteur rendent cette peine nécessaire et si toute autre sanction est manifestement inadéquate ; dans ce cas, la peine d'emprisonnement doit si la personnalité et la situation du condamné le permettent, et sauf impossibilité matérielle, faire l'objet d'une des mesures d'aménagement prévues aux articles 132-25 à 132-28. »

conditionnelle peuvent être ordonnés un an avant la fin du délai d'épreuve (soit un an avant la mi ou les deux-tiers de la peine). Par ailleurs, l'implication dans un projet sérieux d'insertion et de réinsertion devient un critère de libération conditionnelle. Les plus de 70 ans sont dispensés du délai d'octroi de la libération conditionnelle dès lors que « l'insertion ou la réinsertion du condamné est assurée », enfin et c'est une timide avancée, l'avocat de la partie civile peut assister à l'audience si la peine est supérieure à cinq ans ou s'il s'agit d'une réclusion criminelle.

Donnons la parole à une avocate qui s'exprime à propos du juge d'application des peines et des divers acteurs qui interviennent à l'issue du procès :

> Le juge d'application des peines arrive en fin de parcours judiciaire. Si vous voulez, on est un [certain] nombre d'acteurs à participer au processus judiciaire. L'opinion publique pourra avoir une mauvaise image de l'avocat pénaliste qui va défendre un multi récidiviste, va réussir à lui faire obtenir une peine qui n'est pas la peine plancher, et du fait qu'un an plus tard, celui-ci va sortir. Et si au bout d'un an, il réussit à avoir une réduction de peine, s'il réussit à sortir trois mois avant, ou si dans le cas des peines plus longues, une liberté conditionnelle ou une semi-liberté est acceptée par le juge – le juge d'application des peines n'est pas tout seul : il y a le service d'insertion et d'approbation qui va donner un avis, il y a le directeur de l'administration pénitentiaire ou un représentant de l'institution pénitentiaire qui va donner son avis, et il y a le procureur de la République qui est là aussi. Je ne suis pas là pour défendre le juge d'application des peines, mais il n'est pas seul. On fait partie de l'autorité judiciaire et en tant que tel on participe, chacun à sa manière, à l'issue d'un procès (Entretien n° 6).

Ainsi, le mouvement vers le procès équitable semble irrémédiable. Les avocats pénalistes ont conquis de nouveaux droits qui peuvent favoriser leur niveau de conscience critique. Il nous faut aller plus loin et nous demander si ces mutations affectent ou non le rapport des avocats pénalistes à l'institution, et si oui, comment.

CHAPITRE 2

L'avocat et le rapport à l'institution

Pas un discours de bâtonnier, de président du Conseil national des barreaux ou de rentrée solennelle n'est prononcé sans qu'il soit fait référence au rapport à l'institution, plus précisément à la déontologie, considérée selon Edouard de Lamaze et Christian Pujalte comme « le ciment fédérateur des avocats, la garantie première du justiciable, l'âme véritable de la profession ou encore son fer de lance mais tout ceci sans que soit ou beaucoup trop rarement, indiqué et précisé en quoi[1] ».

La déontologie peut apparaître comme un facteur de cohésion de la profession et de son unité, au moins en apparence. Les mêmes règles s'appliquent à tous et peuvent susciter un sentiment de solidarité. Que les conditions d'accès à la profession soient les mêmes, que l'ensemble des règles éthiques qui la régisse, que la procédure pour contester les honoraires soient strictement identiques, ce sont là des éléments fédérateurs qui donnent aux justiciables une image homogène de l'avocature. Dès lors, une question se pose d'emblée : dans ce domaine particulier de la défense des prévenus ou accusés, les pratiques des avocats pénalistes sont-elles traversées par des exigences éthiques particulières imposées par l'institution ? Ou par des exigences éthiques qui seraient liées à leur statut ? Plus que de traiter l'abécédaire habituel des règles de la déontologie applicables à la profession d'avocat, il s'agit ici de s'interroger sur les éventuelles valeurs qui sous-tendent « la bonne conduite » de ceux qui demeurent attachés à la barre, au prétoire, aux boxes des accusés, aux sièges des parties civiles.

La déontologie, qui pourrait être définie comme une science spécifique, une branche autonome du droit positif, une partie du droit de la responsabilité, du droit disciplinaire, ou comme une garantie pour le justiciable suscite un véritable engouement dans nos sociétés modernes. Les médecins, les pharmaciens, les

[1] Ed. de Lamaze, Ch. Pujalte, *L'Avocat, le juge et la déontologie*, op. cit., p. 25.

vétérinaires ont tous leur code de déontologie. Mais peu de professions sont autant portées sur la scène publique que celle d'avocat pénaliste. L'affaire Dominique Strauss-Khan (DSK) en est un bel exemple. Un article de Marc Epstein paru en mai 2011 titrait « DSK est un client difficile à défendre ». Il mettait en avant la réputation des avocats choisis pour la défense de l'ex-patron du Fond monétaire international (FMI). Il n'y a d'ailleurs pas une semaine sans qu'une émission de télévision décrive une affaire judiciaire. On peut citer ici : « Enquêtes criminelles », « Faîtes entrer l'accusé », « Les grandes affaires criminelles »... Dans les moindres détails de son activité, dans les actes qu'il accomplit, dans les stratégies qu'il élabore, dans les plaidoiries qu'il prononce, l'avocat pénaliste est suivi pas à pas par son client. Il est en permanence sous une épée de Damoclès, d'autant plus que la relation avec le client s'est considérablement modifiée puisque l'on ne s'en remet plus comme par le passé à son défenseur avec beaucoup de révérence, le regardant comme l'homme de l'art et dont l'échec éventuel était accepté avec résignation. Désormais, le client n'hésite plus à faire savoir son mécontentement, jusqu'à même user parfois des voies de droit. Si la relation est plus égalitaire, l'avocat se doit d'être cet aiguillon qui tend, à partir des grands principes déontologiques, à améliorer la prestation mais aussi à contribuer à la bonne visibilité du droit et de la justice. Comme le rappelle si bien une avocate :

> Oui, le Code de déontologie interfère. Oui, tous les jours. Il est omniprésent. Je dis code de déontologie, procédure pénale, un certain nombre de règles s'imposent à vous quand vous êtes avocat (Entretien n°3).

Étymologiquement, le mot « déontologie » vient du grec *deon*, obligation ou devoir et *logos*, science, et peut à partir de là être entendu comme une éthique spécifique appliquée à une profession. Dans l'édition de 1913 du dictionnaire Larousse, la déontologie est définie comme « la science qui traite des devoirs à remplir » et « un ensemble de règles qui régissent la conduite de l'avocat vis-à-vis de ses clients, de ses confrères et des magistrats ».

Comme l'affirment Dominique Folscheid et Jean-François Mattéi, les discours déontologiques « présupposent un discours plus général, relevant de l'éthique, qui sera défini comme l'ensemble des règles de conduite légitimes susceptibles d'être universalisées[2] ». Si le terme déontologie est relativement

---

[2] D. Folscheid, J.-Fr. Mattéi, « La naissance de l'éthique », *in* D. Folscheid, B. Feuillet-Le Mintier, J.-Fr. Mattéi, (dir.), *Philosophie, éthique et droit de la médecine*, Paris, Puf, 1997, p. 21.

récent, il est unanimement attribué au philosophe et jurisconsulte anglais du XVIIIe siècle Jérémy Bentham, qui le mentionne dans son ouvrage *Déontologie ou science de la morale* paru en 1834, bien après sa mort. Il recouvre toutefois des notions bien anciennes pour les barreaux français, synthétisées sous la formule classique de « règles et usages du barreau », ne se limitant pas seulement à l'éthique mais incluant de manière plus large les règles relatives à la profession et aux structures de la profession.

Les fondements actuels de la déontologie de l'avocat

Rien n'est plus délicat que de saisir le présent en remontant dans l'histoire. Aussi avons-nous choisi volontairement de ne citer que les textes législatifs qui permettent de mieux comprendre les fondements actuels de la déontologie de l'avocat pénaliste.

Les auteurs font remonter à la fin du XIIIe siècle et au début du XIVe siècle la naissance de la fonction de conseil dans une acception proche de celle d'aujourd'hui. On peut souligner deux dates clés[3], la première est celle de l'ordonnance royale du 12 octobre 1274 de Philippe III dit le Hardi, relative au serment que l'impétrant doit prêter sur les Évangiles[4], la seconde est celle de l'ordonnance royale de 1327 organisant l'inscription des avocats. Au début, les avocats sont des religieux regroupés au sein de confréries, à Paris, celle de saint Nicolas. Le client que l'on est chargé de défendre est regardé comme l'autre, l'autre dans son sens chrétien étant perçu comme une émanation de Jésus-Christ lui-même[5]. Citons avec Edouard de Lamaze et Christian Pujalte[6], l'Évangile de saint Mathieu où le Christ s'identifie à tous les hommes et à chacun en particulier : « Ce que vous avez fait au moindre de

[3] Ed. de Lamaze, Ch. Pujalte, *L'Avocat, le juge et la déontologie*, op.cit., p. 3.

[4] « Les avocats, tant du Parlement que des bailliages et autres justices royales jureront, en latin ; sur les saints Évangiles qu'ils ne se chargeront que des causes justes, et qu'ils les défendront diligemment et fidèlement ; et qu'ils les abandonneront dès qu'ils connaîtront qu'elles ne sont point justes. Et les avocats qui ne voudront point faire ce serment seront interdits jusqu'à ce qu'ils l'aient fait. Les salaires seront proportionnés au procès et au mérite de l'avocat, sans pouvoir néanmoins excéder la somme de trente livres. Les avocats jureront encore qu'au-delà de cette somme, ils ne prendront rien directement ou indirectement. Ceux qui auront violé ce serment seront notés de parjure d'infamie, et exclus de plein droit de la fonction d'avocats, sauf aux juges à les punir suivant la qualité du méfait. Les avocats feront ce serment tous les ans. Et cette ordonnance sera lue tous les ans aux assises. »

[5] cf. Ed. de Lamaze, Ch. Pujalte, *op. cit.,* p. 3.

[6] cf. Ed. de Lamaze, Ch. Pujalte, *ibid.*

mes frères, c'est à moi que vous l'avez fait[7] » et le commandement chrétien : « Tu aimeras ton prochain comme toi-même », qui peuvent être considérés comme les principes initiaux régissant la profession d'avocat. L'avocature a donc des origines à forte connotation religieuse. Ces commandements donnés aux avocats vont perdurer jusqu'à nos jours, en particulier au regard d'un grand nombre de principes essentiels, arrêtés par le législateur ou le Conseil national des barreaux.

Nous sommes en 1920. Le décret du 20 juin de cette année consacre le principe de l'obligation d'inscription à un barreau pour pouvoir porter le titre d'avocat, mettant fin à la situation de confusion pour le justifiable qui régnait jusque-là. Auparavant, tout licencié en droit dès qu'il avait prêté serment pouvait prétendre à ce titre. Désormais, seule l'inscription au tableau qui est arrêtée par l'ordre, confère ce titre. Ce texte-clé précise aussi les ressources des barreaux et leur gestion, l'organisation de la prévoyance et la création de caisses de retraite. Il réaffirme, voire renforce les pouvoirs de contrôle sur l'ordre, exercés par le procureur général auprès de la cour d'appel. Puis le décret du 26 juin 1941, abrogé par la loi du 8 avril 1954, crée le certificat d'aptitude à la profession d'avocat (CAPA).

Mais c'est la loi du 31 décembre 1971 portant réforme de certaines professions judiciaires et juridiques, modifiée par la loi du 25 janvier 2011 portant réforme de la représentation devant les cours d'appel et la loi du 28 mars 2011 de modernisation des professions judiciaires, qui donne à la profession d'avocat son assise. Selon l'article 1 de la loi de 1971 : « Une nouvelle profession d'avocat dont les membres portent le titre d'avocat est substituée aux professions d'avocat, d'avoué près les cours d'appel et de conseil juridique. Les membres de ces professions font d'office partie, s'ils n'y renoncent, de la nouvelle profession. » L'article 4 de cette même loi modifiée par l'article 12 de la loi de 2011 est considéré comme le socle sur lequel repose la profession : « Nul ne peut, s'il n'est avocat, assister ou représenter les parties, postuler et plaider devant les juridictions et les organismes juridictionnels ou disciplinaires de quelque nature que ce soit. » Le cadre législatif, dans lequel l'avocat pénaliste va professionnellement évoluer, est ainsi fixé dans ses grandes lignes par cette loi fondamentale qui subira quelques modifications, sans toutefois qu'en soit affectée son économie générale.

---

[7] *Mt 25-4.*

Certes, le texte, celui qui ouvre la voie et qui engage l'avocat aux yeux de tous, est sans conteste possible la formule sacramentelle de la prestation de serment fixée par l'article 3 de la loi du 31 décembre 1971 modifiée : « Je jure, comme avocat, d'exercer mes fonctions avec dignité, conscience, indépendance, probité et humanisme. » L'histoire du serment de l'avocat a connu de notables évolutions. Avec la loi du 15 juin 1982 relative à la procédure applicable en cas de faute professionnelle commise à l'audience par un avocat[8] et le serment de Badinter – curieusement nommé car nous le devons à Gisèle Halimi qui faisait suite à des poursuites engagées contre Me. Yann Choucq, avocat au barreau de Nantes, à l'occasion d'un incident d'audience survenu dans un dossier relatif aux manifestations contre le projet de centrale nucléaire de Plogoff (il avait été relaxé en appel) –, le serment n'est plus seulement le serment d'un auxiliaire de justice, mais celui d'un homme de droit qui défend et protège l'homme dans tous les aspects de sa vie, le conseille, le représente, l'assiste devant les magistrats.

La loi du 31 décembre 1971 modifiée par la loi du 31 décembre 1990 portant réforme de certaines professions judiciaires et juridiques et le décret du 27 novembre 1991 organisant la profession d'avocat[9] reprennent dans plusieurs dispositions les règles et usages déjà en pratique dans les cent quatre-vingt-un barreaux (un par tribunal de grande instance) : la suppression de la profession de conseil juridique qui fusionne avec celle d'avocat ; l'abandon de l'exigence de la nationalité française pour intégrer un barreau français ; et la création d'un Conseil national des barreaux (CNB), défini comme un établissement d'utilité publique doté de la personnalité morale, qui a pour fonction la représentation de la profession d'avocat notamment auprès des pouvoirs publics, l'élaboration de la politique de formation des avocats, l'harmonisation des règles et usages de la profession d'avocat en élaborant un règlement intérieur qui s'impose à l'ensemble des barreaux français. En 1997 et 1999, le Conseil national des barreaux élabore un règlement intérieur harmonisé (RIH) qui suscite quelques remous. Disposant d'un pouvoir normatif, le Conseil national des barreaux crée ensuite en remplacement de ce RIH un règlement intérieur unifié (RIU) et ordonne aux différents barreaux de l'intégrer dans leur propre règlement intérieur.

---

[8] Loi n° 82-506 du 15 juin 1982 relative à la procédure applicable en cas de faute professionnelle commise à l'audience par un avocat, *JORF* du 16 juin 1982, p. 1899.

[9] Version consolidée au 29 juillet 2013.

Plus récemment, le paysage de la loi du 31 décembre 1971 est une nouvelle fois modifié par la loi du 11 février 2004 réformant le statut de certaines professions judiciaires ou juridiques, des experts judiciaires, des conseils en propriété industrielle et des experts en ventes aux enchères publiques. On note ainsi des changements dans la formation de l'élève-avocat : période de formation dans les centres régionaux de formation professionnelle d'avocats (CRFPA) portée à dix-huit mois, suppression du stage d'une durée de deux ans, obligation pour les avocats d'une formation continue ; la création d'un conseil de discipline siégeant au niveau de la cour d'appel au lieu et place du conseil de l'ordre de chaque barreau, excepté pour le barreau de Paris qui conserve le pouvoir disciplinaire dévolu à son conseil de l'ordre ; et la transposition de la directive européenne du 16 février 1998[10]. Un décret du 24 mai 2005 apporte des précisions sur l'organisation et le fonctionnement des conseils régionaux. La loi de 2004 et son décret du 12 juillet 2005 relatif aux règles de déontologie de la profession d'avocat reconnaissent au Conseil national des barreaux le pouvoir d'unifier « par voie de dispositions générales » les règles et usages de la profession d'avocat. C'est ainsi que suite aux contestations et fort de son expérience, le Conseil national des barreaux remplace le règlement intérieur unifié par le règlement intérieur national (RIN) et demande aux bâtonniers d'en assurer dans leur ressort l'exécution par sa diffusion et sa publication. Notons ici que les règlements intérieurs des barreaux doivent être en conformité avec les lois et règlements en vigueur et sont soumis avant leur application au contrôle du procureur général près la cour d'appel. Ce décret du 12 juillet 2005 en son article 3 précise les principes applicables à la profession d'avocat. Sur le terrain déontologique, les articles 1-3 du décret du 12 juillet 2005 n'avaient rien ajouté ou retiré de ce qui existait auparavant. Le non-respect de ces principes déontologiques peut se traduire par des exclusions du fait de certaines condamnations prévues explicitement par la loi. En pratique, cela peut aller au-delà de ces prescriptions légales particulières en se fondant sur une règle générale d'honorabilité, exprimée en l'article 17 de la loi de 1971 modifié par l'article 13 de l'ordonnance du 30 janvier 2009.

---

[10] *JOCE* n° 4-77 ; *JCP G* 1998, *II*, 2006.

Ces dispositions législatives, réglementaires[11] sont reprises et synthétisées dès l'article 1er du règlement intérieur national des barreaux[12] et donnent le ton d'emblée : la profession d'avocat est une profession libérale et indépendante quel que soit son mode d'exercice. L'avocat fait partie d'un barreau administré par un conseil de l'ordre. Des principes guident son comportement en toutes circonstances. L'avocat exerce ainsi ses fonctions avec dignité, conscience, indépendance, probité et humanité dans le respect des termes de son serment. Il respecte en outre, dans cet exercice, les principes d'honneur, de loyauté, de désintéressement, de confraternité, de délicatesse, de modération et de courtoisie. Il fait preuve à l'égard de ses clients de compétence, de dévouement, de diligence et de prudence. La méconnaissance d'un seul de ces principes, règles et devoirs constitue une faute pouvant entraîner une sanction disciplinaire.

Il est important de noter que le même besoin qui avait poussé à l'harmonisation de la déontologie entre les barreaux de France a été ressenti au niveau de la Communauté européenne et explique les nombreuses directives européennes, notamment sur la libre prestation de service en 1977[13], les équivalences des diplômes préalables à la liberté d'établissement en 1988[14], et sur le droit d'établissement en 1998[15]. Un code de déontologie du CCBE (Conseil des barreaux européens) est alors créé pour la résolution des litiges transfrontaliers entre avocats de l'Union européenne[16].

---

[11] L. 31 déc. 1971 ; D. 27 nov. 1991 ; D. 12 juil. 2005 ; Ord. 30 juin 2009.

[12] Le *RIN* est consolidé des décisions à caractère normatif n° 2007-001 du 28 avril 2007, 2008-002 du 12 décembre 2008, 2009-001 du 4 avril 2009, 2009-002 du 16 mai 2009, 2010-001 du 10 avril 2010, 2010-002 du 8 mai 2010, 2010-003 du 24 septembre 2010, 2011-001 du 12 février 2011, 2011-002 du 18 juin 2011 et 2011-005 du 24 septembre 2011, adoptées par les Assemblées générales du Conseil national des barreaux ainsi que des modifications aux annexes adoptées lors des assemblées générales des 13 septembre 2008, 10 mai 2010 et 14 septembre 2012.

[13] Directive 77/249/CEE du Conseil, du 22 mars 1977, tendant à faciliter l'exercice effectif de la libre prestation de services par les avocats, *Journal officiel* n° L 078 du 26/03/1977, p. 0017-0018.

[14] Directive 89/48/CEE du Conseil du 21 décembre 1988 relative à un système général de reconnaissance des diplômes d'enseignement supérieur qui sanctionnent des formations professionnelles d'une durée minimale de trois ans, *Journal officiel* n° L 019 du 24/01/1989, p. 0016- 0023.

[15] Directive 98/5/CE du Parlement européen et du Conseil du 16 février 1998 visant à faciliter l'exercice permanent de la profession d'avocat dans un État membre autre que celui où la qualification a été acquise, *Journal officiel* n° L 077 du 14/03/1998, p. 0036-0043.

[16] Le Conseil des barreaux européens (CCBE) a pour principal objet d'assurer la représentation des barreaux membres, qu'ils soient effectifs (soit ceux de l'Union européenne, de l'Espace économique européen et de la Confédération helvétique), associés ou observateurs, dans toutes

C'est ainsi que les normes textuelles retiennent seize principes déontologiques essentiels dont certains ont des définitions qui se chevauchent, comme la probité et le désintéressement, la délicatesse et la courtoisie. Si les textes informent sur le contenu des normes applicables à cette profession, ils ne nous disent rien de leur fonctionnement effectif. Quelle place les avocats donnent-ils, dans leurs pratiques, à ces principes qui renvoient à une éthique de la justice ? Les guident-ils réellement ? Ou ne sont-ils que des généralisations qui ne valent que dans certains cas très particuliers ?

> Le Code de déontologie interfère dans ma pratique d'avocate, tous les jours. Il est omniprésent. Je dis code de déontologie, procédure pénale, un certain nombre de règles s'imposent à vous quand vous êtes avocat. On a un client qui est en garde à vue. L'épouse enceinte vous appelle en disant qu'elle n'a pas de nouvelles de son mari. Vous êtes censé ne rien lui dire, pas même que vous avez vu son époux, sinon vous encourez vraiment des risques de sanction. Sur ce plan, les magistrats sont assez exigeants avec les avocats (Entretien n° 7).

C'est l'occasion de découvrir que l'éthique de l'avocat pénaliste ne saurait être réduite à une analyse contextuelle de la défense pénale et qu'elle doit être

---

les matières d'intérêt commun ayant trait à l'exercice de la profession d'avocat, au respect de l'État de droit et d'une bonne administration de la justice, ainsi qu'aux développements importants du droit, tant européen qu'international (article III.1.a. des statuts du CCBE). À ce titre, il est l'organe représentatif officiel de barreaux qui, ensemble, comportent environ un million d'avocats européens. Le CCBE a arrêté deux textes fondateurs, qui sont à la fois complémentaires et d'une nature fort différente.
Le plus récent est la *Charte des principes essentiels de l'avocat européen* adoptée à l'unanimité lors de la session plénière de Bruxelles du 24 novembre 2006. La Charte n'est pas conçue comme un code de déontologie. Elle a vocation à s'appliquer à l'Europe toute entière, au-delà des territoires des États membres, associés et observateurs du CCBE. La Charte énonce dix principes essentiels qui sont l'expression de la base commune à toutes les règles nationales et internationales qui régissent la profession d'avocat.
La Charte a notamment pour objet de venir en aide aux barreaux qui luttent dans les pays émergents pour y faire reconnaître leur indépendance ; elle vise également à accroître la compréhension de l'importance du rôle de l'avocat dans la société ; elle s'adresse tant aux avocats eux-mêmes qu'aux décideurs et au public en général.
Le *Code de déontologie des avocats européens* remonte, quant à lui, au 28 octobre 1988. Il a été modifié à trois reprises, la dernière fois lors de la session plénière de Porto du 19 mai 2006. Il y va d'un texte obligatoire dans tous les États membres : tous les avocats membres des barreaux de ces pays (que ces barreaux soient des membres effectifs, associés ou observateurs du CCBE) sont tenus au respect du Code dans leurs activités transfrontalières à l'intérieur de l'Union européenne, de l'Espace économique européen, de la Confédération helvétique comme des pays associés et observateurs.

complétée par un moment déontologique qui fait référence à cette relation entre le client et l'avocat dans le cadre judiciaire et pénitentiaire. Dans une telle optique, nous commencerons par traiter le principe de l'indépendance, perçu comme un droit inaliénable plus que comme une obligation, et les règles de courtoisie et de prudence.

L'indépendance, la courtoisie, la prudence

Si notre droit ne considère pas *l'indépendance* comme le premier principe du métier d'avocat, la Charte de l'avocat européen la met au premier rang, en précisant que l'avocat doit « être libre politiquement, économiquement, intellectuellement dans l'exercice de sa mission de conseil et de représentant du client ».

Schématiquement, pour chaque affaire, il s'agit toujours d'un rapport contractuel à dominante orale entre l'avocat et son client, qui va vers un rapport triangulaire à dominante écrite de l'avocat ou du client à un juge. Dans cette dernière hypothèse, le juge instruit le procès, constitue le dossier avant souvent de juger lui-même. Il transforme des faits empiriques en vérités juridiques par le jeu des preuves préconstituées. Lors de l'instruction, l'indépendance de l'avocat n'apparaît pas totale. C'est ce qu'affirme un avocat pénaliste en ces termes :

> L'avocat subit clairement, lors de l'instruction, le bon vouloir du magistrat qui instruit ou de la chambre d'instruction éventuellement en appel. C'est-à-dire que l'on peut faire des demandes d'actes, on peut demander à ce qu'un tel soit auditionné, demander une expertise, si au niveau du juge d'instruction ou de la chambre d'instruction il y a un refus, on ne pourra rien faire (Entretien n° 9).

Comme l'écrit Denis Salas : « Accumulateur des contestations, conflits, demandes multiples de la société, le pouvoir utilise l'enquête comme processus d'explicitation des pratiques sociales, collecte de preuves écrites. Cet appareil d'écriture qui juridicise ainsi le social assure une emprise irréversible de l'État sur la société en instaurant un monopole de la vérité juridique[17]. »

Après la lecture du dossier, son interprétation, l'écoute du client, l'avocat prépare petit à petit sa plaidoirie. Au terme de longs débats, la défense

[17] D. Salas, *Du procès pénal*, Paris, Puf, 1992, Coll. « Quadrige », 2010, p. 302.

s'exprime à son tour, répondant ainsi à l'accusation ou à la partie civile, mais aussi au silence de la salle, à sa tension, à son attention, à ses émotions. L'avocat pénaliste dialogue avec le regard des juges et des jurés. Dans ce dialogue dans lequel « le fonds inépuisable des mots », selon l'expression de Michel Foucault, n'est plus accessible, l'avocat jouit d'une indépendance et d'une liberté de parole. Il garde une liberté dans les choix de sa défense et les arguments qu'il présente. Il doit savoir prendre la décision juste devant une situation imprévue. C'est le cas lorsque le magistrat décide de montrer aux jurés des photos de la scène du crime qui mettent en jeu la passion et les affects et qui risquent de faire oublier la nécessité de la sécurité juridique et le droit de chacun à un procès équitable. Toutefois, la décision que prend alors l'avocat de revenir ou non sur ces scènes de l'exposition des blessures des victimes, qui ont pu créer une intensité émotionnelle sur les jurés et qui peuvent susciter, au sens girardien[18], une violence unanime de tous contre le prévenu ou l'accusé, se fonde plus sur une intuition que sur une véritable réflexion de fond. L'indépendance de l'avocat n'est pas totale puisque sa décision de revenir ou d'éluder cette information ne repose pas sur un choix rationnel, mais plutôt sur sa représentation des jurés et de l'impact des photos sur la condamnation du prévenu ou de l'accusé.

Une autre des vertus cardinales exigées de l'avocat est la *courtoisie*. Ce dernier ne doit pas, dans ses rapports avec les magistrats, faire preuve d'arrogance et d'agressivité, non moins que de familiarité. Si l'avocat peut faire l'objet de remontrances de la part du magistrat, il ne doit pas oublier, ni faire oublier qu'il a sa place dans l'organisation judiciaire. L'avocat n'est en aucune manière soumis à la dépendance du juge et ne prête plus serment comme dans le passé de ne pas s'écarter du respect dû aux tribunaux.

La plupart des avocats insistent d'ailleurs, lors des entretiens, sur l'importance de cette courtoisie qui dépasse le cadre strict de la morale pour pénétrer dans la bienséance qui est une vertu de la cour et qui s'exerce à l'intérieur des relations des gens de justice. Teintée d'un certain protocole, les avocats précisent que l'infraction « outrage à magistrat » est une limite nécessaire, pour éviter des attitudes non appropriées à l'égard des magistrats.

[18] Voir R. Girard, *La Violence et le Sacré*, Paris, Grasset, 1972, 451 p. ; *Le Bouc émissaire*, Paris, Grasset, 1972, 298 p.

> Courtoise, je le suis, je le suis en général dans ma vie. Chez certains confrères, certains magistrats, dans certaines situations et parce qu'il y a aussi l'urgence, une dimension importante dans ce métier, parfois cela ne se fait pas comme vous l'auriez voulu. Il y a des choses qui sont difficiles. Oui, on reste courtois, mais parfois, heureusement qu'il y a l'infraction "outrage à magistrat", sinon j'aurais dit à plusieurs magistrats ce que je pense. C'est une bonne invention. Pour moi en tous les cas. Cela pose les limites (Entretien n° 3).

L'injonction faite aux parties par l'article 24 du Code de procédure civile de garder le respect dû à la justice vaut à fortiori pour les avocats. Ce principe est le garant incontournable d'une justice de qualité à laquelle l'avocat doit concourir étroitement.

Laissons s'exprimer en ce sens une autre avocate du barreau de Paris :

> Il est important d'avoir des comportements de courtoisie. Je dirais que ce sont ces règles-là qui permettent d'uniformiser la pratique, qui permettent de ne pas être dans la jungle. Donc, c'est important de les respecter. Mais tous ne les respectent pas de la même façon. Ce sont des règles qui sont extrêmement importantes, et puis vous encourez, en tant qu'avocat, des poursuites disciplinaires, voire des poursuites pénales. Et contrairement à ce que l'on imagine – on croit très souvent que les avocats entre eux font leur sauce – il y a énormément de poursuites qui sont exercées entre avocats ou auprès au moins du bâtonnier. Il y a des règles. On n'est pas libre de faire absolument ce que l'on veut. On fait ce que l'on veut dans la mesure où l'on respecte les règles déontologiques, les règles du Code de procédure pénale. C'est absolu (Entretien n° 7).

Si l'avocat doit avoir une attitude courtoise, il doit aussi avoir des attitudes de *prudence* et de réserve vis-à-vis de la partie adverse. Il se sent tenu par la parole de son client qui a besoin d'être rassuré à quelque degré qu'il soit de l'échelle sociale et qui vit son procès comme une véritable épreuve. L'avocat ne doit pas choquer volontairement les jurés. Comme l'écrit Jean-Marc Varaut : « Dans convaincre, il y a vaincre, ce qui implique que le débat judiciaire n'est pas un duo mais un duel ordonné dans le cadre d'un procès équitable. Mais se battre, c'est bien se battre dans le respect des personnes et des fonctions[19]. »

---

[19] J.-M. Varaut, « L'Indépendance de l'avocat », *in* L. Cadiet, *Dictionnaire de la Justice*, Paris, Puf, 2004, p. 628.

L'honneur, le désintéressement, la probité

Selon un extrait des *Lettres sur la profession d'avocat* de Camus, publiées en 1787 : « L'exercice de la profession d'avocat doit mener à *l'honneur* et non à la fortune ; il méprise les professions lucratives, la plupart moins pénibles et moins laborieuses, pour se dévouer à des fonctions qui ne promettent que l'honneur à ceux qui les exercent avec le plus de succès. » Ainsi, pendant longtemps, la corporation des avocats s'est tenue pour une aristocratie soumise à une morale de l'honneur, de désintéressement et de probité.

Mais de nos jours, l'article 17 de la loi du 31 décembre 1971, sous le 3°, modifié par l'article 13 de l'ordonnance du 30 janvier 2009, qui donne mission au Conseil de l'ordre de maintenir ces principes, apparaît discutable. La recommandation de *désintéressement* ne peut subsister que comme une limite à l'esprit de lucre. L'avocat est devenu dans notre société un prestataire de services qui attend de son art qu'il le fasse vivre, après avoir payé les salaires et toutes les charges financières qui lui incombent dans son cabinet. En témoignent les récits de l'ensemble des avocats pénalistes rencontrés :

> [Avec embarras et hésitation] L'intéressement d'un dossier est important pour son acceptation. Mais cela dépend de là où l'on en est dans sa propre évolution professionnelle et du statut que l'on occupe. Il est évident que si j'ai un très beau dossier, un dossier très intéressant, et que je ne suis pas rémunéré comme commis d'office, je ne peux pas l'accepter. À l'inverse, il y a quelques années, j'avais une collaboration, et probablement moins de besoins, je pouvais me permettre de prendre des audiences simplement pour leur intérêt. C'était formateur. Maintenant, le seul intérêt du dossier ne suffit pas. Je me suis associé, j'ai des collaborateurs. Je ne peux pas travailler pour la gloire. La donnée financière est importante pendant la préparation du dossier. Il est évident que si l'on est payé correctement, on ne rechigne pas à consacrer une matinée, deux matinées, trois matinées ou quatre matinées. Si on est mal payé, on concentrera tous nos efforts, on essaiera de réduire les coûts. J'ai une partie de mon activité aux Antilles et certains clients ne peuvent plus payer. J'ai des frais importants, je ne peux pas y être de ma poche et en même temps je ne peux pas les laisser tomber. C'est le nerf de la guerre. Si on n'a pas de carburant, on ne peut aller aux Antilles. [...] On est pris par les urgences, et la nécessité de se reconstituer en permanence une clientèle, on a beaucoup de charges. L'impératif financier est un souci permanent, on a des frais de structure importants,

> quatre collaboratrices, deux secrétaires, des déplacements…, donc il faut tout le temps que l'on gagne des sous, on est dans une insécurité financière relative mais qui existe quand même. On jongle avec la banque. C'est triste mais on devient sans pitié avec les clients. La défense de la veuve et l'orphelin, ce n'est plus possible. Si une affaire ne paie pas, on ne peut pas la défendre (Entretien n° 9).

À première vue, l'intéressement financier est une puissante motivation pour la préparation et la défense d'un dossier. Le collaborateur qui ne supporte pas les charges du cabinet ne peut se positionner tout à fait de la même manière que celui qui doit assurer des charges de structure. Le désintéressement, en tant que tel, n'est pas plus difficile à pratiquer que d'autres normes morales, mais il le devient selon le contexte dans lequel l'avocat exerce. L'avocat n'agit pas seulement par bienveillance, il agit aussi selon sa raison et sa conscience.

Selon l'article 11 du règlement intérieur national de la profession d'avocat : « À défaut de convention entre l'avocat et son client, les honoraires sont fixés selon les usages, en fonction de la situation de fortune du client, de la difficulté de l'affaire, des frais exposés par l'avocat, de la notoriété et des diligences de celui-ci. L'avocat chargé d'un dossier peut demander des honoraires à son client même si ce dossier lui est retiré avant sa conclusion, dans la mesure du travail accompli. L'avocat informe son client, dès sa saisine, puis de manière régulière, des modalités de détermination des honoraires et de l'évolution prévisible de leur montant. Le cas échéant, ces informations figurent dans la convention d'honoraires. La rémunération de l'avocat est fonction, notamment, de chacun des éléments suivants, conformément aux usages : le temps consacré à l'affaire, le travail de recherche, la nature et la difficulté de l'affaire, l'importance des intérêts en cause, l'incidence des frais et charges du cabinet auquel appartient l'avocat, sa notoriété, ses titres, son ancienneté, son expérience et la spécialisation dont il est titulaire, les avantages et le résultat obtenus au profit du client par son travail, ainsi que le service rendu à celui-ci et la situation de fortune du client. Des honoraires forfaitaires peuvent être convenus. L'avocat peut recevoir d'un client des honoraires de manière périodique, y compris sous forme forfaitaire[20]. »

[20] Décision du 12 juillet 2007 portant adoption du règlement intérieur national (RIN) de la profession d'avocat (art. 21-1 de la loi du 31 décembre 1971 modifiée), *JORF* n°185 du 11 août 2007, p. 13503.

Toutefois, cet article 11 précise qu'il est interdit à l'avocat de fixer ses honoraires par un pacte de *quota litis*, « [défini] comme une convention passée entre l'avocat et son client avant décision judiciaire définitive, qui fixe exclusivement l'intégralité de ses honoraires en fonction du résultat judiciaire de l'affaire, que ces honoraires consistent en une somme d'argent ou en tout autre bien ou valeur. L'avocat ne peut percevoir d'honoraires que de son client ou d'un mandataire de celui-ci. L'avocat qui accepte la charge d'un dossier peut demander à son client le versement préalable d'une provision à valoir sur ses frais et honoraires. Cette provision ne peut aller au-delà d'une estimation raisonnable des honoraires et des débours probables entraînés par le dossier. À défaut de paiement de la provision demandée, l'avocat peut renoncer à s'occuper de l'affaire ou s'en retirer dans les conditions prévues à l'article 13 du décret du 12 juillet 2005. Il fournit à son client toute information nécessaire à cet effet ».

> Le désintéressement n'existe pas [soutient un avocat]. [...] L'acceptation d'un dossier dépend aussi des honoraires. C'est une des plus grandes difficultés de l'avocat pénaliste. On paye son médecin, on paye son loyer mais l'avocat, on peut le payer plus tard, ce n'est pas grave ! Il n'y a pas d'honoraires fixes. On n'est pas dans un magasin – une paire de chaussures, ça vaut cent euros –, on n'a pas d'étiquettes "un divorce c'est tant", "un viol, c'est tant"... Il n'y a pas une obligation de résultat, il y a une obligation d'être. Parfois, on est obligé de plaider pour le client. Je suis une personne qui n'aime pas plaider longtemps, je plaide court avec plus de pertinence que lorsque je plaide longtemps. Le prévenu a besoin de paillettes, d'effets de manche. Le client a souvent l'impression qu'il nous paye à la longueur de la plaidoirie, ce qui est parfois contre-productif. C'est une très grosse difficulté de l'avocat (Entretien n° 3).

Cette obligation de renseigner le client sur les honoraires peut se heurter aux aléas inhérents au procès : longueur de la plaidoirie par exemple. Si certains avocats disent que les effets de manche lors de la plaidoirie restent une donnée importante pouvant justifier les honoraires demandés à leur client, d'autres ne partagent pas cette opinion, mettant plus en avant l'importance de la connaissance du dossier et leur conviction dans la défense de leur client. Laissons s'exprimer ce sens une avocate du barreau de Paris :

> Je pense que lors de la plaidoirie, ce qui est important pour le client, ce ne sont pas les effets de manche mais la bonne connaissance du dossier par l'avocat et l'impression que ce dernier a été au bout de lui-même pour

> convaincre le tribunal et le défendre. Les honoraires ne sont pas déterminés en fonction des effets de manche (Entretien n° 7).

L'article 10 de la loi du 31 décembre 1971 qui précisait le mode de rémunération de l'avocat a été modifié par l'article 14 de la loi du 13 décembre 2011 en ces termes : « La tarification de la postulation devant le tribunal de grande instance et des actes de procédure est régie par les dispositions sur la procédure civile. Les honoraires de consultation, d'assistance, de conseil, de rédaction d'actes juridiques sous seing privé et de plaidoirie sont fixés en accord avec le client. À défaut de convention entre l'avocat et son client, l'honoraire est fixé selon les usages, en fonction de la situation de fortune du client, de la difficulté de l'affaire, des frais exposés par l'avocat, de sa notoriété et des diligences de celui-ci. Toute fixation d'honoraires qui ne le serait qu'en fonction du résultat judiciaire est interdite. Est licite la convention qui, outre la rémunération des prestations effectuées, prévoit la fixation d'un honoraire complémentaire en fonction du résultat obtenu ou du service rendu. » Il faut opérer une distinction entre deux activités de l'avocat pénaliste : d'une part, celle de l'assistance dans le cadre de l'aide juridictionnelle qui donne lieu à une contribution de l'État versée au conseil en application de l'article 10 de la loi du 10 juillet 1991 relative à l'aide juridique[21] modifiée par la loi du 22 décembre 2010 relative à l'exécution des décisions de justice[22], aux conditions d'exercice de certaines professions réglementées et aux experts judiciaires ; d'autre part, celle de la consultation, de la plaidoirie, de la rédaction d'actes qui induit des honoraires fixés librement entre l'avocat et son client. Concrètement, un avocat peut accepter de prêter son concours au titre de l'aide juridictionnelle à un client qui en bénéficie. Choisi par le client, il est alors rémunéré par l'aide juridictionnelle. Si le client impécunieux ne connaît pas d'avocat ou n'en trouve pas un dans ce cadre, le bâtonnier lui commettra un avocat d'office pour le défendre. Cet avocat sera indemnisé comme un avocat choisi au titre juridictionnel. Ici aussi, les choix d'exercice s'expliquent par des stratégies personnelles des avocats. Dans ce cadre des commissions d'office, la volonté d'aider les autres et l'intérêt du dossier l'emportent souvent sur l'intéressement financier.

---

[21] Loi n° 91-647 du 10 juillet 1991 relative à l'aide juridique, *JORF*, n° 162 du 13 juillet 1991, p. 9170.

[22] Loi n° 2010-1609 du 22 décembre 2010 relative à l'exécution des décisions de justice, *JORF*, n° 0297 du 23 décembre 2010, p. 22552.

> Je suis toujours très claire sur l'intéressement financier par rapport au dossier [commente une avocate]. Je fais beaucoup de commissions d'office – je suis payée par l'État une misère –, je fais beaucoup de permanences au Palais, des permanences de comparution immédiate, ou des permanences à l'instruction. Dans ces situations, c'est plus la volonté d'aider les autres que celle de gagner de l'argent qui motive la défense de ces affaires. Après il y a mes clients personnels, qui payent des honoraires. (Entretien n° 6).

> L'intéressement des finances est important dans la prise en compte du dossier [précise une autre avocate]. J'ai choisi de m'intéresser exclusivement au pénal. Pour parler vulgairement, la Rolls du dossier, c'est le dossier criminel qui va aux assises. Alors là, pour un dossier criminel, moi je peux tout à fait accepter d'intervenir au titre de l'aide juridictionnelle, comme avocat commis d'office. Cela reste quand même une exception compte tenu de l'enjeu et de la complexité de l'affaire, de l'intérêt de l'affaire. Je dirais que là, l'intéressement, ce serait hypocrite de dire qu'il est secondaire [mais] en tous les cas, il peut passer au second plan. Je ne peux pas refuser un dossier criminel, je suis vraiment trop passionnée par les faits et je suis absolument grisée par les assises ; donc généralement, je ne refuse pas un dossier criminel, parce que c'est vraiment un temps hors norme de l'exercice professionnel (Entretien n° 7).

Hors ces commissions d'office, les avocats gèrent cette question de leurs honoraires de manières très diverses. Les uns fixent d'emblée les honoraires selon les cadres de défense : correctionnel, criminel et accordent des facilités de paiement. À la négociation technique pour l'orientation de la défense s'ajoute ainsi une négociation économique autour de la question des honoraires :

> Je vais être très claire [dit une avocate]. Je fixe avec mes clients des honoraires. Je peux faire des facilités de paiement. Si je ne suis pas payée avant le jour de l'audience, je ne vais pas plaider mon dossier.[...] Les honoraires sont à peu près les mêmes pour toutes les affaires. Mais, je peux prendre en considération la situation de certaines personnes et le travail plus ou moins important du dossier. Toutefois, je ne plaiderai pas différemment pour un client qui m'a payé des honoraires et pour un client à une permanence en comparution immédiate (Entretien n° 6).

Beaucoup d'avocats soulignent les menaces qu'ils sont obligés de faire à leur client pour le versement de leurs honoraires dont une partie reste parfois impayée. Les avocats sont confrontés à l'insolvabilité de leur client, voire parfois à leur indélicatesse. Tout un rapport de force se joue alors entre le client et son avocat qui demande à percevoir sa rémunération. Comme l'affirme cet avocat, la menace de ne pas aller plaider pour le client qui n'a pas payé les honoraires est courante :

> Il m'arrive souvent de menacer de ne pas me déplacer pour aller plaider. Il manque souvent une bonne partie pour l'audience et vous ne pouvez pas les planter quand vous les avez suivis depuis deux ans. En pénal, on est tout le temps dans un rapport de force. Il y a des clients qui jouent du fait qu'ils sont en prison. Quand ce sont des trafiquants de stupéfiants, on ne va pas se voiler la face, ils veulent nous avoir dans la poche, mais ils sont avec nous comme ils sont avec nos interlocuteurs s'ils peuvent nous carotter ou gagner du temps ; c'est un rapport de force permanent : "Si vous ne payez pas, je ne viens pas… ils jouent les violons, vous finissez par venir, ils paient une partie. On est payé en espèces, on a des chèques sans provision, la vraie solution, c'est donc d'être payé avant (Entretien n° 9).

Si la *probité* n'est pas en tant que telle une norme plus difficile à appliquer que d'autres normes morales, elle le devient quand l'avocat est rémunéré en espèces et ne se pose même pas la question de la provenance de ces fonds. On voit bien que tous les cas de figure sont possibles et les rationalités à l'œuvre multiples.

> À Paris [remarque une avocate], nous sommes un peu plus de vingt mille avocats. Il y a toujours possibilité de trouver un avocat moins cher. C'est le plus gros barreau de France. Il y a absolument de tout en termes d'avocats, en termes de compétences, en termes d'honoraires, toutes les pratiques existent. Entre les pénalistes, il y a moins de concurrence. Mais il y a tout de même une concurrence : la crise économique est telle que beaucoup d'avocats qui ne sont pas nécessairement spécialisés en pénal vont accepter des dossiers dans cette matière, parce qu'ils se disent qu'ils y arriveront quand même, parce que cela peut les intéresser, et ils ne pratiqueront pas les mêmes tarifs qu'une personne qui est pénaliste (Entretien n° 7).

Les différents éléments qui concourent à la fixation des honoraires relèvent ainsi de considérations très variées – fortune du client, difficulté du dossier, notoriété de l'avocat. En l'absence d'une signature de convention entre l'avocat et son client fixant les honoraires, les données à prendre en considération, nous l'avons vu, ne sont pas d'une application aisée. Ainsi en est-il de la notoriété de l'avocat qu'il apprécie lui-même avec toute la part de la subjectivité que cela suppose. De même en est-il de la fortune du client : doit-il s'appuyer sur les dires de son client, voire sur les apparences de standing de vie ? La concurrence et la crise économique actuelle seraient des éléments qui interféreraient également dans la détermination du montant des honoraires et pallieraient aux risques d'abus inconsidérés ou aux dérives des honoraires demandés. Pour autant, il apparaît bien difficile de dire comme Bruno Boccara que « l'éthique de l'honoraire, c'est la prévision plus que le montant[23] ». La prévision est difficile en ce domaine car l'imprévision est inhérente au procès pénal. Quand l'avocat accepte de défendre un client, il ne sait pas toujours combien de temps le procès durera et les coûts qu'il engendrera.

La confraternité, la loyauté

La confraternité, la loyauté sont des exigences quasi vitales pour l'exercice harmonieux de la profession, mais ces qualités sont de loin les plus difficiles à assumer. L'avocat pénaliste est confronté par nécessité à un adversaire et son objectif premier est sans aucun doute de gagner l'affaire qu'il défend. Si l'ensemble des avocats souligne l'importance de ces principes, tous disent combien dans la pratique, l'absence *de confraternité et de loyauté* entre confrères reste courante.

> La confraternité [explique un avocat pénaliste], c'est important… L'absence de confraternité, l'absence de loyauté existent aussi. On les rencontre souvent au palais. Ce n'est pas un mythe. Toutefois et heureusement, il y a plus de confrères fraternels que de confrères non fraternels. (Entretien n° 12).

On rejoint ainsi l'enquête réalisée[24] entre 1999 et 2000 auprès de deux mille élèves avocats qui avaient soit quitté leur premier cabinet ou souhaité le faire et mettaient en avant comme raison première non pas la charge de travail, la nature des affaires traitées, mais les difficiles relations avec leurs maîtres de stage.

Il ressort en effet de l'article 18-2 du règlement intérieur national de la profession d'avocat que ces principes sont à la base même de l'exercice de la profession d'avocat : « […] L'avocat est tenu de faire application, dans ses

---

[23] B. Boccara, « L'honoraire de l'avocat ; la légalisation du pacte de succès », *Gaz. pal.*, 1991, 2, doctrine, p. 639.

[24] Citée par Ed. de Lamaze, Ch. Pujalte, *L'Avocat, le juge et la déontologie*, op.cit., p. 177.

relations avec un autre professionnel, des règles de confraternité, de loyauté, en usage au sein de la profession. Il s'interdit notamment de critiquer auprès du client commun ou de tiers, le contenu ou la qualité des prestations fournies par l'autre professionnel sans avoir préalablement recueilli les observations de celui-ci. » Et, de l'article 5-1 du Code de déontologie des avocats européens, que : « La confraternité exige des relations de confiance entre avocats, dans l'intérêt du client et pour éviter des procès inutiles ainsi que tout autre comportement susceptible de nuire à la réputation de la profession. » La pratique serait-elle si éloignée de la théorie ? On peut le croire à la lecture attentive de nos entretiens.

Il n'est pas possible, à ce stade de la réflexion, de s'interroger sur la confraternité sans aborder la question du dessaisissement d'un dossier qui résulte de la volonté du client pour motifs divers (perte de confiance dans les qualités de son conseil, stratégie de défense ne correspondant pas à celle de l'intéressé, absence de diligences, impossibilité de joindre son conseil par téléphone, honoraires excessifs) et des règles de confraternité qui s'imposent envers le confrère qui sera le nouveau défenseur du client. Aux termes de l'article 9 du règlement intérieur national de la profession d'avocat relatif à la succession d'avocats dans un dossier : « L'avocat qui reçoit l'offre d'un dossier doit vérifier si un ou plusieurs confrères ont été préalablement chargés de ce dossier comme défenseur ou conseil du client. L'avocat qui accepte de succéder à un confrère doit, avant toute diligence, le prévenir par écrit et s'enquérir des sommes pouvant lui rester dues. L'avocat dessaisi, ne disposant d'aucun droit de rétention, doit transmettre sans délai tous les éléments nécessaires à l'entière connaissance du dossier. Le nouvel avocat s'efforce éventuellement d'obtenir de son client qu'il règle les sommes restant éventuellement dues à son confrère précédemment saisi du dossier. S'il reçoit du client un paiement alors que des sommes restent dues à son prédécesseur, il en informe le bâtonnier[25]. » Dans le cadre de l'exercice en groupe, au sein d'un même cabinet, les uns et les autres rappellent qu'ils ont l'interdiction de prendre une affaire nouvelle susceptible d'entraîner un conflit d'intérêt. L'avocat se doit de ne pas porter atteinte à l'équilibre du cabinet où il exerce.

[25] Décision du 12 juillet 2007 portant adoption du règlement intérieur national (RIN) de la profession d'avocat (art. 21-1 de la loi du 31 décembre 1971 modifiée) *JORF* n° 185 du 11 août 2007, p. 13503 ; voir aussi décret n° 91-1197 du 27 novembre 1991 organisant la profession d'avocat, notamment son article 38-1 ; Décret n° 2005-790 du 12 juillet 2005 relatif aux règles de déontologie de la profession d'avocat, art. 19.

L'avocat ne peut être le défenseur de plus d'un client dans une même affaire et doit alors se consacrer aux seuls intérêts de son client. L'étendue du principe s'applique dans le temps. L'avocat ne peut prendre un nouveau client si la connaissance des éléments contenus dans un ancien dossier peut être un avantage indu pour le nouveau client. Toutefois, tous les avocats soulignent que ce conflit d'intérêt qui limite la liberté de l'avocat n'est pas toujours facile à apprécier. Tout repose sur leur loyauté.

Ainsi, dans la pratique, l'application de ces principes ne va pas toujours de soi. L'avocat successeur rencontre souvent des difficultés[26] : manque total de célérité dans la transmission des pièces entraînant généralement plusieurs rappels, justifié par le défaut de paiement par le client de l'intégralité des honoraires, omission de certains documents dans l'envoi, perte du dossier. Il faut aussi dire les propos par l'avocat pressenti à l'égard de son prédécesseur, taxé d'incompétence ou de désinvolture, qui montrent toute la difficulté de se conformer à un principe déontologique majeur comme celui de la confraternité. Si le souhait des avocats est de maintenir ces principes, les faits quotidiens révèlent des manques. Le principe même du contradictoire qui conditionne tout le procès avec la communication des pièces met en évidence les abus et les absences caractérisées de confraternité.

Le principe du contradictoire, la délicatesse

« Sans contradiction, la justice rendue serait vaine, pire, elle ne serait plus justice », écrivent Edouard de Lamaze et Christian Pujalte[27]. Dans le procès, le juge entend les deux parties, et doit se forger une conviction. Aux termes de l'article 15 du nouveau Code de procédure civile, « les parties doivent faire connaître mutuellement en temps utile les moyens de fait sur lesquels elles fondent leurs prétentions, les éléments de preuve qu'elle produisent et les moyens de droit qu'elles invoquent, afin que chacune soit à même d'organiser sa défense ».

Selon l'article 16 de ce même code, le juge devra « en toute circonstance, faire observer et observer lui-même le principe de la contradiction. Il ne peut retenir, dans sa décision, les moyens, les explications et documents invoqués

[26] Cf. sur ce point Ed. de Lamaze, Ch. Pujalte, *L'Avocat, le juge et la déontologie*, op. cit., p. 179-180.

[27] Ed. de Lamaze, Ch. Pujalte, *ibid.*, p. 137.

ou produits par les parties que si celles-ci ont été à même d'en débattre contradictoirement [...] » Le Conseil d'État[28] érige ce principe du contradictoire au rang de principes généraux, la Cour de cassation l'intègre dans le principe du respect des droits de la défense alors qu'elle juge sur la base d'un droit codifié, le Conseil constitutionnel[29] l'unit au principe constitutionnel d'égalité devant la justice et la Cour européenne des droits de l'homme réaffirme sa primauté dans le cadre du droit à un procès équitable.

À propos du respect du contradictoire, un avocat insiste sur les limites de sa mise en œuvre dans le procès pénal :

> Le principe du respect du contradictoire est un principe fondamental dans notre métier. En matière pénale, vous avez le contradictoire, qui s'oppose entre le magistrat du parquet, c'est-à-dire le procureur de la République qui est là pour accuser, et vous-même qui êtes l'avocat de la défense. Mais en réalité, c'est souvent oral, le procureur ne vous a pas averti de ce qu'il va raconter à l'audience et vous-même, vous n'êtes pas obligé de communiquer les pièces. Et parfois, on écrit les conclusions. On nous reproche souvent de ne pas les avoir déposées suffisamment à l'avance. Lorsqu'il s'agit de confraternité, évidemment je trouve qu'il est nécessaire de respecter ce principe parce qu'il permet d'exercer une bonne défense sans avoir l'angoisse de ne pas savoir ce que l'adversaire va argumenter. On peut respecter le principe du contradictoire tout en gardant certains éclats pour le moment où cela va s'imposer. Cela arrive que les confrères n'aient pas une attitude éthique en ce sens où ils ne respectent pas le principe. Je pense que pour exercer une bonne défense, il faut que ce principe soit respecté. Même quand on n'en a pas envie, ou que le confrère ne vous revient pas ou que l'on est animé par une réelle volonté de gagner, on ne peut pas agir comme dans un domaine sans règles et sans lois, juste parce que l'on a envie de faire profiter son propre client d'une bonne décision. Cela n'est pas possible. Cela fait partie des règles qui font que tout le monde survit dans ce milieu. Vous pouvez vous pourrir pendant une audience, et aller prendre un café après avec votre confrère. C'est courant (Entretien n° 13).

Si l'avocat a l'obligation d'adresser les pièces à la partie adverse dans un délai raisonnable pour qu'elle puisse en prendre connaissance, l'ensemble des avocats rencontrés rappellent qu'en matière pénale, l'avocat de la personne

---

[28] CE, 16 janvier 1976, cité par Ed. de Lamaze, Ch. Pujalte, *ibid,* p. 138.

[29] Décision CC du 23 janvier 1987, citée par Ed. de Lamaze, Ch. Pujalte, *ibid,* p. 138.

incriminée n'est pas astreint à communiquer ses pièces au ministère public et à la partie civile. Mais ils reconnaissent tous que le principe du contradictoire conditionne l'équilibre du débat. Laissons s'exprimer sur ce point une avocate du barreau de Paris :

> En pénal, le respect du principe du contradictoire est important. Je donne les pièces 10 minutes avant l'audience, et dans les gros dossiers, je fais des conclusions (Entretien n° 3).

Certains avocats affirment que donner les pièces au dernier moment peut être une stratégie vis-à-vis de l'adversaire qui aura des difficultés pour répliquer.

Ajoutons encore que ce principe du contradictoire, appelé aussi principe de la contradiction, est souvent associé à la *délicatesse*. C'est ce lien que fait d'ailleurs l'un des avocats rencontrés :

> Quand on parle de la délicatesse, c'est véritablement quelque chose qui est important, ce n'est pas simplement un mot qui est là pour faire sourire. C'est vraiment important pour que les choses puissent bien se passer, pour que vous arriviez à une défense qui soit correcte pour votre client et que, néanmoins, vous puissiez obtenir de votre confrère les pièces de ce dossier. Ce n'est pas parce que votre client et le client de la partie adverse ont tenté de se tuer la veille au soir, et que vous êtes là pour les représenter, qu'il y a une vraie tension, que vous ne devez pas respecter le principe du contradictoire. S'il n'y a pas cette délicatesse-là, vous pouvez vous retrouver dans des situations complètement cocasses, voire sordides dans un tribunal. Vous pouvez vous retrouver à vous "friter" avec un confrère. Quand vous prenez un peu de recul, vous vous demandez ce qui se passe, tout simplement (Entretien n° 13).

Pour d'autres avocats, cette délicatesse de communiquer les pièces n'assure pas toujours l'équilibre du débat :

> Je peux là aussi revenir sur le cas d'un dossier où l'on m'a reproché de ne pas avoir respecté le principe du contradictoire, alors que l'on ne savait pas que l'on allait aboutir à une transaction. Lorsque je me présente devant le conseil de l'ordre avec ma cliente, la seule chose qu'elle veut, c'est s'entretenir avec le médecin, qui n'est pas là. On m'a reproché de ne pas l'avoir respecté, ce que je ne pense absolument pas parce que je ne pouvais pas transmettre des informations que je ne connaissais pas et que ma cliente

> ne connaissait pas. En pénal, le principe du contradictoire est moins visible puisqu'on peut transmettre nos pièces le jour de l'audience, alors que quand vous travaillez sur un dossier civil, l'échange de pièces a lieu des mois à l'avance. Vous pouvez arriver à votre audience correctionnelle avec un jeu de pièces puis le donner directement au procureur et au tribunal. Sauf que lorsqu'il y a un enjeu avec des pièces que vous pouvez transmettre... Là je vous parle de Monsieur L, le cas d'agression sexuelle : j'avais transmis les pièces trois semaines avant pour que le procureur puisse les examiner et le tribunal aussi, ce qui n'a servi à rien puisqu'ils ne les ont pas examinées, ni l'un ni l'autre. Ils les ont examinées après et c'est pour cela qu'ils ont prorogé le délai pour le délibéré, parce qu'ils n'avaient pas regardé les pièces que j'avais eues la délicatesse de transmettre trois semaines à l'avance. Bien sûr que le principe du contradictoire est une obligation et que l'on ne peut pas ne pas le respecter. Si vous ne donnez pas les pièces au procureur de la République, on va vous le faire remarquer tout de suite. Donc vous le respectez, mais ce que je veux dire, c'est qu'il est moins visible que dans d'autres matières (Entretien n° 6).

La profession d'avocat est ainsi une profession indépendante et réglementée. L'œuvre déontologique importante reste toutefois le traitement par les conseils de l'ordre des dossiers individuels et déontologiques et plus encore les mesures disciplinaires qu'ils sont amenés à prendre. L'analyse par les conseils de l'ordre des décisions judiciaires de première instance, des cours d'appel et de la Cour de cassation au regard de la discipline ont doté le corps des avocats d'un ensemble déontologique de qualité. Le conseil de discipline à l'échelon régional dont la création a été rendue nécessaire en application de la jurisprudence de la Cour européenne des droits de l'homme, et le conseil de l'ordre à Paris poursuivent cette œuvre normative. C'est ce que confirme l'une des avocates pénalistes rencontrées en exposant comment un de ses collègues a engagé à son encontre une procédure devant le conseil de l'ordre de Paris.

Les faits étaient les suivants :

> Lors d'une consultation dans un hôpital privé, un médecin avait refusé de répondre aux questions de sa patiente. Celle-ci avait envoyé des courriers avec copie au directeur médical de l'hôpital, et sans réponse de leur part, avait donc décidé de porter plainte contre le médecin pour défaut de conseil et d'information. Le confrère en charge des intérêts du médecin demandait un renvoi de ce dossier que l'avocate de la patiente avait

> accepté confraternellement, tout en demandant que l'affaire soit audiencée rapidement. Le conseil de l'ordre ne pouvant faire le renvoi, une transaction avait été obtenue sous trois conditions que le médecin devait remplir dans un délai d'un mois pour que la plainte de la patiente soit retirée. La transaction n'ayant pas été respectée, l'avocate avait adressé un courrier à l'avocat représentant le médecin pour connaître les suites à donner. Elle avait reçu courrier sur courrier. L'avocat représentant le médecin avait saisi le conseil de l'ordre des avocats, l'accusant de manquer à tous ses devoirs de confraternité, de dignité, parce qu'elle n'avait pas respecté le renvoi (Entretien n° 6).

Dans cette affaire qui reste à suivre, un manquement au principe de confraternité est reproché à l'avocate et l'expose à d'éventuelles sanctions disciplinaires. L'avocat doit, en effet, agir en s'appuyant sur des principes issus de l'humanisme, du respect de l'autre et de confraternité.

Autrement dit, si nous avons dans un premier temps porté notre réflexion sur le contexte de la défense pénale pour comprendre où et de quelle façon se posent les problèmes éthiques pour les avocats pénalistes, nous avons constaté dans un second temps que la démarche critique vis-à-vis des normes déontologiques qui s'appliquent dans la pratique des avocats ne s'improvise pas, doit être apprise, et que le jugement déontologique résulte, d'une manière plus affirmée, d'un enseignement explicite. Si les normes déontologiques se trouvent dans le droit, elles ont aussi des origines d'autre nature. Elles peuvent s'appuyer sur différentes valeurs qui importent à tous les avocats, respecter des règles, maintenir des rapports interpersonnels harmonieux, développer des traits de caractère vertueux, dans des situations concrètes.

Mais pour l'instant, n'allons pas trop vite dans notre analyse. Tentons maintenant de nous interroger sur les questionnements éthiques propres à la relation avec le client, que l'avocat soit en défense ou en soutien des intérêts de la partie civile. Les évolutions juridiques, la déontologie ont un effet sur le rôle de l'avocat, elles ont aussi un effet sur les vertus nécessaires à la défense pénale proprement dite.

CHAPITRE 3

L'avocat et la relation à l'autre

Évoquant sa première rencontre avec la victime dans l'affaire du bus incendié de Marseille[1], l'avocat raconte ces événements qui ne s'oublient jamais :

> Il s'agissait de distinguer la famille et Mama qui était en l'occurrence dans une salle de réanimation, profondément atteinte et hors de portée. Dans un premier temps, ce sont père et mère, frères et sœurs qui sont arrivés, avec un père ahuri d'avoir été appelé alors qu'il était dans sa chaire d'université de Dakar. On lui annonce que sa fille vient de brûler dans un bus. Donc il se précipite et il aboutit dans mon cabinet. C'était plutôt banal, on rencontre ses clients dans le cabinet, ou accessoirement en prison bien sûr, ou bien au Palais de Justice. La seconde rencontre était essentielle. Mama Galledou devait nous mandater, alors qu'elle était inconsciente pour le faire : il y avait quelque chose qui relevait de l'incomplétude dans ma mission. Le père nous y a autorisés, avec l'accord des médecins, et on a eu cette délocalisation de la rencontre. La rencontre avec la victime, qui m'a profondément ému, c'était dans l'hôpital, dans la salle de réanimation ; nous étions recouverts de vêtements particuliers, un masque, un casque, y compris des chaussures spéciales, pour venir la voir. On a été bouleversés, parce qu'elle était évidemment dans un état qui excluait qu'elle puisse nous mandater en quoi que ce soit. Il n'y avait que les yeux qui bougeaient, des yeux qui exprimaient une vitalité considérable, mais tout le corps était entièrement recouvert et on sentait à quel point l'intensité de la réanimation était active, avec des machineries infernales. On est sortis de cette salle de réanimation avec un sentiment… on était bouleversés.

Ainsi l'avocat de la partie civile nous donne-t-il un témoignage touchant de cette relation qui va s'instaurer avec cette jeune femme dont il assurera la défense en tant que partie civile. Dans ce récit, il dit clairement son bouleversement, cette émotion qui l'envahit. Il faut alors s'arrêter un instant

[1] A. Molla , *in* J. Danet, *Des deux côtés de la barre*, I « Premiers contacts avec l'affaire », *op. cit.*

sur les interrogations éthiques qui se jouent dans cette relation entre l'avocat et son client. Comment se gèrent les préoccupations émotionnelles du client et de l'avocat en lien avec les solutions rationnelles nécessaires aux procès ? L'avocat doit-il ou peut-il avoir une attitude distante, de proximité par rapport à son client ? Peut-on parler d'une juste mesure, voire de modération dans cette relation qui se construit ? Comment l'avocat se montre-t-il digne de la charge qui lui incombe ?

La bonne distance

Émile Durkheim[2] et Pierre Fauconnet[3] ont mis tous les deux en avant combien l'acte criminel peut susciter une émotion collective, voire des passions violentes en se sens où il induit une rupture des valeurs reconnues par tous. De même René Girard[4], qui parle pour évoquer cette violence de « crise sacrificielle », insiste sur les risques que le « mimétisme d'appropriation » se transforme en « mimétisme de l'antagonisme », rassemblant ainsi le groupe entier contre le bouc émissaire. On comprend dès lors que le risque pour l'avocat est qu'il soit absorbé dans ce que Murray Bowen[5], psychiatre américain, appelle « le jeu des triangles émotifs ». Le risque est d'autant plus fort que dans cette relation duelle entre l'avocat et son client, la relation est émotionnellement instable. La force contagieuse de l'émotion peut se transmettre dans le cabinet de l'avocat, par exemple quand le client expose les faits, son histoire personnelle, ses blessures, ses ressentiments, mais aussi au cours de l'audience quand sont exposées ce que Denis Salas[6] appellent « les armes du crime » ou plus encore les photographies des victimes qui « suscitent une onde émotionnelle souvent intense ». Comment les avocats peuvent-ils aménager ce que l'on pourrait définir comme la bonne distance, recouvrant un principe de non-identification entre le client et leur fonction ? Car défendre suppose une distance que l'acte criminel par nature tend à annuler.

[2] E. Durkheim *De la division du travail social*, (1893), Paris, Puf, 2007, p. 52. « Le crime [disait-il] n'est pas seulement la lésion d'intérêts mêmes graves, c'est une offense contre une autorité en quelque sorte transcendante. » Il entendait par là, la conscience collective.

[3] P. Fauconnet, *La Responsabilité*, Paris, Alcan, 1920, p. 288.

[4] R. Girard, *La Violence et le Sacré*, Paris, Grasset, Coll. « Essais France », 1972, p. 63 sq.

[5] M. Bowen, *La Différenciation du soi*, ESF, 1984, p. 25-26.

[6] D. Salas, *Du procès pénal*, Paris, Puf, 1992, « Quadrige », 2010, p. 275.

C'est la *dignité* dont parlaient Antoine Garapon, Julie Allard et Frédéric Gros[7] à propos du juge qu'il nous faut transposer à l'action de l'avocat pénaliste. Cette dignité qui fait que l'avocat est capable de jouer son rôle de défenseur, de ne pas s'identifier au prévenu, à l'accusé ou à la victime qu'il défend, de garder ce que nous nommerons la « bonne distance » entre les faits pour lesquels il a été amené à assurer la défense et la personne qu'il défend. C'est ainsi que certains avocats utilisent les conventions de langage mises à leur disposition, comme le vouvoiement, ne concevant aucune forme de défense sans garder une distance vis-à-vis de leur client :

> Je vouvoie tous mes clients, même si ce sont des clients que je connais depuis longtemps, des clients que je vais suivre dans plusieurs audiences, et j'essaye de garder la bonne distance avec le client. Cela ne veut pas dire que je manque d'humanité, mais simplement, il faut aussi que je ne sois pas trop impliquée dans un dossier pour pouvoir ensuite défendre le prévenu au mieux de ses intérêts (Entretien n° 6).

> Je ne tutoie pas mes clients, même les adolescents, je ne tutoie pas un garçon de 15 ans, parce qu'il n'y a pas de raison. Je ne vois pas pourquoi je tutoierais un client. Donc le "vous", c'est une distance. Ce n'est pas que de la politesse, c'est aussi l'idée que l'on se rencontre mais qu'on ne se connaît pas. [...] Parce que la distance permet une liberté pour dire quand on n'est pas d'accord, pour dire que cela ne va pas, pour dire que l'on n'est pas content de son avocat, ou même que l'on n'est pas content de son client. Si vous êtes dans une promiscuité, ne serait-ce que par le tutoiement, cela ne va pas. La liberté, c'est aussi de choisir de rester étranger, pas au mauvais sens du terme, au sens de l'individualité. Ce n'est pas parce que je vais défendre une jeune fille et obtenir beaucoup de dommages et intérêts qu'elle va devenir ma fille. C'est un métier, ce n'est pas un sacerdoce (Entretien n° 14).

Comme l'artiste qui regarde le tableau qu'il peint doit s'éloigner de sa toile pour mieux la visualiser dans sa globalité, l'avocat doit aussi prendre du recul pour comprendre le dossier de son client et le défendre au mieux. Comme le précise Jean Danet : « Lire le dossier signifie découvrir des textes, des synthèses, des interrogatoires, des témoignages et donc écouter des voix. Le lecteur défenseur n'échappe pas à la force, la fascination ou le malaise qui peuvent saisir n'importe

[7] A. Garapon, J. Allard et F. Gros, *Les Vertus du juge*, Paris, Dalloz, 2008, p. 33 : « C'est ce que les Romains appelaient *dignitas*. »

qui devant les mots écrits dans un livre[8]. » L'avocat est confronté à travers ces lectures et les photos, parfois au quotidien, à l'innommable, ou à l'horreur, et ce travail qu'il accomplit de mise à distance des faits, des récits, des images qui participent des faits reprochés à son client est essentiel pour préparer les éventuelles demandes d'investigation ou leur réfutation.

Cette capacité de mise à distance de l'avocat, de recul par rapport à la situation, mais aussi par rapport aux sentiments qu'il pourrait éprouver, répond à un principe d'autonomie qu'Aristote, dans l'*Éthique à Nicomaque*[9], érige en critère de justice. Toutefois, comme le souligne une avocate lors de notre entretien :

> Dans la mesure où l'on accepte de défendre quelqu'un, il faut essayer de le faire véritablement, cela ne veut pas dire que l'avocat prend fait et cause pour celui qu'il défend (Entretien n° 7).

La bonne distance serait ainsi un gage pour des débats de qualité lors du procès. Comme l'affirme une avocate du barreau de Paris, lorsqu'une personne confie son dossier, il ne contient souvent qu'une partie de la vérité, il est à l'état de traces. Le bon recul permet de bien analyser les charges qui pèsent sur la personne soupçonnée et de mesurer les faiblesses et les forces du dossier. Mais, l'avocat ne peut ni se positionner comme quelqu'un de totalement neutre, ni montrer à l'inverse une défiance à l'égard des faits présentés par son client, sinon celui-ci risquerait de ne pas se sentir défendu :

> Il y a quand même toujours une distance qui est maintenue avec son client et qui est, d'ailleurs, assez salutaire pour tout le monde. Vous avez certaines personnes qui vous confient un dossier et qui vous disent une partie de la vérité, qui ne vous disent pas tout. […] Si votre client percevait de la défiance à l'égard de ses propos, il pourrait se considérer comme non défendu. Or le point vraiment le plus important dans le rapport client-avocat, c'est que le client se sente défendu. C'est une chose fondamentale. Si un client se sent bien défendu, s'il a le sentiment que son avocat fait ce qu'il peut avec les armes dont il dispose pour le défendre, dans son intérêt, il acceptera probablement mieux la sentence parce qu'il comprendra que l'avocat n'est pas décisionnaire. En revanche, il aura un sentiment d'injustice s'il a l'impression que son avocat ne l'a

[8] J. Danet, *Défendre. Pour une défense pénale critique*, op. cit., p. 103-104.

[9] Aristote, *Sur la Justice. Éthique à Nicomaque, Livre V*, présentation et notes par Daniel Agacinski, trad. par Richard Bodéüs, Paris, Flammarion GF, 2008.

> pas correctement défendu, qu'il ne l'a pas entendu. Donc, l'avocat fait l'intermédiaire, le porte-voix honnêtement (Entretien n° 7).

> C'est très important d'avoir de la distance. On essaye de comprendre éventuellement le client, de savoir pourquoi les faits pour lesquels il va être renvoyé devant un tribunal correctionnel ou une cour d'assises sont arrivés ; il faut que l'avocat garde la tête froide pour le représenter au mieux (Entretien n° 6).

Pourrait-on dire que l'avocat se doit de raisonner sans aucun parti pris ? Pourrait-on affirmer que l'avocat doit garder une distance en pensée, une distance neutralisante, créant par elle-même les bonnes conditions pour préparer les arguments de sa défense, et ce, malgré le trouble qu'il pourrait ressentir par la version des faits reprochés à son client ? Cette bonne distance de l'avocat dans sa relation avec son client ne peut être évoquée sans s'interroger sur le fond du dossier, notamment sur ces affaires qui ont un impact par rapport à des questions sensibles et qui pèsent de façon externe sur les consciences collective ou individuelle : par exemple le racisme, les atteintes aux origines, les atteintes à la religion. L'avocat peut bien évidemment évoquer la clause de conscience et refuser un tel dossier. Mais s'il ne le refuse pas, il peut se trouver devant une affaire qui fait écho à une situation douloureuse qu'il a lui-même vécue et devra aller vers cette bonne distance pour défendre au mieux son client. Reprenant à titre d'exemple une affaire où il était défenseur[10], un avocat montre qu'il est possible d'aller vers cette mise à distance intérieure qui n'est pas une mise à distance pure, mais une mise à distance critique :

> Lorsque l'affaire a été révélée et que l'on a été plongé dedans, il y a eu beaucoup d'émois autour de cette histoire d'antisémitisme. Il se trouve que je suis juif et que c'est important pour moi. Je n'aurais pas pu dire : « Je renonce à défendre cet homme parce qu'il est impliqué dans une affaire où il paraîtrait que… » Au tout début, je ne pouvais pas tout savoir. Mais par la suite, on a compris que cela n'était pas aussi simple que cela (Entretien n° 13).

D'autres avocats insistent sur l'idée que pour bien défendre, l'avocat ne doit pas ressembler à ses clients, c'est-à-dire, comme eux, avoir un rapport ambigu avec la loi. Ils justifient ainsi la nécessaire distance.

[10] Cette affaire désigne les événements liés à la mort d'un homme, enlevé dans la région parisienne puis séquestré et torturé par un groupe d'une vingtaine de personnes. Leur choix se porte sur cet homme car du fait de son appartenance à la communauté juive, il est censé, selon eux, être riche.

> Je pense qu'il ne faut pas ressembler à ses clients. Pour bien défendre quelqu'un, il ne faut pas lui ressembler. Mon positionnement montre bien la nécessité de la distance. L'avocat pénaliste défend des gens qui pour la plupart ne respectent pas la loi, cette loi qui est censée nous permettre de vivre ensemble. Il faut faire attention, quand on est avocat en pénal, de ne pas devenir une délinquante sublimée, sublimée au sens où je me cache derrière cette robe pour défendre ceux qui ne respectent pas cette loi. C'est très tentant de considérer que la loi est une fiction et qu'elle n'est pas forcément juste, de considérer que de ne pas la respecter, c'est une manière d'agir. Vous avez du constater que l'on montre de plus en plus des avocats qui auraient un rapport ambigu avec la loi. En matière pénale, on doit se poser des questions : qui fait quoi ? Quel rapport a-t-on à la loi quand on passe son temps à défendre des individus qui ne la respectent pas (Entretien n° 14) ?

La bonne distance, qui implique que l'avocat ne soit pas touché par l'affaire qu'il défend, peut apparaître comme une abstraction de la pensée. Parce qu'il n'est pas un observateur désincarné, l'avocat ne peut totalement faire comme s'il était en retrait du monde. Il peut seulement montrer qu'il peut raisonner en faisant abstraction de ses sentiments et de ses propres intérêts. Car, « la distance consiste surtout à prendre du recul par rapport à ses intérêts et à ses préjugés, non pas contre le monde et les autres hommes, mais avant tout contre soi-même. La distance est la prémisse indispensable pour évaluer nos propres sentiments, intérêts, préjugés, prémisse d'une forme d'esprit critique »[11]. Cette capacité de pensée critique qu'Hannah Arendt appelle « la pensée élargie »[12], appliquée à l'acte de défense de l'avocat, implique non pas que l'avocat se situe hors de la mêlée mais qu'il parvienne, par un exercice de la pensée, à atteindre une mise à distance intérieure par rapport à lui-même ou même par rapport à sa propre culture. On peut se demander si une trop grande distance n'empêcherait pas l'avocat de défendre au mieux le prévenu ou l'accusé. C'est ce qui ressort des propos d'un avocat qui estime que, dans l'acte de défense, il va de soi que l'avocat doit aussi entendre la part de subjectivité de son client. Pour appuyer son argumentaire, celui-ci cite l'affaire d'un plombier polonais, accusé d'avoir commis un viol sur la personne de son ex-petite amie, qui était à l'origine de la plainte, et un incendie de son paillasson alors qu'il était en état d'ivresse.

---

[11] A. Garapon, J. Allard, F. Gros, *Les Vertus du juge*, op.cit., p. 42.

[12] H. Arendt, *Juger. Sur la philosophie politique de Kant*, trad. par M. Revault d'Allones, Paris, Le Seuil, 1991, p. 70-72.

> Ce client m'a donné une grande leçon. Pendant tout un temps de l'instruction, j'ai insisté pour qu'il reconnaisse les faits, car je trouvais qu'il était un peu fou. Il s'était mis à délirer, à devenir paranoïaque en prison et à accuser son ex-copine d'être trafiquante de drogue. Je pensais qu'il disait des mensonges. Certes, je n'avais pas de preuves des faits, je n'avais pas l'ADN. Il ne contestait pas avoir eu une relation sexuelle. Mais j'avais l'impression que tous les indices que j'avais dans le dossier à charge contre lui me suffisaient pour dire : "Je ne vais pas pourvoir le défendre en disant qu'il n'a pas commis les faits." En réalité, j'avais tort. Si j'avais persisté dans cette "objectivité" qui était la mienne à ce moment-là, j'aurais commis très certainement une grosse erreur (Entretien n° 13).

Ainsi, l'avocat doit avoir une conscience de soi et des autres, mais aussi être capable d'un sentiment d'humanité qui peut lui demander des qualités de proximité par rapport à son client. C'est à la recherche de celles-ci que nous partons à présent.

La proximité contrôlée

Lors du débat oral, l'avocat oriente d'une façon ou d'une autre le procès. Sa position, incontournable par le fait qu'il est celui qui dispose des armes de la rhétorique et de milliers de mots et participe ainsi à la rationalité judiciaire, ne le rend pas pour autant inhumain. Mais peut-il éprouver une sympathie, avoir une empathie, être pris de compassion, ou de pitié, voire d'une affection particulière pour un prévenu ou un accusé ? C'est se poser la question des qualités affectives de l'avocat « pour fonder sa capacité de "comprendre", à la faveur d'une intuition directe, les sentiments de son client, alors que ces sentiments n'ont jamais fait l'objet, en tant qu'unités réelles, de son expérience personnelle[13]. » On peut penser que la défense d'une personne mise en cause requiert l'exercice d'un pouvoir rationnel dans l'analyse des faits du dossier et de leur qualification juridique mais aussi des facultés plus sensibles, qui permettent de mieux comprendre la personnalité du prévenu ou de l'accusé, d'éprouver ses difficultés, voire de s'identifier. On pose ainsi le problème d'une proximité contrôlée qui ne tombe ni dans la candeur, ni dans le cynisme. Laissons s'exprimer une avocate qui, en quelques mots sur son métier, donne un certain éclairage sur sa pratique :

---

[13] M. Scheler, *Nature et Formes de la sympathie. Contribution à l'étude des lois de la vie affective*, Paris, Payot, 1971, p. 72.

> Quand je prends un dossier, j'ai toujours une première impression, toujours une émotion, une émotion qui est liée aux faits. En réalité, il faut surmonter cette émotion-là, pour passer outre. Il faut la surmonter pour essayer de défendre utilement la personne. Ainsi, on va travailler le dossier, on va aller voir la personne détenue en prison ou alors on va la rencontrer à son cabinet à plusieurs reprises. C'est en creusant, en appuyant sur les problèmes qui fâchent, en confrontant le prévenu ou l'accusé à ce qu'il a fait, à sa ou ses victimes, que l'on prépare un dossier et que l'on connaît un peu mieux la personnalité de son client. À partir du moment où l'on connaît le client, sa personnalité, on est pris de sympathie, on est pris de compassion bien sûr. Je dirai le plus généralement, parce qu'il y a une part humaine qui peut rester opaque. C'est alors à soi de faire le travail qui vous permettra de bien le défendre. Mais ce n'est pas parce que vous défendez quelqu'un qui ne vous est pas sympathique que vous le défendrez mal, au contraire. La sympathie, cela suppose un accès, et on n'a pas toujours accès. Chacun a son parcours, on a des affinités, et on n'a pas nécessairement accès à son client. Ce n'est pas parce qu'on n'a pas accès à son client qu'on ne le défendra pas bien (Entretien n° 7).

Les propos tenus par cette avocate nous renvoient à la pensée de David Hume dans son *Enquête sur les principes de la morale*[14] et son *Traité de la nature humaine*[15] où il développe sa thèse sur la sympathie. Pour ce philosophe empiriste, la sympathie est un sentiment par lequel on comprend l'histoire des autres et sans lequel, dit-il, nous serions incapables de distinguer le bien du mal. Dans nos jugements, il est nécessaire de faire abstraction de la proximité première (soi, son frère, son voisin) pour éprouver de la sympathie pour l'autre, quel qu'il soit, en tant qu'homme. C'est, pour David Hume, le principe d'humanité qui permet aux hommes de se rencontrer : « Quand un homme appelle un autre homme son ennemi, son rival, son antagoniste, son adversaire, il est entendu qu'il parle le langage de l'amour de soi et qu'il exprime des sentiments qui lui sont particuliers et qui naissent de sa situation et des circonstances qui lui sont propres. Mais lorsqu'il applique à un autre les épithètes de vicieux, odieux ou dépravé, il parle alors un autre langage et exprime des sentiments à propos desquels il s'attend à l'accord de tous

---

14 D. Hume, *Enquête sur les principes de la morale*, trad. par Ph. Baranger et Ph. Saltel, Paris, Flammarion GF, n° 654, 1991, 346 p. ; rééd. Coll. « Le Monde de la Philosophie », 2008.

15 D. Hume, *Traité de la nature humaine*, *t. III, La Morale*, trad. par Ph. Saltel, Paris, Flammarion, 1993.

ceux qui l'écoutent. Il doit donc, dans ce cas, faire abstraction de sa situation privée et particulière et choisir un point de vue que les autres puissent partager avec lui. Il doit mettre en jeu un principe universel de la nature humaine et toucher une corde susceptible de faire vibrer toute l'humanité en accord et en harmonie. Si donc il a l'intention d'exprimer que cet homme possède des qualités dont la tendance est pernicieuse pour la société, il a choisi ce point de vue commun et a touché ce principe d'humanité en lequel tous les hommes, à quelque degré, se rencontrent[16]. »

Si on se réfère à cette analyse, cela voudrait-il dire que les avocats doivent accepter de se mettre au niveau du prévenu ou de l'accusé, accepter d'être émus ou touchés par son histoire, sa personnalité pour bien assurer sa défense ? C'est ce que disent certains avocats :

> Il y a diverses facettes du crime. On peut avoir des histoires sordides avec des volontés criminelles difficiles à appréhender, et d'autres crimes où c'est l'accident de parcours. C'est le crime passionnel, ou la légitime défense qui a dégénéré parce que vous avez fini par tuer. Ce sont les clients les plus faciles à défendre parce que les faits sont extrêmement compréhensibles par l'opinion publique. C'est plus difficile lorsqu'il s'agit d'infractions sexuelles. On s'aperçoit que ces personnes qui passent à l'acte, ce n'est pas pour rien. Ce sont des personnes souffrantes. Quand vous faites le parcours de leur vie, il y a toujours quelque chose qui vient éclairer la raison du passage à l'acte. Parfois, on lit un dossier et on se dit : "Ce n'est pas possible, cette personne est inexcusable". Puis vous tournez la page et vous vous dites : "Si moi aussi j'avais été violé à l'âge de 5 ans et de 10 ans, ou si j'avais eu un père qui me considère comme moins que rien, ou si j'avais été victime de maltraitance, qu'est-ce que je serais devenu?" (Entretien n° 13).

Pour Nicolas Baumard, philosophe, la sympathie « ne vise pas le respect mutuel, mais seulement à nous rendre aimables et à augmenter nos interactions avec certaines personnes[17] ». Il reprend ainsi la pensée d'Adam Smith selon laquelle « l'homme naturellement désire non seulement être aimé, mais être

[16] D. Hume, *Enquête sur les principes de la morale*, op.cit., p. 139, 188, cité par A. Garapon, J. Allard, F. Gros, in *Les Vertus du juge*, op. cit., p. 77-78.

[17] N. Baumard, *Comment nous sommes devenus moraux. Une histoire naturelle du bien et du mal*, Paris, Odile Jacob, 2010, p. 216.

aimable[18] ». Selon l'analyse des entretiens avec les avocats, la sympathie ne se confondrait pas avec le sens moral. La sympathie éprouvée varierait en fonction de l'intérêt que le défenseur aurait à interagir. Plus il y aurait un défi dans le suivi d'un dossier, plus le prévenu ou l'accusé aurait « conscience de son acte » et apporterait « un soutien à la défense », plus la sympathie serait grande, pourrait-on dire. De la même manière, la sympathie se trouverait accrue lorsque l'avocat se sent des points communs avec le prévenu ou l'accusé : « même âge », « sentiment d'avoir en face de lui » « un pseudo alter ego », sentiment de pouvoir « se mettre à la place » de la personne mise en cause dans le procès.

> Vous avez un dossier, certes, et vous exploitez les éléments du dossier que vous connaissez à l'avance, mais il se passe des choses que vous ne pouvez pas maîtriser. Donc vous vous adaptez à un client qui non seulement est ce qu'il est mais que vous devez prendre comme il est. Vous avez vos interlocuteurs d'en face, qui sont les magistrats ou les jurés. En fait, on est en perpétuelle adaptation ; et en fonction des questions qui vous sont posées ou des réflexions qui sont émises, vous essayez d'instiller une dose de défense, qui n'est pas la dose de défense pure, c'est-à-dire que vous n'êtes pas là en train de dire "non il n'a pas fait" ou "il a fait mais c'était parce que…" C'est avec tout ce qui tourne autour que, finalement, vous mettez de la bonne lumière sur votre client, et que les personnes qui vont le juger vont le comprendre comme ce qu'il est, et non par ce qu'il aurait dû être. Quand c'est une infraction grave et qu'il y a un tas de choses qui font écho, parfois qui font écho pour vous – votre sensibilité va forcément déceler cette chose-là –, et expliquent que vous vous mettiez plus facilement à la place de votre client, vous essayez alors de faire en sorte que les autres, qui sont là pour le juger, n'oublient pas de se mettre à sa place et ne restent pas à la leur. C'est une chose extrêmement importante à mon sens, notamment en matière criminelle, de se mettre à la place, de se mettre à la hauteur. Parce qu'on a très vite tendance à juger que tel ou tel fait est sordide. Quand je suis dans mon métier d'avocat et que j'exerce ma mission de défense, tout cela fond un petit peu au profit de l'intérêt que je porte à mon client, et à ma mission qui consiste à expliquer qui est le prévenu ou l'accusé, comment il en est arrivé là, et ce que les juges et jurés doivent comprendre. Cela leur permet d'avoir une espèce d'indulgence, en tous les cas de compréhension (Entretien n° 13).

---

[18] A. Smith, (1759), *Théorie des sentiments moraux*, trad. fr. par M. Biziou, C. Gautier et J.-F. Pradeau, Paris, Puf, 1999, p. 176.

> Il y a des prévenus que je n'aime pas. Il y a des clients qui me touchent. J'ai un client dans une énorme affaire d'escroquerie avec deux ans et demi de détention. Je suis allée le voir tous les dix jours pendant deux ans et demi, j'allais le voir à Fleury. Maximum, je suis restée sans le voir trois semaines pendant ces deux ans et demi, mais parce que ce client était très intéressant. Au début son dossier le nécessitait. Il y a eu de la confiance, et on est devenus des amis. Il a pratiquement mon âge, je connais ses parents. J'allais voir d'autres clients aussi. Il y a des clients que je vais peu voir. Cela se passe bien mais ils ne sont pas… (Entretien n° 3).

On peut toutefois se demander ce qu'est réellement cette sympathie ressentie par les avocats ? S'expliquerait-elle simplement en ce qu'elle met en œuvre des opérations d'identification ou de ressemblance ou, comme le propose Hume dans son *Traité de la nature humaine*[19], parce que nous héritons de la plus grande partie de notre affectivité par les images ou les signes que nous croyons éprouvés par les autres, et que nous nous les approprions comme s'il s'agissait de ce qui doit être pleinement nôtre ? Cette sympathie ne jouerait-elle pas également parce qu'on la force un peu ?

Quoi qu'il en soit, il convient de ne pas sous-estimer l'importance des affects dans l'acte de défense :

> Très souvent [précise une avocate], j'ai de la sympathie, de la compassion pour un prévenu ou un accusé. Vous savez, quand on défend quelqu'un et qu'on le fait vraiment, qu'on prend le dossier à cœur, pour comprendre le dossier, il faut comprendre la personne aussi. Et donc, vous avez des personnes à qui l'on reproche des choses absolument abominables et ces choses abominables le sont pour tout le monde. Ce n'est pas parce que l'on est avocat que le viol sera plus banal, qu'un crime sera plus banal (Entretien n° 7).
>
> Ce n'est pas parce que les gens ont commis des délits ou des crimes que je ne peux pas avoir de la sympathie pour eux, mais défendre quelqu'un, ce n'est pas devenir son ami. C'est d'ailleurs très difficile de défendre les gens que l'on connaît. Finalement, plus il y a de la distance, plus c'est facile de défendre quelqu'un, parce qu'il n'y a pas de place pour le jugement. Je peux éprouver

[19] D. Hume, *A Treatise of Human Nature*, edited with an analytical index by L. A. Selby-Bigge, Oxford: New York : Clarendon Press ; Oxford University Press, 1978, *Traité de la nature humaine : essai pour introduire la méthode expérimentale dans les sujets moraux,* trad., préface et notes par André Leroy, Paris : Aubier, 1946, p. 594-595.

> de l'émotion pour un prévenu ou une victime, mais très honnêtement, je crois que c'est lié à mon caractère, je suis relativement froide. En fait – je dis "en fait" parce que ce n'est peut être pas flagrant –, cette froideur, c'est peut-être aussi une protection. Je ne suis pas vraiment dans l'empathie. Ce n'est pas de l'empathie que j'éprouve, j'ai de l'écoute. Je peux être touchée émotionnellement, mais ça ne s'intellectualise pas. J'ai été très touchée par des enfants que j'avais défendus qui avaient été victimes de viol. [...] Chez l'avocat, les gens passent. Ce n'est pas comme chez un médecin, il n'y a pas de rapport charnel, on ne touche pas les gens, éventuellement on leur serre la main, c'est très désincarné. C'est pourquoi la compassion... Oui, finalement, il y a des faits qui sont terribles, mais c'est quoi, cette compassion ? À mon avis, c'est de la projection. Ce sont les avocats qui vont avoir beaucoup de compassion parce qu'ils sont eux-mêmes parents et qu'ils vont imaginer, fantasmer avec leur propre vie ; finalement, ce n'est pas pour l'autre, c'est par rapport à soi (Entretien n° 14).

Il faut d'ailleurs souligner que lors des entretiens, les avocats ont souvent associé la sympathie à la compassion, sans toujours bien cerner ce qu'ils entendaient sous ces termes utilisés.

On peut proposer ici les écrits de Jean-Jacques Rousseau qui apportent quelques éléments pour définir la compassion. Dans son *Discours sur les fondements et l'origine de l'inégalité parmi les hommes*[20], cet écrivain et philosophe relève que la compassion est un sentiment qui concerne tout homme en tant qu'il participe à l'existence humaine et le conduit, comme être sensible, à porter secours à toutes espèces vivantes sur cette terre. La compassion (il utilise le terme « pitié ») est un sentiment naturel inscrit dans le cœur de chacun qui concourt à la conservation mutuelle de toute l'espèce. Jean-Jacques Rousseau, dans É*mile ou de l'éducation*[21], joue les cordes de la sensibilité et invite les humains, dans un monde de rationalité technique et instrumentale, à s'éveiller à la bienveillance, à s'émouvoir du malheur d'autrui, à compatir avec la souffrance d'autrui, à poser des gestes concrets afin de réduire la douleur d'autrui.

Certes, ce mouvement naturel de compassion revient souvent dans les discours des avocats pénalistes. Mais ils disent aussi que cela nécessite de

[20] J.-J. Rousseau, *Discours sur les fondements et l'origine de l'inégalité parmi les hommes*, Paris, Flammarion, 1971, p. 198-199.

[21] J.-J. Rousseau, *Œuvres complètes, Émile ou de l'éducation, IV*, Paris, Gallimard, 1959, p. 514.

surmonter la première impression, et de se transporter hors de soi. L'imagination de l'avocat est ainsi sollicitée par les faits commis par le prévenu ou l'accusé, et l'avocat va, sans quitter sa place de défenseur, se sentir concerné par ce qui arrive à son client.

Mais certains avocats refusent d'éprouver de la sympathie ou de l'empathie, préférant une approche objective. Pour eux, avoir de la sympathie, de l'empathie serait dangereux en ce sens où la défense serait plus partiale, c'est-à-dire risquerait de manifester une préférence marquée pour un prévenu ou un accusé sans souci d'équité et de justice ; en cela, la sympathie et l'empathie ne sauraient être à la base des jugements moraux. Ces avocats ne différencient pas la compassion de l'empathie. Ils conçoivent la compassion dans le cadre particulier de la victime, c'est-à-dire du côté de la partie civile.

Pourtant, il y a une différence entre compassion et empathie. Pour éviter les écueils de la compassion – vivre la souffrance de l'autre –, ne faut-il pas savoir être empathique, c'est-à-dire ressentir la situation de l'autre mais rester conscients qu'il s'agit de l'expérience de l'autre ? C'est en effet parce que nous saisissons ce que vit l'autre que nous sommes touchés. Si nous n'en avions aucune représentation, il nous serait impossible d'être émus. Contrairement à ce qui se passe dans la compassion, dans l'empathie nous ne sommes pas nécessairement envahis par l'émotion.

Seul un des avocats rencontrés marque la différence entre éprouver de la sympathie, du dégoût, de l'antipathie, de la pitié, ou éprouver de la compassion. Il affirme que la souffrance de la victime éveille en lui de la compassion qui implique qu'il manifeste, dans son rôle de représentant de la victime, une bienveillance spontanée. Mais un prévenu ou un accusé peut éveiller en lui de l'antipathie. Il refuse les « pleurnichards », c'est-à-dire d'éprouver à l'égard d'un prévenu ou d'un accusé de la pitié, donnant à ce terme un sens péjoratif, et surtout insiste sur le fait que s'il n'y a pas sympathie, il ne faut pas non plus pour bien défendre un prévenu ou un accusé qu'il y ait dégoût, c'est-à-dire une répulsion vis-à-vis de certains traits du comportement du prévenu ou de l'accusé. Car le dégoût, ici, conduit à une condamnation morale de l'acte commis par le prévenu ou l'accusé.

> Sympathie ? C'est un plus, mais ça peut être un peu dangereux, non pas sur le plan de la déontologie car on arrive à mettre des barrières, mais sur le plan de l'objectivité. En tous cas, il ne faut pas qu'il y ait du dégoût. Pour

> les histoires de mœurs, il peut y avoir une antipathie, il y a des clients qui vous exaspèrent... Il y a des clients qui sont très pleurnichards, qui pensent toujours avoir raison, des clients extrêmement procéduriers, qui pensent comprendre mieux que vous le droit, qui vous dictent ce que vous avez à faire, une vraie ingérence dans votre travail. C'est important que le client respecte votre travail, que la mission soit clairement déterminée. La compassion, c'est important quand on fait du pénal, côté partie civile, on exerce un métier où l'on est obligé d'être en partie schizophrène (Entretien n° 9).

Cette attitude d'un défenseur renvoie à la pensée de Bergson, selon laquelle il est nécessaire pour éprouver de la compassion de dépasser le dégoût, la crainte : « L'intensité croissante de la pitié consiste donc dans un progrès qualitatif, dans un passage du dégoût à la crainte, de la crainte à la sympathie, et de la sympathie elle-même à l'humilité[22]. »

Pour résumer, la sympathie, la compassion et les autres sentiments s'entremêlent pour gérer les relations entre l'avocat et son client. Ils ne sont pas pour autant des qualités nécessaires pour assurer la défense d'un prévenu ou d'un accusé. Il nous faut maintenant aller plus loin et nous demander si l'avocat doit faire preuve de mesure dans son action de défense.

La juste mesure, la modération

Selon Aristote, la juste mesure serait une vertu essentielle pour tout homme : « Tout homme instruit et raisonnable s'efforcera d'éviter les excès de tout genre, soit en trop soit en moins ; il ne cherche que le juste milieu et le préfère aux extrêmes. Mais ce n'est pas simplement le milieu de la chose même, c'est le milieu relativement à nous. C'est grâce à cette sage modération que toute science accomplit parfaitement son objet propre, ne perdant jamais de vue ce milieu, et ramenant toutes ses œuvres à ce point unique[23]. » Qu'en est-il pour l'avocat dans son rôle de défenseur d'un prévenu ou d'un accusé ? Se caractérise-t-il par une attitude d'un juste milieu ou de modération ?

L'avocat est placé dans une position où, étant donné ses compétences ainsi que la rémunération qu'il perçoit, son devoir de défense est plus élevé que celui d'un individu ordinaire. Le client évalue ce que son avocat devra faire pour

---

[22] H. Bergson, *Essai sur les données immédiates de la conscience,* Paris, Alcan, Bibl. de philosophie contemporaine, 1988, p. 15-16.

[23] Aristote, *Éthique à Nicomaque*, op. cit., p. 90-91.

le défendre, étant donné sa position et en fonction de ce qu'il pense être bien pour lui. Mais les devoirs de l'avocat restent flous et à sa seule appréciation. Les règles déontologiques, comme nous l'avons montré précédemment, ne suffisent pas à définir son rôle de défenseur. Le problème qui se pose à l'avocat est de permettre un procès équitable, c'est-à-dire d'exposer au mieux la cause de son client devant le tribunal correctionnel ou la Cour d'assises. Pour cela, il n'aura pas d'idée préconçue sur son affaire, il aura une écoute de son client disponible, il pourra s'ouvrir aux vérités de son client même si elles sont contradictoires, il tendra vers une juste appréciation de l'affaire. C'est ce que précise une avocate :

> Si vous êtes à 200 % dans la version qui vous est donnée par votre client, où il manque un recul, vous ne le conseillerez pas bien. Il y a une juste mesure à avoir. Vous ne pouvez pas non plus vous positionner comme quelqu'un de totalement neutre, sinon votre client ne se sentirait pas défendu. Cela serait problématique (Entretien n° 7).

Rappelant que l'avocat est mandaté par son client, cette avocate poursuit son propos en ces termes :

> On ne peut pas soutenir n'importe quoi. Parfois on défend des clients qui tiennent des positions délicates qu'on ne leur conseille pas nécessairement. De deux choses l'une. Soit votre client maintient mordicus sa position. Là, ou vous le soutenez, vous décidez de le soutenir et de le défendre dans cet axe, soit effectivement vous y renoncez. On peut défendre un client qui soutient quelque chose que l'on ne partage pas nécessairement. Mais, c'est toujours un peu délicat. On n'est pas obligé de se lancer à corps perdu, et de soutenir à corps perdu ce que soutient le client. On peut le soutenir, se démarquer un peu et puis apporter des réserves. On a des clients qui sont dans un état limite. Beaucoup de personnes aujourd'hui qui comparaissent devant les tribunaux ou des juridictions criminelles ne sont pas jugées irresponsables par des psychiatres, pour autant elles ne sont pas des personnes équilibrées. Loin s'en faut. Là, si vous les défendez tel qu'elles vous le demandent, tel qu'elles se défendent, vous allez au casse-pipe. Vous êtes obligé de mettre une distance, mais toujours dans l'intérêt du client. C'est-à-dire que l'avocat a une liberté totale tant qu'il ne vient pas contredire les intérêts du client. Ce qui se joue, ce n'est pas ce que vous pensez vous, comme avocat ; ce qui se joue, c'est la vie de votre client (Entretien n° 7).

Autrement dit, la loi ne saisissant que les cas ordinaires, comme le dit Aristote[24], l'avocat au cours de l'audience mettra en évidence le détail des circonstances et les éléments contextuels expliquant l'acte pour permettre au juge de rendre justice. Il pourra ainsi participer à la bonne mesure de la justice, sans excès, sans faiblesse, en faisant *tout* ce qui convient pour éviter toute altération du sens de l'acte qui doit être jugé.

Reprécisant une affaire d'escroquerie en bande organisée, l'une des avocates affirme qu'elle « défendra son client corps et âme ». L'emploi de ces termes « défendre corps et âme » pourrait laisser entendre que cette avocate ne cherche pas dans sa pratique à faire preuve d'une quelconque modération. Toutefois, à cette attitude qui pourrait paraître excessive, l'avocate apporte des nuances en soulignant qu'elle prend en considération la complexité et la singularité de chaque affaire et s'implique différemment selon les dossiers qu'elle défend :

> Il faut distinguer les affaires. Si on parle d'une affaire de conduite sans permis, défendre "corps et âme"... tout est relatif. Dans une affaire comme celle-là d'escroquerie, ou dans une affaire d'homicide, des affaires qui vous prennent aux tripes, vous sentez véritablement l'implication de l'avocat dans l'explication et dans la volonté de convaincre les jurés. Dans cette affaire d'escroquerie en bande organisée, j'insiste sur le fait que cette personne s'est retrouvée dans cette affaire par lien d'amitié. Cet homme a eu sa vie qui a été chamboulée. Je le défendrai comme si je défendais un ami (Entretien n° 3).

Défendre comme on défendrait un ami, faire son métier avec passion n'exclut pas pour cette avocate d'avoir une attitude de modération, d'être calme pour continuer à défendre son client :

> On essaye de rester modéré, mais c'est toujours difficile. C'est un métier que je ne peux pas imaginer que l'on fasse sans passion, peut-être parce que je n'ai que huit ans de barreau. Mais la passion conduit à se dépasser. Je me rappelle d'un dossier d'assises où la mère du client était venue nous voir en disant : "Je vais tuer la victime, ce n'est pas normal ce qu'elle dit sur mon fils." Je lui avais demandé de sortir. Elle avait mon âge. Je lui ai dit : "Si vous ne sortez pas, c'est votre fils qui va payer parce que j'ai besoin de calme pour lui et pour moi, pour continuer à le défendre." Son fils s'est

[24] Aristote, *Éthique à Nicomaque*, op. cit, p. 229-231.

> fait acquitter, et elle m'a remerciée à la fin. On est parfois obligé d'être très ferme avec le client. Ils ne comprennent pas. Il y a l'affect. On parle de choses difficiles. On parle de prison (Entretien n° 3).

Toutefois, il existe d'autres manières d'agir en tant qu'avocat, en se situant face à son client entre sévérité et indulgence. La raison éthique du mouvement de sévérité s'expliquerait par une méfiance de l'avocat par rapport à son client sur ses capacités d'amendement. À l'inverse, la raison éthique du mouvement d'indulgence s'expliquerait par la confiance de l'avocat dans les possibilités de dépassement de son client et par le souci de ne pas le réduire à l'acte qu'il a commis.

> Je n'oublie jamais qu'il existe aussi une victime. Lorsqu'elle est décédée, c'est sa famille ; et la victime peut être une personne qui est touchée à vie. J'essaye, ce n'est peut-être pas mon rôle, j'essaye de faire comprendre à mes clients, lorsqu'ils sont prévenus ou accusés, ce qu'ils ont fait, pourquoi le passage à l'acte. Je n'excuse pas. Cela veut dire que je ne leur dis pas : "Ce n'est pas grave", "Vous n'avez pas fait exprès" ou "C'est parce que votre mère n'a pas été gentille avec vous." Non. Je dis que c'est grave, ce qu'ils ont fait, et que je ne suis pas là pour juger, [pour cela] il y a le tribunal. J'essaie juste d'expliquer pourquoi. Mais à partir du moment où je décide de prendre une affaire, je la défends jusqu'au bout. C'est la conduite que je me suis donnée, sinon je ne la prends pas (Entretien n° 2).

> Honnêtement je n'ai ni indulgence ni sévérité, car ce n'est pas moi qui juge. Il peut m'arriver parfois de recadrer, d'expliquer à des clients que s'ils tiennent tel discours, cela ne va pas marcher. Il faut être cohérent, il ne faut pas nier l'évidence, ce n'est pas dans l'intérêt du client. Je dis toujours : "C'est votre intérêt ; ce n'est pas moi qui vais être jugé" (Entretien n° 14).

Dans la pratique, il peut en effet y avoir deux oscillations éthiques propres à l'exercice de la mesure qui se corrigent mutuellement : la sévérité et l'indulgence. L'avocat dans sa sévérité n'est pas pour autant obstiné, aveugle, mécanique au sens légaliste. Il fait simplement le pari du rôle structurant de la loi. Car, comme l'écrivent Antoine Garapon, Julie Allard et Frédéric Gros : « La sévérité demeure une vertu relationnelle. [...] Le propre de la sévérité est d'être soutenue par une tension éthique [...] la sévérité fait de la loi non ce qui sépare, mais ce qui relie[25]. »

---

[25] A. Garapon, J. Allard, F. Gros, *Les Vertus du juge*, op. cit., p. 157.

> Je n'ai pas forcément une sévérité ou une indulgence, mais il y a des clients qui vont vous énerver parce que, quand vous essayez de leur expliquer des choses – en général, ce sont moins vos clients que des gens que vous allez rencontrer dans des permanences, des clients qui viennent devant le tribunal pour la quinzième fois pour les mêmes faits – vous essayez de parler, d'avoir une discussion, de comprendre, et finalement vous vous rendez compte que la discussion ne sert à rien. Là, vous allez vous dire : "une sévérité, en tous les cas" ; vous dire que vous êtes là pour le défendre, mais que vous êtes comme tous ces gens. Je me suis fait arracher mon portable et après je me suis dit : "Dans une semaine tu vas être capable de défendre exactement la même personne devant le tribunal correctionnel". Oui, là, ça énerve ! Oui, il y a une sévérité et pour autant c'est notre métier (Entretien n° 6).

> On se surprend un peu soi même à constater qu'on peut aussi bien défendre les victimes que les tueurs… Et pour autant on n'est pas de mauvaise foi. Évidemment, c'est subjectif. C'est juste que, selon le client, on voit le dossier sous un autre prisme, sous un autre angle, on expose un autre point de vue ; mais ce n'est pas parce que vous pouvez défendre le tueur comme la victime que vous êtes de mauvaise foi. Vous exposez deux points de vue. On n'est pas juge, on n'est pas entre les deux, et donc on est parfaitement subjectif, dans l'intérêt de notre client. On ne défend pas la justice avec un grand J, on défend la justice de notre client, avec les réserves qu'on peut imposer nous-mêmes, la clause de conscience, le bon sens ou ce que vous voulez. On peut dire à notre client : "Attendez, ça ne tient pas deux secondes, votre axe de défense, et moi je ne peux pas plaider ça !" (Entretien n° 1).

Ainsi, nous avons cherché à montrer des corrélations entre la défense et des qualités de distance, de proximité et/ou des qualités de mesure. En vain, les récits recueillis des avocats ne semblent pas plaider en faveur de l'existence d'une qualité particulière pour exercer la défense d'un prévenu, d'un accusé ou d'une victime. Nous pouvons seulement, à la lumière des analyses développées, dire que la fonction de défenseur n'est pas uniquement rationnelle. L'avocat n'a aucune obligation d'objectivité. Il est de parti pris, dans l'intérêt de son client.

Il nous faut maintenant nous interroger sur les rapports que l'avocat pénaliste entretient avec la vérité. Comment peut-il se situer lorsqu'il est convaincu de l'innocence de son client, de sa culpabilité, lorsqu'il a un doute dans son esprit ?

CHAPITRE 4

L'avocat en quête de vérité[1] ?

[1] Sur la question de la vérité, le lecteur pourra visionner l'excellent film d'Akira Kurosawa, *Rashomon*, qui se situe à Kyoto au XIe siècle et qui montre la méditation de trois personnes sur un crime sordide, défrayant la chronique : dans une forêt voisine, un couple a été attaqué par le célèbre bandit Tajomaru. La femme a été violée alors que son mari, un samouraï, a été retrouvé mort. Mais les dépositions des témoins devant le tribunal apportent chaque fois une version différente du drame, et la vérité ne percera qu'après de nouvelles révélations surprenantes.

« Dire la vérité ? Allons donc ! Quelle vérité ? Celle qui pourrait apparaître à travers une confession sincère inscrite dans une histoire personnelle dont tous les évènements reconstitués fidèlement formeront une trame authentique ? Cette histoire-là ne verra jamais le jour puisque sa trace s'effacera à travers une formulation tronquée de paroles dont la force et le sens auront été expurgés. Pourtant, ce qui sortira de ce tête-à-tête, aussi illégal que déloyal, constituera jusqu'au jugement le socle indestructible sur lequel sera construite l'accusation. Et l'orientation de l'affaire, décidée sans permettre à l'accusé d'en proposer une autre, déterminera la suite de tous les évènements[2]. »

Comme Thierry Lévy, les avocats pénalistes français disent tous que la vérité n'est pas leur souci premier. Il suffit de les laisser s'exprimer pour le constater :

> Je ne demande pas à mes clients de dire la vérité. Les clients me donnent une version des faits et puis cette version des faits, je leur dis dans quelle mesure elle est tenable ou pas. Mais l'enjeu, ce n'est pas la vérité, c'est le dossier (Entretien n° 10).

> Je ne suis pas policier, je ne suis pas juge, je ne suis ni curé ni rabbin. La question de la vérité au sens philosophique du terme, ce n'est pas mon problème. Si la version du client est assez proche de la vérité du dossier, on travaille comme cela ; s'il y a vraiment une incohérence absolue intellectuelle entre la version du client et la vérité du dossier, il va falloir en discuter parce que je me refuse à plaider l'incohérence. Ensuite, si un client soutient quelque chose d'insoutenable au sens moral, je peux décider de ne pas le défendre (Entretien n° 14).

Ils rappellent également cette question qui leur est posée : « Que faites-vous lorsqu'un client vous demande de plaider l'innocence alors qu'il vous confesse sa

[2] Th. Lévy, *Éloge de la barbarie judiciaire*, Paris, Odile Jacob, Coll. « Poches », 2011, p. 70.

culpabilité ? Ou lorsque vous avez un doute sur sa culpabilité ? » Tentons alors de mesurer ce qui se joue pour un avocat pénaliste dans cette quête de vérité.

La question de la vérité pour l'avocat commence ainsi lorsqu'à la lecture d'un dossier accablant, il entend des arguments divergents de son client. Certes, dans ce qui se construit dans la relation entre un avocat pénaliste et son client, dans ce qui se passe dans son cabinet, puis à l'audience, il y aurait une incohérence à opposer trop rapidement d'un côté, ceux qui croient que la vérité est un mot creux et de l'autre, ceux qui prônent la vérité comme un idéal abstrait. Il y a, en effet, une autre manière de poser la question de la vérité. Comment une version des faits, donnée par un prévenu ou un accusé à l'avocat, peut-elle évoluer par l'intervention de l'avocat lui-même au cours de la procédure ? Comment cette « vérité » peut-elle venir heurter celle, hybride, constituée de celles du parquet, du siège, des avocats des parties civiles, des victimes, des témoins, des experts, dans des proportions indéterminables, pour évoluer jusqu'au moment du rendu de la décision, ces vérités en devenant une seule et pas seulement le temps de la lecture d'une décision, les conséquences pouvant être définitives ? C'est la vérité de l'avocat qui nous intéresse ici dans sa joute sans merci avec celle du tribunal, mais qui, à la différence d'une vérité historique ou d'une vérité scientifique, devra l'emporter ou capituler, voire se compromettre contre, face ou avec la vérité judiciaire qui, elle, aura une conséquence définitive sur le sort du client.

La vérité pour l'avocat : une vérité judiciaire, une vérité convaincante ?

La vérité n'a pas le même sens selon que l'on parle de vérité scientifique, de vérité philosophique, de vérité historique, de vérité éthique ou de vérité judiciaire. Selon Paul Ricoeur, l'esprit de vérité est de respecter la complexité des ordres de vérité ; c'est l'aveu du pluriel[3]. Ainsi, toute réflexion sur la place qu'occupe la recherche de la vérité dans le procès pénal et plus particulièrement pour l'avocat pénaliste suppose que l'on s'interroge tout d'abord sur la nature même de la vérité dite « judiciaire » : de quelle vérité s'agit-il ?

On reprendra ici les trois particularités de la vérité judiciaire citées par Michel Van de Kerchove[4] : la première réside dans le fait « qu'à la différence de la vérité scientifique qui, à l'exception des jugements

[3] P. Ricoeur, *Histoire et vérité*, Paris, Seuil, 1955, p. 175.

[4] M. Van de Kerchove, « La vérité judiciaire : quelle vérité, rien que la vérité, toute la vérité ? », in *Déviance et Société*, 2000, vol. 24, n° 1, p. 95-101.

purement analytiques, concerne des jugements de réalité, la vérité judiciaire concerne, en tant que telle, des jugements normatifs, même si ceux-ci sont partiellement fondés sur des jugements de réalité ». La seconde particularité concerne l'élaboration de la décision judiciaire qui « se fonde sur une "argumentation" dont la force de conviction plus ou moins grande a pour objet de susciter l'adhésion d'un juge dont le pouvoir d'appréciation est, dans des limites variables, inévitable. [...] Dans une telle perspective, le caractère "contradictoire" de l'argumentation et la structure "dialogique" ou dialectique du procès constituent sans doute l'un des garants les plus réels de manifestation de la vérité judiciaire. » La troisième particularité se trouve « dans le caractère plus ou moins réglementé du processus qui aboutit à la manifestation de la vérité judiciaire ». Selon un avocat[5], « La vérité judiciaire n'a rien à voir avec la vérité pure... La vérité n'existe pas... La vérité, c'est un miroir déformant sur la multitude des facettes d'une personnalité. » Le métier d'avocat « consiste à mettre le prisme vers telle ou telle facette et à la projeter sur le tribunal. Pour le meilleur intérêt de la personne qu'on défend évidemment, mais pourquoi pas aussi pour le meilleur intérêt de la société. » Cet auteur se démarque ainsi de la thèse éthique selon laquelle la vérité serait intrinsèque et qu'il faudrait la respecter ou la rechercher en toutes circonstances et de la thèse épistémologique selon laquelle la vérité est le but de l'enquête et la valeur épistémique suprême[6]. La vérité dite judiciaire peut être atteinte non par des techniques linéaires fondées sur l'universel mais par des approximations de l'art de la lecture des faits et de leur interprétation. Comme le souligne Marc Fumaroli, l'avocat « permet à la parole de faire pénétrer la lumière du raisonnable et du raisonnement dans cette vaste région indécise, entre les deux pôles que Platon avait déclaré antithétiques : la raison pure qui "se souvient des vérités éternelles et les passions humaines, trop humaines"[7] ». Pour la défense, il ne s'agit pas de choisir entre les vérités qui s'affrontent. Il s'agit de trouver un équilibre entre la vraisemblance des protestations d'innocence et le sérieux des éléments à charge. C'est ce que confirme une avocate au barreau de Paris :

[5] *Le Baromètre du barreau*, EFB, Paris, 18 juillet 2008.

[6] P. Engel, R. Rorty, *À quoi bon la vérité ?* Paris, Grasset, Nouveau Collège de philosophie, 2005, p. 48.

[7] M. Fumaroli, *Histoire de la rhétorique dans l'interprétation moderne*, Paris, Puf, 1999, p. 1290.

> Je travaille sur le vraisemblable, la plupart du temps. Je préviens les prévenus qu'il est parfois difficile de dire la vérité de ce que l'on a commis, que je peux tout à fait comprendre. Soit les gens sont capables de me le dire, soit ils ne le sont pas. S'ils ne le sont pas, je ferai avec ce qu'ils disent (Entretien n° 14).

La vérité, pour l'avocat, n'est pas un donné préalable ou une vérité absolue mais est seulement une vérité accessible, une vérité convaincante. C'est ce qu'explique cet avocat : « Être avocat, c'est convaincre avec toute la psychologie que cela impose. Surtout avec les jurés aux assises. Vous ne les faites pas pleurer sur des faux comptes. Il faut que le discours passe et il faut savoir le faire passer. Si des auditeurs vous disent : "c'est inaudible", ce n'est pas de leur faute, mais de la faute de celui qui parle ; si vous ne vous mettez pas à la portée de celui qui est en face de vous, vous ne le convaincrez jamais. La capacité d'audition de quelqu'un de professionnel est de cinquante minutes. Pour tenir l'éveil et l'intérêt de quelqu'un, il faut vraiment avoir un truc bien ficelé. Votre succès dépend aussi du crédit que vous avez, c'est-à-dire du respect qu'ont pour vous ceux qui vous écoutent. Ils doivent savoir que quand vous dites quelque chose, c'est la vérité. Votre parole doit leur suffire[8]. »

Cette vérité convaincante fait peser sur l'avocat une pression consciente ou inconsciente de ne pas avoir de faiblesses sur le travail d'analyse du dossier et de critique des charges. Cette critique visant à contraindre la justice à réfléchir est souvent très vertigineuse sur le plan intellectuel. Mais alors qu'au départ, l'avocat peut être convaincu de la culpabilité de son client, il peut se produire, au fur et à mesure du travail de critique virulente des charges, un phénomène psychologique naturel : la production du doute… C'est ce qu'affirme Henri Leclerc interviewé par Daniel Soulez-Larivière et cité par Jean Danet en ces termes : « Il m'est arrivé de plaider l'acquittement pour des accusés dont j'étais convaincu de la culpabilité. Et puis au fur et à mesure que je faisais l'analyse et produisais une démonstration logique, je finissais par ne plus savoir où j'en étais ; ma conscience percevait toujours un peu la culpabilité, mais, au niveau du raisonnement, une rationalité l'obscurcissait. Cette construction intellectuelle emporte pour un temps, celui du procès, l'adhésion de la conscience et puis après une certaine distance, le phénomène se dissipe et je retrouve mes convictions premières[9]. » Toutefois, cette recherche de vérité n'est pas totalement libre.

---

[8] Entretien avec Olivier Metzner, *in* C. Perrin et L. Gaune, *Parcours d'avocat(e)s*, préface par Ch. Charrière-Bournazel, Paris, Le Cavalier Bleu, 2010, p. 145.

[9] D. Soulez-Larivière, *L'Avocature*, Paris, Le Seuil, 1995, p. 76, cité par J. Danet in *Défendre*.

L'avocat s'appuie sur des mécanismes procéduraux régissant le procès pénal et rencontrant l'adhésion du groupe social. Si le droit de la procédure pénale français entend consacrer le principe de la liberté de la preuve, on peut objecter que sous la pression de la Cour européenne, légalement toutes les preuves ne sont pas admissibles et tous les moyens ne sont pas bons pour les réunir[10].

L'administration de la preuve : la présomption d'innocence, l'intime conviction

La procédure pénale représente ce qu'Erving Goffman[11] nomme « un cadre primaire[12] » puisqu'elle structure de manière décisive l'ensemble du procès et influe sur ses acteurs et leurs actions. Etroitement liés aux croyances d'une société, les modèles de la procédure pénale diffèrent selon les valeurs du groupe social dans lequel ils prévalent[13]. La procédure pénale constitue pour la défense une protection, une contrainte et la recherche difficile d'un équilibre entre les libertés individuelles et collectives d'une part, et les nécessités de la répression d'autre part. L'histoire a fourni deux modèles principaux de procédure qui traditionnellement sont opposés l'un à l'autre : le système inquisitorial et le système accusatoire.

Théoriquement, le modèle inquisitoire pur correspond à un système de procédure pénale secret, écrit et non contradictoire ; le modèle accusatoire pur à un système de procédure pénale public, oral et contradictoire. Comme le précise Anne Jolivet, dans le premier modèle « le juge présente à travers le dossier une version de la vérité et les parties tentent de confirmer ou de contester son point de vue. Dans ce type de procédure, la quête de vérité est avant tout celle d'une vérité absolue, une vérité que le juge doit faire triompher. » Dans la seconde configuration, « les parties et le juge sont situés au même plan. La

Pour une défense pénale critique, Paris, Dalloz, Série « Regards sur la justice », 2004, p. 166.

10 H. Leclerc, « Les limites de la liberté de la preuve », *Rev. Sc. Crim.*, 1992, p. 17.

11 E. Goffman, *Les Cadres de l'expérience*, Paris, éd. de Minuit, 1991, p. 19.

12 Erving Goffman définit la notion de « cadre » comme étant « des principes d'organisation qui structurent les événements et notre propre engagement subjectif » permettant de « définir la situation ». Un « cadre primaire » peut être soit un cadre naturel, soit un cadre social. La mise en scène du procès agencée par la procédure pénale rentre dans la catégorie des « cadres sociaux ».

13 F. Casorla, « Inquisitoire-accusatoire : un écroulement des dogmes en procédure pénale ? Le cas français. L'approche du magistrat », *Revue internationale de droit pénal*, 68e année, 1997 ; J. Pradel, « Défense du système inquisitoire », *Regards sur l'actualité*, 2004, p. 300 ; D. Soulèze-Larivière, « Les nécessités de l'accusatoire », *Pouvoirs*, 1990, p. 55.

figure du juge représente celle d'un arbitre impartial qui veille au respect des règles de procédure par les parties et départage les plaideurs en fonction de leurs prétentions, arguments et preuves. Ce sont les parties qui dirigent le procès[14]. »

Comme nous l'avons montré précédemment, le droit français a évolué vers le modèle du procès équitable[15] et tend vers de plus en plus de contradictoire.

L'avocat pénaliste peut désormais intervenir lors de différentes phases du procès pénal :

- pendant la garde à vue, l'instruction et les débats d'audience au cours desquels la présomption d'innocence permet à la défense de débattre des preuves, de leur valeur et de leur légitimité face aux autres parties et au président ;
- pendant le temps de la plaidoirie durant laquelle, cette fois, la défense se retrouve face à cet autre principe qui conditionne la décision de culpabilité : l'intime conviction ;
- pendant l'audience de l'application des peines.

Certes, la présomption d'innocence permet le débat sur les preuves, et à la défense de peser jusqu'au bout de l'audience sur l'intime conviction des juges. C'est ce que rappelle l'article 304 à propos du serment que prêtent les jurés au début de chaque affaire : « Vous jugez et promettez d'examiner avec attention la plus scrupuleuse les charges qui seront portées contre X, de ne trahir ni les intérêts de l'accusé ni ceux de la société qui l'accuse, ni ceux de la victime, de ne communiquer avec personne jusqu'après votre déclaration, de n'écouter ni la haine ni la méchanceté, ni la crainte ni l'affection, de vous rappeler que l'accusé est présumé innocent et que le doute doit lui profiter ; de vous décider d'après les charges et moyens de défense, suivant votre conscience et votre intime conviction, avec l'impartialité et la fermeté qui conviennent à un homme probe et libre, et de conserver le secret des délibérations, même après la cessation de vos fonctions. » De même, l'article 353 du Code de procédure pénale est lu par le Président avant que la cour ne se retire pour délibérer dans une salle où ce texte doit figurer en gros caractères : « La loi ne demande pas

---

[14] A. Jolivet, « La participation des citoyens à la fonction de juger en France et en Italie : une étude socio-anthropologique du jury populaire en cour d'assises », *Thèse*, université Lumière Lyon 2, faculté d'anthropologie et de sociologie, et université de Milan, faculté de jurisprudence, 12 décembre 2012, p. 98 sq.

[15] Voir *supra*, chapitre 1 « Les mutations de la défense pénale », § Vers un procès équitable.

compte aux juges des moyens par lesquels ils se sont convaincus, elle ne leur prescrit pas de règles desquelles ils doivent faire particulièrement dépendre la plénitude et la suffisance d'une preuve ; elle leur prescrit de s'interroger eux-mêmes dans le silence et le recueillement et de chercher, dans la sincérité de leur conscience, quelle impression ont fait, sur leur raison, les preuves rapportées contre l'accusé et les moyens de sa défense. La loi ne leur fait que cette seule question qui renferme toute la mesure de leur devoir : "Avez-vous une intime conviction ?" » Dans les faits, certains avocats estiment que malgré les réformes récentes, ils n'ont pas encore toute leur place dans la recherche de la vérité au cours des différentes phases du procès pénal. Laissons s'exprimer en ce sens, à propos de l'instruction, un avocat inscrit au barreau de Marseille :

> Il y a indiscutablement un mieux qui s'installe depuis la loi de 2000. Les magistrats instructeurs mettent un peu d'eau dans leur vin maintenant. Mais je n'oublie pas les années d'arrogance, il y a cinq ou six ans, juste avant la loi de 2000, où l'on avait ce sentiment de toute puissance et je trouve que cette toute puissance continue à s'instaurer quand on touche à leur monopole de la recherche de la vérité par exemple. On est tout le temps dans des réponses [comme] – "la défense se mêle de vouloir investiguer sur tel ou tel fait" –, dans les réponses consistant à nous dire que – "c'est prématuré ou tardif et donc dilatoire" –, on n'est jamais dans la légitimation de l'intérêt pour la recherche de la vérité : je trouve que là, c'est lent à se mettre en place[16].

Une avocate au barreau de Paris insiste sur le fait que la question de la vérité a peu de place en défense, et que c'est surtout la question de la responsabilité du prévenu qui est posée. Celle-ci souligne que dans les expertises concernant les victimes de viol, est recherchée la question de la crédibilité de leur parole, qu'il ne faut pas confondre avec la question de la vérité :

> S'il n'y a pas les preuves des faits que l'on reproche au prévenu, cela ne peut se solder que par un non-lieu. C'est pour cela que la question de la vérité a peu de place finalement. Si on reproche à quelqu'un d'avoir violé une femme et que l'on n'a aucune preuve biologique ni aucun témoignage, il ne demeure alors que la parole de l'un contre la parole de l'autre, ce qui est souvent le cas en matière de viol. Dans ce cas, il faut travailler sur la parole de l'un et la parole de l'autre. Vous avez remarqué que dans les expertises psychiatriques et médico-psychologiques des victimes, on pose

[16] A. Molla, *in* J. Danet, *Des deux côtés de la barre*, DVD vidéos 1 et 2, *op.cit.*

> toujours la question de la crédibilité. On ne la pose pas pour le prévenu ; là on pose la question : est-ce qu'il est accessible à une sanction pénale ? Est-ce qu'il était atteint d'une pathologie au moment des faits ? On pose, en fait, la question de la responsabilité. On pourrait poser la question de la crédibilité, mais la crédibilité, ce n'est pas la vérité (Entretien n° 14).

Peut-on alors dire avec Alexandra Fabbri et Christian Guéry, que « la question de savoir si le procès pénal a ou non pour but de rechercher la vérité dépend beaucoup du sens que l'on donne à ce mot. Que ce soit dans le cadre de la procédure inquisitoire ou à tendance accusatoire, la vérité judiciaire n'est que la solution donnée au litige, en relation avec des formes de procédure qui détournent le procès d'une vérité absolue qui n'existe pas. Reconstruction d'un passé qui ne peut être à nouveau donné à voir dans son intégrité, le procès est un lieu où la parole se déploie plus ou moins directement selon les systèmes : la pré-constitution d'un écrit dans la procédure française, l'oralité immédiate de la procédure anglo-saxonne servent chacune une vérité qui doit demeurer une quête, un objectif. Du type de ceux que l'on ne sait jamais atteindre, et devoir toujours chercher[17]. »

Les éléments à charge ou à décharge dans le dossier, la vérité de fait

Pour approfondir cette question de la vérité dans le cadre d'un procès pénal, revenons à l'affaire du bus incendié de Marseille. L'avocat de la défense explique de manière critique que les premières allégations du procureur de la République ont constitué le fil rouge du procès et sont devenues la vérité :

> Je me rends au Palais de justice, il y a une meute de journalistes. J'ai ma lettre de désignation. Je n'ai pas encore accès au juge, je n'ai pas encore accès au dossier parce que, comme le savent tous les avocats, entre le moment où le dossier part du commissariat de police et celui où il arrive au palais de justice, il y a tout un temps de latence. Je discute avec quelques journalistes et j'apprends qu'il va y avoir une conférence de presse du procureur de la République. Je me rends à la conférence de presse. Commençait déjà à poindre cette fameuse histoire de savoir si ces jeunes garnements se rendaient compte ou ne se rendaient pas compte, de l'horreur de la situation. Et cela sera le fil rouge tout le long du procès pénal. Ce qui est devenu la vérité, c'est que pratiquement ils s'en foutaient ; ce qui était faux, fondamentalement faux, mais qui devenait un axe pour la défense[18].

[17] A. Fabbri, Ch. Guéry, « La vérité dans le procès pénal ou l'air du catalogue », *Rev. sc. crim.*, 2009.

[18] Ph Vouland, *in* J. Danet, *Des deux côtés de la barre*, DVD vidéos 1 et 2, *op. cit.*

Puis, l'avocat de la partie civile dans cette affaire reprend la question de la vérité à propos du refus des juges d'instruction de répondre à la demande du parquet de réaliser une confrontation générale et insiste sur l'importance pour la victime de cette confrontation pour connaître le nom de celui qui avait mis le feu. On apprendra d'ailleurs qu'elle devra attendre presque la fin du procès pour élucider ce fait et enfin accéder à cette vérité.

> Les juges d'instruction avaient refusé la demande de confrontation générale demandée par le parquet. Leur décision était extrêmement motivée, sur le fait qu'ils avaient épuisé toutes les possibilités d'obtenir une vérité complète, notamment sur celui qui avait mis le feu, et qu'une confrontation générale ne rajouterait rien. J'avais eu de grosses hésitations, parce que j'avais le sentiment que les choses suffisaient comme ça ; la reconstitution qui n'en était pas une m'avait profondément irrité et j'avais protesté en ce sens à plusieurs reprises. J'avais le projet d'aller dans le sens d'une infirmation de cette ordonnance, et c'est l'entretien avec la victime qui m'a fait comprendre qu'elle gardait encore le souci d'obtenir cette révélation de celui qui avait mis le feu, et son importance. Moi, je l'avais banalisée, je l'avais relativisée en considérant aussi que celui qui avait répandu l'essence n'avait pas moins de responsabilité que celui qui avait allumé. Je sentais venir une convergence de toutes les exigences sur celui qui avait osé mettre le feu, qui était diabolisé alors que le groupe avait quand même coopéré à la préparation de cet acte. Elle voulait qu'un acte supplémentaire soit fait pour que l'on comprenne, qu'on ait cette vérité-là[19].

Dans le cadre d'un procès pénal, il existe ainsi des multi-vérités, qui sont le produit de la subjectivité de chacun. Dans la relation prévenu-accusé/avocat, ou victime/avocat, la seule vérité est la vérité des éléments à charge ou à décharge dans le dossier du client. C'est ce qu'explique une avocate pénaliste du barreau de Paris, en nous livrant avec simplicité et clarté sa définition de la vérité, et en mettant en évidence le caractère pluriel de la vérité :

> Il y a une vérité si on est croyant, si on croit en Dieu. Mais dans la relation client-avocat, il n'y a qu'une vérité judiciaire. Ce qui s'est vraiment passé, la vraie vérité ? Il y a la vérité telle que vous l'avez perçue ; il y a la vérité numéro deux telle que ma secrétaire l'a perçue ; la vérité numéro trois, telle que le collaborateur l'a perçue ; chacun avec son angle de vue… Et puis il y a la vérité, celle qui est dans un dossier avec les éléments à charge ou à

[19] A. Molla, *in* J. Danet, *Des deux côtés de la barre*, ibid.

> décharge : la seule vérité qui m'intéresse, c'est celle-là. Tout le travail de l'avocat, c'est que la vérité de mon client devienne la vérité judiciaire qui sera retranscrite dans un jugement ou un arrêt (Entretien n° 3).

Cette avocate relie ainsi la vérité absolue au système de la croyance, mais aussi montre que la vérité est le produit d'une subjectivation. Le dossier est le support matériel qui renferme les éléments de l'affaire défendue par l'avocat. Il marque le temps écoulé depuis les premiers interrogatoires jusqu'à la fin des audiences. Il représente lors de l'audience un élément tangible qui marque le commencement du débat contradictoire. Alors que sa forme matérielle est visible, lors des débats son fond pourra être modifié, nié ou confirmé par l'avocat pénaliste. Selon Denis Salas, le discours de vérité du dossier, surtout s'il a été scellé par des aveux et même s'ils sont rétractés par la suite, impose en pratique lors des débats la cohérence de sa plausibilité formelle. Il contient une vérité de fait (par distinction à une vérité de raison) au sens où Hannah Arendt[20] l'entend, vérité paradoxale qui exige d'être reconnue comme une évidence. Excluant par nature l'opinion contraire si ce n'est comme mensonge ou fausseté délibérée, située à l'opposé de la vérité rationnelle qui supporte la contradiction, la vérité de fait ne peut être transparente parce qu'il est « dans sa nature même de se refuser à toute élucidation ultérieure, comme il est de la nature de la lumière de se refuser à la mise en lumière. Cette vérité exige en face d'elle un discours d'une force de persuasion égale pour permettre un authentique débat[21]. »

> Je ne suis pas là pour dire la vérité [dit un avocat du barreau de Paris]. Je suis là pour défendre mon client ; il y a un juge pour qui la vérité compte, le juge d'instruction et les magistrats qui jugent définitivement les clients ; la vérité, celle qui compte, c'est celle de mon client en fait. Elle est par définition subjective. Ce n'est pas la mienne. Tout en respectant les codes et les lois, pour moi, la seule vérité qui compte, c'est celle de mon client. Aucune autre, vraiment (Entretien n° 13).

Comment le défenseur peut-il en effet aller vers une vérité rationnelle alors que « comme dans la caverne de Platon, il ne connaît souvent de la réalité des faits que les ombres projetées par la police[22] ». Il s'en remet au juge, qui n'est guère mieux placé que lui mais qui prendra appui sur les éléments du débat pour atteindre la vérité judiciaire.

---

20 H. Arendt, *La Crise de la culture*, Paris, Gallimard, 1972, p. 309.

21 D. Salas, *Du procès pénal*, Paris, Puf, 1992 ; Coll. « Quadrige », 2010, p. 2010-2011.

22 R. Badinter, *Le Monde* du 21 mai 1969.

Vérité objective et vérité subjective, les preuves et la préparation de la défense

Si l'avocat pénaliste a conquis de nouveaux droits et une plus large place dans le procès pénal, en amont avec l'instruction et la garde à vue mais aussi en aval dans la phase de l'application des peines, si ses interventions à chaque phase de la procédure se font plus denses et plus diversifiées dans les possibilités qui lui sont offertes de demande d'actes, peut-on dire pour autant qu'il participe plus à la recherche de la vérité ? Quelles réalités découvre-t-on en descendant dans les rouages de cette machine judiciaire ? Y a-t-il une vérité objective et/ou une vérité subjective ?

L'avocat pénaliste et son client engagent autour des faits reprochés un processus de négociation. Après avoir pris connaissance du dossier, l'avocat s'entretient ainsi avec son client et cet échange prend souvent la forme d'une confrontation entre le fruit de cette lecture et ce que le client dit des faits. L'avocat met son client devant la réalité de l'affaire, c'est-à-dire devant la version judiciaire du dossier en construction ou achevé, sans proposer une autre version des faits, mais en mettant en tension les éléments du dossier et la version du client. Au cours de ces échanges, une relation de confiance peut se construire avec le client, qui va permettre à l'avocat de s'approcher au plus près de celui-ci, de son histoire sociale, de sa scène psychique et lui donner des éléments pour préparer sa défense. Dans cette opération, l'avocat est à la recherche du vraisemblable. Laissons s'exprimer une avocate inscrite au barreau de Paris, sur le rôle important qui revient à l'avocat, autour de la personnalité du prévenu ou de l'accusé, pour l'humaniser aux yeux des juges et des jurés :

> Si l'avocat n'évoque pas la personnalité de son client, personne ne le fera ou si on le fait, ce sera de façon tellement désincarnée que cela aura la même valeur qu'un élément technique ou de droit. Le seul intervenant à la procédure qui puisse humaniser le prévenu ou l'accusé, c'est son avocat. Cela peut paraître injuste de dire cela, parce qu'il y a aussi des expertises psychologiques, psychiatriques, médico-psychologiques, des enquêtes d'environnement. Mais quand vous rencontrez assidûment votre client, échangez avec lui, il y a toute une dimension qui échappe à ces expertises parce que chacun vient avec ses grilles de questions. L'expert psychiatre, on lui demande si la personne est responsable ou irresponsable au moment

> des faits. Un expert psy pourra vous dire : « Il est responsable », mais il ne vous dira rien de la personne qu'il a en face de lui. Il répondra à la mission qui lui est impartie. Quand vous apprenez à connaître votre client, vous vous rendez compte que vous apportez une valeur ajoutée indispensable au procès. Très souvent, il y a une distance importante entre la personnalité telle qu'elle peut apparaître ou résulter à l'issue d'un papier et le personnage que vous apprenez à connaître pendant des heures. Mais cela suppose du temps (Entretien n° 7).

L'avocat pénaliste est libre de discuter les preuves adverses, d'apporter les preuves de sa thèse. Il peut ainsi combattre les charges qui pèsent sur la personne mise en cause. Il peut faire appel à l'audition de témoins qui peut être déterminante pour la défense de son client. Il peut encore s'appuyer sur des expertises. Le récit de cette avocate montre bien les limites des moyens de preuve et l'inégalité des armes entre l'accusation et la défense :

> Vous avez certains dossiers où des éléments sont problématiques. Pourtant, vous avez un client qui vous soutient qu'il est totalement innocent. La seule chose que l'on peut faire, c'est d'essayer de démonter le dossier. Les moyens dont on dispose sont des moyens intellectuels. En fait, on travaille à partir du dossier ; on essaie de démontrer qu'il y a des incohérences, des questions qui ne sont pas résolues, qu'il y a des difficultés et qu'au regard de ces difficultés, le tribunal ne peut pas rentrer en voie de condamnation. Il y a aussi la possibilité de faire citer certains témoins, mais c'est toujours extrêmement compliqué parce que l'on rencontre beaucoup de réticences. On le voit aux assises, les témoins qui sont cités par le parquet viennent à reculons, parfois par le biais d'une attestation écrite. On peut solliciter des expertises privées, mais cela suppose des frais financiers que des clients ne peuvent pas assumer. Dans 98% des cas, vous avez des dossiers qui sont jugés sur la base de l'accusation telle qu'elle est rapportée, c'est-à-dire établie par le ministère public (Entretien n° 7).

Dans le même sens, un autre avocat au barreau de Paris rappelle que les suggestions d'investigations sont sans espoir de réalisation pour la défense et revient sur les limites des enquêtes menées par huissiers ou détectives privés du fait de l'importance accordée au contradictoire :

> On n'a aucun pouvoir d'investigations, à l'inverse du système américain. On peut proposer des actes d'investigations mais c'est un vœu pieux : on n'aurait pas les moyens, la justice ne les aurait pas, les clients ne les

> auraient pas non plus. On a des moyens de suggestions d'investigations au magistrat instructeur. On peut demander au client de récolter des preuves, mais c'est limité. On peut envoyer des huissiers, conseiller au client de prendre un détective privé pour faire émerger telle ou telle chose. Mais tout cela n'aura qu'une valeur de preuve limitée, puisque cela ne sera pas fait de manière contradictoire par le magistrat (Entretien n° 9).

Il arrive que les preuves tiennent essentiellement dans les accusations ou témoignages portés par des tiers. Le rapport à la vérité devrait alors conduire à la prudence sur le crédit que l'on peut apporter à certaines déclarations. La défense se trouve là devant une vérité judiciaire qui relève plus d'un récit que d'une conviction raisonnée. Dans ce cas, comme en fait la démonstration une avocate, à partir de quelques détails, il s'agit de détruire la crédibilité de la parole des témoins et de mettre en garde les juges et jurés contre des approximations des faits qui ne peuvent fonder en définitive une condamnation dans l'intime conviction :

> Une preuve, vous pouvez la démonter : "Aujourd'hui, vous avez un col roulé vert, Madame, vert bouteille ; ma secrétaire a pu le voir vert anis, ou elle peut considérer que vous avez une chemise." L'immeuble dans lequel cela s'est passé avait dix-huit mètres, par exemple. Je demande au témoin quelle est la taille de la Tour Eiffel. S'il me dit : "elle fait cent mètres", je lui démontre qu'il a un problème. Il faut détruire les preuves. Lorsque, deux ans après les faits, on fait une déclaration à l'encontre de votre client devant une cour d'assises, je dis : "Le jour des faits, vous avez dit cela. Je pense que votre mémoire était beaucoup plus fraîche et que l'on peut donner plus de crédibilité à ce que vous avez dit le jour des faits que deux ans après." C'est toute la subjectivité de la preuve (Entretien n° 3).

En d'autres termes, sans revenir sur les exigences procédurales du procès équitable, si l'audition d'un témoin peut être déterminante dans la recherche de la vérité judiciaire, l'interrogatoire de ce témoin par la défense est un exercice fort difficile. La défense doit savoir où elle va sans toutefois le montrer, doit faire préciser ce qui a été parfois négligé, obtenir une clarté sur des faits qui ont pu être confus, et savoir rassurer le témoin dont l'honnêteté n'est pas en cause mais qui peut craindre les questions de la défense. Le témoignage peut être un élément déterminant sur lequel peut basculer la conviction raisonnée du juge.

Une chose est certaine, si la déposition du témoin n'est pas une surprise pour le défenseur puisqu'elle a été recueillie dans la phase d'enquête ou d'instruction, elle garde une part de subjectivité que l'avocat de la défense va exploiter en relevant des incompréhensions de l'enquêteur ou des quiproquos lors de l'instruction.

Critiquant l'attitude des juges dans le « désastre d'Outreau »[23] où l'on a assisté à une confrontation entre deux paroles, celle des enfants et celle des parents, et déplaçant le débat sur le déroulement du procès lui-même, Thierry Lévy ne croit plus à une quelconque signification objective de la notion de vérité : « Le sens du procès équitable [précise-t-il] a été égaré. Le débat contradictoire n'est aujourd'hui qu'une formule vide. Permettre à deux thèses opposées de s'exprimer librement, ce qui est la pratique actuelle dans la phase d'audience, ne suffit pas. C'est même un exercice creux si l'une de ces thèses a été autorisée au début de la procédure à réunir avec des moyens coercitifs et dans le plus grand secret des informations auxquelles l'autre, interdite de parole dans la phase décisive des premiers pas de l'enquête, n'a pas eu accès… le vrai procès est bouclé depuis longtemps et la thèse de la défense n'a pas eu les moyens d'opposer à celle de l'accusation une véritable contradiction appuyée sur un ensemble cohérent d'éléments matériels et de témoignages. […] La vérité qui déboule à l'audience est un produit de superstition… Cette conception autiste de la vérité judiciaire continue de faire des ravages. […] L'institution judiciaire se voit dénier le droit à l'erreur. On lui interdit de se tromper. Donc, elle ne se trompe pas[24]. » Mais là, Thierry Lévy parle de la vérité judiciaire telle qu'elle sera finalement « produite » par le tribunal[25]. Il n'est déjà plus dans la relation avocat/client où les jeux ne sont jamais faits, où l'on ne sait jamais ce qui se cache derrière un faux aveu ou un vrai silence, où l'avocat doit souvent choisir entre plusieurs mensonges ou quelques vérités pour préparer sa défense. Il est vrai que bien avant lui, André Gide, qui se retrouva quelques temps juré de cour d'assises, avait fait part du même scepticisme quant aux efforts déployés par les avocats pour convaincre : « Combien il est difficile aux jurés (je parle des jurés de

[23] Dans l'affaire d'Outreau, quatre adultes qui se sont avérés coupables d'agressions sexuelles sur mineurs et des enfants avaient dénoncé treize autres adultes des mêmes faits. L'affaire ouverte à Outreau, dans le Pas-de-Calais, en février 2001, a changé de nature lorsque deux de ces quatre adultes se sont rétractés et que l'accusation concernant ces treize personnes s'est effondrée. En 2004, la cour d'assises de Saint-Omer a acquitté sept des personnes mises en accusation par erreur, et en 2005 la cour de Paris a innocenté à son tour les six autres en appel.

[24] Th. Lévy, *Éloge de la barbarie judiciaire*, Paris, Odile Jacob, 2011, p. 137.

[25] Th. Lévy, *ibid,* p. 70 sq.

province) de ne pas tenir compte de l'opinion du président, soit (si le président est "sympathique") pour y conformer la leur, soit pour en prendre tout à coup le contre-pied. [...] Il m'a paru que les plaidoiries faisaient rarement, jamais peut-être (du moins dans les affaires que j'ai eues à juger), revenir les jurés sur leur impression première, de sorte qu'il serait à peine exagéré de dire qu'un juge habile peut faire du jury ce qu'il veut[26]. »

Précisons encore que dans certaines affaires, où la culpabilité du prévenu ou de l'accusé ne fait pas débat, les éléments concernant la scène psychique du client analysée en sa présence et l'apport de divers témoignages pourront contribuer à la préparation de la défense. Ici, les parties au procès et le tribunal se sont accordés sur un récit dont elles feront la vérité judiciaire. Encore faut-il préciser qu'il s'agit ici d'un accord auquel notre droit n'oblige ni les parties, ni le tribunal. On peut citer une affaire de pédophilie, où l'accusé a reconnu les faits et accepté la qualification. L'avocat explique que ce n'est plus la vérité factuelle et l'innocence qui sont en jeu à l'audience, mais la prise en compte de la responsabilité pénale, de la culpabilité que le procès a pour fonction d'affirmer :

> Sur le terrain strictement factuel, mon client reconnaît les faits, on n'est pas dans un système de preuve contre preuve. Je ne peux que nourrir le dossier de la personnalité de mon client. J'ai plusieurs personnes qui peuvent témoigner et qui sont favorables à mon client, dont le psychiatre, deux ou trois de ses amis. Il se trouve que ce monsieur est un passionné de chasse. Il a monté avec sa femme une association d'éleveurs de chiens d'arrêt. Il y a beaucoup de personnes qui vont témoigner de sa gentillesse, de son implication. Tous ces témoins ne peuvent pas se prononcer sur les faits, ils n'étaient pas là, ils n'ont rien à dire sur les faits, ils n'ont même pas à dire : "Cela m'étonne que ce soit un pédophile." Ce n'est pas le débat. Il a commis des actes pédophiles. Il n'y a pas à revenir dessus. Ils ont juste à témoigner du fait que pour eux, il est un type bien, qu'il leur a toujours rendu service, qu'il est disponible, qu'ils n'ont jamais assisté à des comportements ambigus ou déplacés de sa part. Il a eu des contacts avec beaucoup d'enfants, il n'y a eu des problèmes qu'avec deux. C'est déjà beaucoup mais ce n'est en même temps que ça (Entretien n° 9).

---

[26] A. Gide, *Souvenirs de la cour d'assises*, Paris, Gallimard, 1914. Il est vrai que les avocats décrits dans les affaires évoquées par André Gide à la cour d'assises de Rouen en mai 1912 font pâle figure et semblent tous plaider *a minima*.

De même, pour une autre avocate, lorsque les faits sont reconnus, écouter les périodes de vie de son client, analyser le contexte de ses actions peut s'avérer très précieux dans le prétoire :

> Dans le cas de faits reconnus, après il faut bien replacer les choses, il est certain que certains événements de la vie, certaines périodes de la vie font que vous allez agir différemment. Évidemment, cela, l'avocat le met en valeur (Entretien n° 2).

Mais, dans l'anticipation de ce processus de culpabilité, l'avocat peut aussi rencontrer des situations fort difficiles : le déni, ou l'aveu sans culpabilisation.

Il arrive que la défense soit parfois conduite à « recréer par la parole ce qui a jailli hors de l'ordre discursif[27] » et à devoir tenter de comprendre chez le prévenu ou l'accusé le sens du déni de son acte. L'impossible aveu des faits par un client peut avoir toute sorte d'explications bien au-delà du procès ou de la justice : il peut s'agir de protéger un co-auteur jusque-là non identifié, il peut avoir une fonction de protection psychologique lorsque l'image de sa propre culpabilité peut être insupportable au prévenu ou à l'accusé ou même s'expliquer par l'espoir irrationnel d'échapper à une peine de prison.

Cela pose le problème si complexe pour l'avocat du principe de loyauté qui est au cœur même de son activité et auquel il ne peut échapper, tant dans ses relations avec son client qu'avec les magistrats. Au regard des intérêts de son client, l'avocat doit-il la vérité aux juges, ou en d'autres termes, peut il mentir ? Peut-on parler de « la vérité de son client » ? Une place est-elle libre pour le mensonge « officieux » ? L'utilité n'est-elle pas un critère plus important que la vérité ?

De la parole du client, du mensonge au critère d'utilité

Le mensonge n'a pas qu'un seul visage. Il existe en effet une multiplicité de mensonges, affichant des facettes logiques et psychologiques très différentes. Dans son acception simple, le mensonge est un déni de la vérité, de la réalité. Il nie ce qui est ou affirme ce qui n'est pas. Dans *Crime et Châtiment*[28],

[27] C. Cherki-Nickles, « Phénoménologie du procès pénal », in *Criminologie des psychiatries*, Ellipses, 1997, p. 595.

[28] F. M. Dostoïevski, *Crime et Châtiment*, 1966, trad. par D. Ergaz, Paris, Gallimard, « Bibliothèque de la Pléiade », 1950.

Raskolnikov dit au juge d'instruction Porphyre qu'il n'a pas assassiné l'usurière. Il avance le faux, alors qu'il sait le vrai qu'il choisit de dissimuler. Le menteur prend alors le risque d'être démasqué, même si la fausse version a quelquefois la puissance d'instiller le doute, même si celle-ci se révèle parfois plus plausible, plus vraisemblable que la réalité, parfois si étonnante qu'elle en devient peu crédible. Il existe le mensonge du mythomane qui s'enivre tellement de ses mystifications qu'il se persuade de leur vérité et finit par y croire lui-même. Il ne distingue plus le vrai du faux, il ne sait même plus qu'il ment. C'est ici le menteur de Corneille[29], coupé du réel. Il y a encore le mensonge pour nuire aux autres ou le mensonge par sympathie, pour aider l'autre et lui éviter la souffrance. Quand il n'y a pas de raison positive de dire la vérité, mieux vaut la taire. C'est ce que nous pourrions appeler le mensonge par omission.

Pour Alexandra Fabbri et Christian Guéry[30], respectivement philosophe et magistrat, pour qui la vérité est au cœur du procès pénal, il y a dans ce dernier « à la fois un attachement et une suspicion à l'égard de la notion de vérité ; comme s'il y avait dans la croyance à l'existence d'une vérité quelque chose de déraisonnable ou d'honteux ». Citant Domat qui définit la preuve comme étant « ce qui persuade l'esprit de vérité », ces auteurs nous ramènent à cette confrontation infinie entre « une » vérité et « la » vérité. « Sachant que son client est coupable, l'avocat peut-il laisser entendre au jury qu'il ne l'est pas ? Jusqu'où l'avocat peut-il aller s'il sait que son client se parjure ? » En quelque sorte, se demandent les auteurs, existe-t-il une place pour le « bon mensonge », celui que le sage évite pour lui-même, mais ne blâme pas ?

Un avocat[31] semble le croire : « Contrairement au droit anglo-américain, en droit français [écrit-il], la personne poursuivie (ou poursuivante) ne jure pas de dire la vérité... Oui, nos clients ont le droit de mentir et nous avons le devoir de les suivre... Est-ce que nous devons conseiller à nos clients de mentir ? La réponse est ici plus nuancée... Ce n'est pas une position morale, c'est une position utilitaire : est-ce que c'est utile pour mon client ? Quatre-vingt-dix-neuf fois sur cent, ça se retournerait contre lui. Je lui dirai : "Votre position est absurde et les juges vont vous le faire payer très cher." Et une fois sur cent ?

[29] P. Corneille , *Le Menteur*, Paris, Gallimard, « Folio-théâtre », 2000.

[30] A. Fabbri, Ch. Guéry, « La vérité dans le procès pénal ou l'air du catalogue », *Rev. sc. crim.*, 2009, p. 343.

[31] *Le Baromètre du barreau,* EFB, Paris, 18 juillet, 2008.

[...] Nier contre l'évidence, le syndrome de l'erreur judiciaire... pour pouvoir dire à ses enfants "je ne suis pas un monstre"... Vous pouvez être obligé de plaider l'implaidable à ses côtés, c'est-à-dire de mentir... accompagner ses mensonges pour le sauver... faire comprendre au juge et aux jurés pourquoi l'accusé tient cette position indéfendable... la famille ne comprendra pas que vous êtes en train d'avouer pour lui, à demi mot, ce qui ne sera accessible qu'à la cour... » Ces propos tenus par un avocat confirment que l'utilité peut apparaître un critère plus important que la vérité et qu'une liberté est donnée à l'expression de l'avocat. Tout ceci met en évidence, au-delà de l'élaboration d'une stratégie de défense, la difficulté, jamais insurmontable, du praticien dans l'exercice de son noble métier. Le mensonge est là porteur d'une vérité humaine, ce que Vladimir Jankélévitch appelle « le mensonge par amour » dans le *Traité des vertus*.

Pour M. Jean Carbonnier, le jugement est un « doute qui décide[32] »... À l'avocat de peser sur ce doute. Laissons témoigner une avocate du barreau de Paris à propos d'une affaire, expliquant pourquoi il vaut mieux avoir un doute sur la culpabilité de son client :

> Il y a des dossiers où vous savez parfaitement ce qu'a fait votre client et vous ne pouvez pas en parler devant la Cour. Je citerai ici un des dossiers que j'ai défendu devant le tribunal correctionnel et ensuite devant la cour d'appel. C'était un client qui avait eu une bagarre avec X. Il m'a affirmé que c'est lui qui l'avait tapé, mais dans le dossier c'était X qui avait commis l'acte. Quand vous obtenez une relaxe en première instance et une confirmation en appel alors que vous savez que votre client est coupable, c'est une victoire et en même temps, c'est très difficile à porter parce que vous vous dites : "Il ne faut surtout pas que la vérité que je connais puisse influer sur ce que je vais dire à l'audience." Il vaut mieux ne pas savoir la vérité. Il faut mieux avoir des doutes, puisque le doute profite toujours à l'accusé. Là, c'était sur un dossier sans impact. C'était une bagarre entre deux hommes. Maintenant, si vous réussissez à faire acquitter votre client pour viol, alors que vous savez qu'il a commis ce viol, c'est très difficile à porter. C'est pour cela que je dis qu'il vaut mieux ne pas connaître la vérité (Entretien n° 6).

Vaut-il mieux, comme le dit cette avocate, ne pas connaître la vérité des faits et avoir un doute sur la culpabilité de son client ? Pour André Damien :

32 J. Carbonnier, *Sociologie juridique*, Paris, Puf, 1978, p. 194.

« L'avocat ne peut exprimer une opinion erronée alors qu'il connaît la réalité ; il ne peut, sous peine de perdre son âme, sa dignité et son honneur, mentir sciemment devant le juge.[...] La fin ne justifie pas les moyens, il doit exposer sa vérité, celle que son client lui a enseignée mais à condition qu'il l'admette comme une vérité possible. [Et il ajoute, moins strict ou bien plus net :] [...] débattre du cas où l'accusé a avoué sa culpabilité à son avocat en lui demandant toutefois de plaider son innocence ; la discussion est assez théologique et la réponse généralement donnée est que l'avocat doit se démettre. Nous ne sommes pas d'avis que la morale professionnelle le lui impose, si le dossier permet de plaider l'acquittement ou la relaxe, l'avocat peut (doit) le faire, malgré la connaissance qu'il a de la culpabilité de son client...[33] »

Aux yeux de Benjamin Constant[34], dire la vérité n'est pas un devoir absolu. Le principe moral selon lequel il y aurait un devoir de vérité, à n'importe quelle condition, à n'importe quel prix n'est pas tenable. Car le mensonge est nécessaire à la vie en société. Il se démarque de la position de Kant[35] qui prône la vérité comme un devoir sacré. Arthur Schopenhauer[36], auteur d'une morale de l'empathie, autorise aussi le mensonge en cas de légitime défense et pour prévenir la malveillance d'autrui. Pour l'avocat, l'essentiel est de convaincre. De la question de la vérité et du mensonge, on passe à celle de la croyance. Bien plus que l'enjeu de la vérité, la bataille de l'avocat est de faire en sorte que son récit devienne crédible. Une histoire est racontée par le dossier, une autre par le client. Le rôle de l'avocat est de donner à son client toutes les cartes qu'il a en main, notamment celles qui consistent à ne rien dire ou à ne pas dire la vérité. Comme l'explique Pascal Garbarini[37], avocat au barreau de Paris et défenseur dans l'affaire Yvan Colonna, si le dossier a des failles qui ne permettent pas d'accabler le client, il est évident que les clés de la culpabilité ne doivent pas être dévoilées. L'avocat plaide par rapport à cette histoire, cette alchimie qui repose sur la compatibilité entre les éléments du dossier et la parole du client.

---

33 A. Damien, « Histoire et évolution de la plaidoirie », *Gaz. Pal.*, 1982, 2, Doctrine, p. 378 sq.

34 B. Constant / E. Kant, *Le Droit de mentir*, Mille et une nuits, « La petite collection », septembre 2003, 94 pages.

35 E. Kant, *Théorie et pratique sur un prétendu droit de mentir par humanité*, Paris, Vrin, 1992.

36 A. Schopenhauer, *Le Fondement de la morale* (1840/1861), nouvelle trad. par Christian Sommer, Paris, Gallimard, « Folio », 2009.

37 Propos recueillis par Bérénice Halphen, *Télérama*, 3317-3318, 7 août 2013, p. 43.

Autrement dit, la défense est un discours pluriel qui ne peut être atomisé, univoque. Dans le cadre de la défense, la notion de vérité ne peut être absolue. S'il doit y avoir une vérité, c'est une vérité de fait et non une vérité rationnelle. La vérité ne peut pas être une norme au sens de ce qui régule l'instruction et les enquêtes parce que l'on ne peut pas réellement la connaître, et elle ne peut pas être un but ultime au sens où elle n'est pas une valeur intrinsèque, bien qu'elle puisse avoir une valeur instrumentale. Comme le note la conclusion de l'ouvrage *Le Procès pénal : enjeu de droit, enjeu de vérité*, la vérité judiciaire est toujours artificielle. Elle est « le fruit d'une sélection de faits dirigée par la mémoire de ceux qui y ont assisté et d'un travail intellectuel d'interprétation de la loi, de son application aux faits sélectionnés et de la disponibilité des preuves[38] ». Le tri des arguments qui seront utilisés par la défense demeure une question morale, puisque l'avocat devra garder à l'esprit que le dévoilement de certains faits pourra avoir des conséquences pour les proches du client, sur les suites de son existence, ou sur le procès lui-même.

On est loin ainsi des théories de John Spencer, Barbara Deleuze et David Vorms pour qui, derrière les divergences entre les systèmes de preuve, se cache un but unique : la manifestation de vérité[39]. On peut admettre qu'il y a d'autres objectifs légitimes qui viennent limiter la recherche de vérité : l'objectif d'équité et d'égalité qui conduit à rejeter certains modes de preuve qui n'auraient pas respecté le principe du contradictoire ; le respect de droits fondamentaux tel le droit à la vie privée ou le droit à la dignité de la personne d'où résulte le rejet de moyens de preuve obtenus par la torture ou par des traitements inhumains ou dégradants. Le souci de légitimité est ainsi supérieur au seul désir de vérité et aura pour souci de disqualifier une preuve qui serait pourtant de nature à établir une vérité ou, à l'inverse, à établir une proposition qui n'emporte pas la conviction du juge. Comme l'écrit Denis Salas : « Pesant le pour et le contre, le juge évalue moins des arguments de vérité que des arguments de plausibilité. Il inscrit moins le partage de l'innocence et de la culpabilité dans un rapport de vérité que dans un rapport de vraisemblance[40]. »

---

38 V. Ferrari, E. Rude-Antoine, « Synthèse et Conclusions » *in* E. Rude-Antoine (dir.), *Le Procès pénal* : *enjeu de droit, enjeu de vérité*, Paris, Puf, 2007, p. 391.

39 J. Spencer, B. Deleuze, D. Vorms, « La preuve, une question inclassable », *Archives de politique criminelle*, 1993, 15, 37.

40 D. Salas, *Du procès pénal*, Paris, Puf, 1992, 1ère édition ; Coll. « Quadrige », 2010.

Il nous faut aller plus loin dans la réflexion. Si le modèle inquisitoire a longtemps marqué l'exercice de la défense pénale en lui donnant une place seulement au moment de l'audience de jugement, depuis quelques décennies, les progrès législatifs se sont inspirés du modèle du procès équitable. Comme l'explique Jean Danet : « Ce modèle irrigue l'ensemble de nos procédures. [...] Le principe du contradictoire, et plus largement, l'égalité des armes constituent les notions par lesquelles la défense pénale pense l'évolution de ses droits, mais aussi de ses fonctions et ses responsabilités[41]. » Qu'en est-il réellement ?

[41] J. Danet, « Défense pénale », in L. Cadiet (dir.), *Dictionnaire de la Justice*, Paris, Puf, 2004, p. 309.

CHAPITRE 5

Vers l'égalité des armes ?

Les mutations de la défense pénale décrites précédemment de manière nécessairement synthétique ne sauraient donner une image complète de la place accordée à l'avocat pénaliste dans cette nouvelle justice pénale qui s'est dessinée ces dix dernières années. Comme le dit Denis Salas : « Un procès pénal est fait pour mettre en récit la réponse d'une société au crime. Toutes ses phases successives – de l'arrestation à la peine – racontent la confrontation d'un homme avec la loi. L'intrigue du récit n'a qu'un enjeu : un jugement dont on attend la révélation d'une vérité (Cet homme est-il coupable ou non ? S'il l'est, quelle peine lui infliger ?)[1]. » L'égalité des armes implique le respect des droits de la défense et nécessite un débat contradictoire dans les différentes phases du procès. Elle est une composante autonome du procès équitable. Lors du procès, de la présomption d'innocence à la culpabilité de son client, l'avocat pénaliste reste le témoin privilégié de la condition judiciaire, des éventuelles injustices vécues et des détresses, notamment de la solitude de son client, totalement démuni devant les juges.

> Nous sommes dans un système où il existe une grande inégalité des armes, et c'est là le sens de mon intervention d'avocate. Dans ce système qui est fait pour juger, qui est fait pour condamner, le minimum que l'on puisse offrir à quelqu'un, c'est quand même d'avoir un avocat. [...] Un justiciable seul est totalement démuni face à des juges. D'abord parce que l'on ne parle pas le même langage, parce que l'on a beau être instruit, être intelligent, être juriste, quand on est accusé, que l'on vous reproche des faits et que vous comparaissez devant des juges, vous êtes comme un autre, complètement démuni (Entretien n° 7).

[1] D. Salas, *La Volonté de punir. Essai sur le populisme pénal*, Paris, Hachette, « Littératures », 2005 ; Paris, Arthème/Fayard, Coll. « Pluriel », 2010, p. 92.

En quelques mots, cette avocate affirme qu'il y a un déséquilibre flagrant entre les acteurs judiciaires et le prévenu ou l'accusé, postulat que l'on retrouve par ailleurs dans d'autres entretiens d'avocats pénalistes :

> Vous avez certains clients qui ont un niveau d'instruction très limité. Ces gens-là, devant leurs juges, s'ils n'ont pas un avocat qui les assiste, qui les aide à formuler certaines choses, qui fait un travail préparatoire, ils seront inaudibles et ils auront “un tarif”. Ce serait de l'injustice (Entretien n° 8).

L'égalité des armes est sans aucun doute une source d'inspiration pour la défense. Mais, elle n'a rien d'absolu même si elle peut être une quête infinie. Ainsi, dans l'intérêt de son client, l'avocat pénaliste ne peut pas exercer sa fonction sans faire respecter les règles du procès équitable, sans se soucier de la bonne mesure de la peine entre sévérité et clémence, sans être attentif au risque de discriminations devant la justice et sans prêter attention à l'influence des médias sur le déroulement du procès.

Faire respecter les règles du procès équitable

Les notes prises lors d'un procès devant la 18e chambre de la cour d'appel correctionnel de Versailles le mercredi 19 janvier 2011 offrent les premiers éléments à la réflexion. Ce jour-là, Viku Simao Francisco comparaît pour viol précédé, accompagné ou suivi d'actes de torture et de barbarie, requalifié violences volontaires avec armes sur le conjoint ayant entraîné une incapacité temporaire de travail supérieure à huit jours.

Les faits sont les suivants : le 3 septembre 2007, la victime avait déposé une plainte contre cet homme avec qui elle était mariée selon la coutume, au motif que celui-ci l'avait emmenée de force dans la cave après qu'elle eut avoué l'avoir trompé. Le 4 septembre 2007, Viku Simao Francisco avait été mis en examen puis incarcéré après une garde à vue. La victime avait déclaré le 29 septembre 2007 abandonner toutes les poursuites formulées à l'encontre de son compagnon et vouloir que le mis en cause regagne son foyer, où ses enfants et elle avaient besoin de lui. En première instance ni le prévenu, ni la victime n'étaient présents, huit mois fermes avaient été prononcés à l'encontre de Viku Simao Francisco. Selon les termes de l'ordonnance de renvoi devant le tribunal correctionnel et de non lieu partiel du 28 aout 2009 reprenant le procès-verbal, dans la cave, Viku Simao Francisco l'avait obligée à se déshabiller, avait bloqué les portes, avait menacé de la tuer si elle criait. Il avait remonté ses vêtements dans la maison. Il était redescendu avec du piment et du sel, s'était emparé d'un câble électrique avec lequel il lui avait porté des coups sur le dos et les fesses, puis avait mélangé piment et sel pour lui appliquer avec les doigts, de façon violente, dans le vagin et dans l'anus. Pendant toutes ses violences, il l'insultait tandis qu'elle lui demandait pardon.

L'avocate eut fort à faire : devant le réquisitoire de l'avocat général, insistant sur la gravité de cette dispute conjugale, « des violences physiques répréhensibles, inacceptables, cette affaire aurait pu passer devant la cour d'assises ». Puis à propos des variations, des déclarations de la concubine et de son retrait de plainte trois semaines après : « Cela montre sa soumission plus qu'autre chose. C'est la preuve du renoncement, de l'acceptation de la situation même quand la vie est affreuse. » Et rappelant les bonnes vieilles querelles conjugales où les assiettes volent dans la cuisine : « Rien de tout cela. Ici, c'est l'application du droit de correction de l'homme sur sa femme. Et Monsieur a le toupet de dire : "Je souffrais trop". »

Dans son argumentation, l'avocate avait mis en avant tout d'abord le procès que Viku Simao Francisco n'avait pas eu : « Pourquoi cet appel ? Il faut un procès, lorsque l'on a fait cinq mois d'incarcération, pour pouvoir tourner la page, dépasser cela. Il est important pour mon client de passer devant une juridiction et de s'expliquer. Il faut que les choses ne restent pas dans la nature ou que sur le papier. » Elle avait ensuite donné des éléments sur la vie actuelle du prévenu, six enfants à charge, un travail régulier, et insisté sur le fait que les actes de violences étaient anciens. Elle avait encore plaidé la distance culturelle évidente qu'elle a elle aussi avec ces pratiques, le fait qu'elle soit une femme et que son métier d'avocate lui commande la défense de son client qui, lui, est issu de cette culture congolaise et qui finalement, même en France, n'a jamais vraiment connu autre chose, une autre conception de la relation conjugale. « On n'est pas au Moyen-Âge mais dans le cadre de deux personnes congolaises qui ont mis dans leurs valises ce rapport de soumission, je n'y adhère pas. Le mari est autoritaire et la femme soumise. C'est dans leurs traditions. [...] Ces traditions et ce comportement autoritaire du mari qui n'excusent rien montrent que l'on n'a pas les mêmes paramètres. »

Si l'avocat général demande une sanction plus lourde, douze à dix-huit mois d'emprisonnement – « Vous n'auriez pas du faire appel ! » –, la défense ne veut surtout pas de retour en prison, une simple confirmation, et met en avant les faits anciens, le nouveau logement avec les six enfants, le casier judiciaire.

Évidemment, cette affaire appelle un commentaire. Dans sa défense, l'avocate met en avant l'importance pour son client de s'expliquer de ses actes, sans pour autant les justifier. Elle souhaite l'effet libérateur de l'audience, une vraie plaidoirie, publique, à la différence de l'instruction. Elle veut pouvoir descendre jusqu'au détail des circonstances et montrer tous les éléments contextuels visant ainsi à altérer le sens de l'acte commis lui-même. Cette avocate cherche ainsi à adapter cet acte qualifié de violence grave à la situation singulière de son client. Autrement dit, la défense pénale rappelle que tout prévenu ou accusé a le droit d'être entendu équitablement, publiquement. Elle fait respecter à sa façon les règles du procès équitable en essayant d'ouvrir la défense à d'autres vérités, ici culturelles. Dans l'intérêt de son client, elle commente les observations ou les preuves présentées par l'autre partie. Chaque partie a alors une chance raisonnable de faire entendre sa cause dans des conditions ne plaçant pas l'une d'entre elles en position plus avantageuse.

Se soucier de la bonne mesure de la peine, entre sévérité et clémence

Si la défense pénale cherche à faire reconnaître l'innocence de son client, lorsque la matérialité du fait reproché est reconnue, c'est sur la scène de la culpabilité et autour de la peine que l'avocat va se situer. La présomption d'innocence lui permet de débattre des preuves, de leur valeur et de leur légitimité face aux autres parties et aux acteurs judiciaires du procès. Le procès pénal a ainsi pour fonction de mesurer la responsabilité pénale du prévenu ou de l'accusé. La défense interroge le tribunal sur son approche de l'infraction, sur sa représentation de la gravité du délit ou du crime, éventuellement sur les fondements d'une répression discutable et pèse parfois sur la peine prononcée. L'avocat peut exercer une fonction de régulation des peines et rétablir une certaine justice – ni trop, ni pas assez :

> Vous avez des personnes qui sont frustres, qui ne s'expriment pas. Est-ce que les faits qu'elles ont commis sont pour autant plus graves que [ceux] d'un autre qui comparaîtra de manière sympathique devant ses juges ? Celui qui est renfermé, qui manque d'humour, est-ce que c'est juste qu'il prenne plus que celui qui est plus agréable, qui dit "je reconnais", qui a

> un sens de l'audience ? Non, ce n'est pas juste ! Et donc l'avocat peut permettre de rééquilibrer un peu tout ça (Entretien n° 7).

Car comme l'écrit Thierry Lévy : « Trop diminués ou meurtris pour se sentir d'avance coupables, les accusés font rarement l'analyse globale qui les amènerait à constater que la sévérité de la sanction est inversement proportionnelle au coût réel de l'infraction[2]. » L'art de défendre consiste à se soucier pour son client de la bonne mesure de la peine, entre la clémence et la sévérité. Toutefois, ce travail critique sur le choix de la peine reste fragile, comme certains avocats le soulignent à propos de certaines affaires, notamment en matière d'agression sexuelle ou de viol :

> On sait qu'à la cour d'assises de Paris, on a des décisions, notamment dans des dossiers de pédophilie, où il y a une dimension psychologique importante. On sait que les jurés y sont plus sensibles à certains arguments que dans des villes en province, comme à Draguignan. Devant la cour d'assises d'Aix, j'espère que l'on aura cette sensibilité-là et qu'on pourra mettre en avant ces arguments-là, d'autant que j'ai demandé à ce que l'audience dure deux jours alors qu'à Draguignan, elle a duré une journée. Condamner pour dix ans au terme d'une journée de débats, c'est une aberration. Imaginez-vous les jurés : ils ne connaissent pas le monsieur qui est accusé, ils le voient le matin, et le soir, et ils le font repartir avec dix ans de prison. Ce n'est pas normal qu'ils n'aient même pas une nuit de réflexion, de maturation. Cela s'est passé ainsi devant la cour d'assises de Draguignan. À Aix, il y aura deux jours d'audience. De plus, mon client n'a pas fait appel pour les intérêts civils, il a même exécuté la condamnation portée à son encontre sur le terrain civil. Il a indemnisé les parties civiles. Il reconnaît les faits, il leur a donné des dommages et intérêts. Il s'est acquitté de ce qu'il leur devait. Il fait simplement appel pour le quantum de la peine qui ne paraît pas justifié. Que l'on ne le condamne pas à dix ans pour satisfaire la société ! Ce n'est pas une peine juste à mon sens. Ce n'est pas une peine adaptée. Une peine plus juste, ce serait très certainement une partie ferme, de prison ferme (deux, trois, quatre ans), et une autre assortie du sursis avec surtout une injonction de soins, vérifier qu'il soit bien suivi, qu'il continue de voir un psychologue, ce qui est le cas. Mon client n'a jamais arrêté sa psychothérapie, il voit quelqu'un en prison, il est conscient du fait qu'il a eu des problèmes. Il faut savoir que cela rassure la société et les jurés de savoir qu'il est suivi. Mais le laisser dépérir en prison, avec tout

[2] T. Lévy, *L'Animal judiciaire*, Paris, Grasset, 1974.

> ce que ça comporte comme conséquences, comme dommages collatéraux, – sa femme qui a dix ans de moins que lui, qui évidemment vit la situation particulièrement mal, et ses parents qui sont malades, à moitié mourants, et ses sœurs –, ce n'est pas justifié. Il n'y a évidemment pas que lui en jeu dans cette détention qui, à mon sens, n'apporte pas grand-chose en soi. Ce n'est pas en prison que mon client progresse, qu'il mûrit, qu'il s'en sort. Pour moi, c'est un homme bien, malgré l'acte commis. C'est un type bien qui a eu des erreurs, qui les a comprises et qui a essayé de redresser la barre. Et son passé lui est revenu en boomrang. Il le paye trop cher à mon sens. (Entretien n° 9).

Ainsi, en comparant deux affaires de mœurs, l'une à Aix et l'autre à Draguignan, cet avocat explique que les conditions du procès ne sont pas les mêmes, et qu'il n'y a pas une égalité de traitement d'une affaire à une autre (place plus ou moins grande de la dimension psychologique). Il souligne que le procès pénal est de plus en plus une procédure close à la hâte en un ou deux jours, une procédure qui est plus « une instance de tarification de la peine[3] ». Il faut souligner ici que le problème posé par l'avocat, dans cette affaire qu'il a défendue, est celui de la peine juste, de l'exercice même de la justice. Il soutient que dans cette affaire de pédophilie, nulle considération n'a été accordée à l'utilité de la peine de prison, notamment sa capacité à aider l'accusé à ne plus commettre de tels actes. Il considère la peine injuste en ce sens où la peine prononcée, trop sévère, n'assure pas de son effet structurant pour l'accusé. Il aurait souhaité une peine moindre, plus de clémence de la Cour, montrant qu'elle reconnaît à l'accusé des capacités de dépassement et par là, ne le réduit pas à cet acte passé pour lequel il se trouve jugé. Cet avocat insiste sur l'absence d'égalité entre plusieurs affaires de pédophilie et s'interroge sur l'intérêt de la prison. Peut-on dire que la prison fait disparaître le déséquilibre créé par l'acte de pédophilie entre l'accusé et la victime ? Pour ce dernier, la prison, plus qu'elle ne corrige, constitue une soustraction qualitative, elle ne permet pas à l'accusé de progresser, de mûrir, de s'en sortir. L'art de défendre consiste ici à mettre en évidence l'histoire et la complexité de chaque situation – dans cette affaire, une psychothérapie en cours, une épouse à la maison, des parents très malades. L'avocat doit amener les juges à dépasser l'idée trop rigoriste que toute peine n'est pas assez grave par rapport aux faits jugés et à manifester une confiance dans un futur possible pour son client.

---

[3] D. Salas, *Le Procès*, op. cit., p. 153.

Dans le même esprit, une autre avocate du barreau de Paris affirme l'absence d'équité entre toutes les affaires. Elle cherche à en expliquer les causes : peines planchers[4], durcissement du système judiciaire, personnalité du juge.

> L'équité entre toutes les affaires est de plus en plus rare. On peut expliquer cela par le durcissement de la législation. On a enlevé au juge la possibilité de juger comme il veut. Il existe des peines planchers qui lient le juge. Et puis aussi, cela fait deux fois que j'obtiens des non-prolongations. Il y a mandat de dépôt puis, quatre mois après, le juge des libertés qui relâche, puis appel du parquet, et la cour d'appel le remet en prison. Cela m'est arrivé deux fois en trois semaines. Cela est lié à une volonté de durcir le système. Il y a aussi la personnalité du juge. Je sais d'avance devant quel juge l'affaire va passer, devant qui je plaide. Vous le dites à vos clients : "Vous tombez sur un magistrat qui écoute ou non" (Entretien n° 3).

Dans l'idée d'une absence d'égalité de traitement entre les affaires, une autre avocate du barreau de Paris rappelle l'effet du phénomène de disqualification, qui induit qu'un viol soit disqualifié et requalifié en agression sexuelle et que le prévenu jugé devant le tribunal correctionnel soit condamné à une peine très atténuée par rapport à un autre client qui aura commis le même viol, mais dont le viol n'aura pas été disqualifié et qui sera jugé devant une cour d'assises :

> Une même affaire jugée à Paris ou jugée à Aix-en-Provence ou ailleurs, strictement la même affaire, ne sera pas jugée de la même façon. Il y a une disparité quand même assez importante dans les décisions. C'est assez frappant. Vous avez aussi le phénomène de disqualification qui existe, c'est-à-dire que vous avez nombre de viols qui sont disqualifiés en agressions sexuelles, et donc là, vous basculez du jury populaire aux magistrats professionnels qui ont une jurisprudence. Pour une même affaire sur le plan des faits, vous aurez une jurisprudence qui sera très différente (Entretien n° 7).
>
> J'ai un exemple [ajoute-t-elle] : j'ai eu trois affaires de viol sur mineur de 15 ans. C'étaient vraiment des enfants. Plusieurs victimes viennent devant les tribunaux au moins quinze ans après les faits. L'affaire est disqualifiée, requalifiée en agression sexuelle avec l'accord des parties civiles. Donc, on

[4] La peine plancher ou peine minimale est une peine incompressible imposée par la loi. Ce type de législation est notamment critiqué car il entre en conflit avec le principe de l'individualisation des peines.

> passe devant le tribunal correctionnel, mon client est condamné à quatre ans de prison avec un sursis de mise à l'épreuve. C'est quelqu'un qui est pris en mains sur le plan psychiatrique, qui avait une totale conscience des faits qu'il avait commis, un repentir. Mais j'ai un confrère qui a, à peu de choses près, le même dossier, passé la semaine dernière devant la cour d'assises, dont le client avait été condamné à dix ans d'emprisonnement. Elle fait appel. En appel, elle prend un an de plus, onze ans. C'est la même affaire – plusieurs victimes, même âge, plusieurs faits – dans l'une il y a une requalification, dans l'autre il n'y a pas de requalification ; dans l'une vous passez devant le tribunal correctionnel, dans l'autre, vous allez devant la cour d'assises et vous avez quand même un différentiel qui est très important étant entendu que le prévenu dont je vous parle dans le premier dossier n'a pas fait un jour de détention. C'est quelqu'un qui a été suivi, pris en mains de façon extrêmement soutenue sur le plan psychiatrique, et manifestement ça semble marcher, puisque maintenant, depuis les faits qu'il a commis il y a peut être vingt ans, tout va bien ; et l'autre client, qui lui-même était pris en main sur le plan psychiatrique, est condamné à onze ans. Les mêmes arguments ont été considérés comme totalement inopérants. Il y a mandat de dépôt, il a onze ans à faire. Je ne saurais pas vous dire pourquoi il y a ces disparités (Entretien n° 7).

De même, cette même avocate dresse une panoplie de procédures (comparution immédiate, comparution menottée, comparution libre) qui induisent souvent des disparités des peines prononcées.

> Vous avez aussi les dossiers qui passent dans le feu, à chaud, et qui vont susciter une très grosse émotion, qui vont susciter une réaction extrêmement vive du parquet qui va se sentir dans l'obligation d'apporter une réponse ferme, un tribunal qui va suivre ; et puis vous avez la même affaire qui va faire l'objet par exemple d'une instruction, qui va venir à l'audience deux ans plus tard, qui nécessairement sera jugée de façon plus apaisée, parce qu'il y a une instruction qui se sera déroulée, la personne ne comparaîtra pas détenue, menottée mais elle comparaîtra libre. Elle aura eu le temps de constituer un dossier, de préparer les pièces. Il y a un cheminement personnel aussi, une réflexion quand les prévenus opèrent sur leur propre dossier. Quand vous comparaissez en comparution immédiate, on vous prend la main dans le sac. Il y a une seule réponse, c'est la répression (Entretien n° 7).

Rappelons d'ailleurs que la loi française ne donne pas aux magistrats d'indication sur les critères qui doivent les mener à déterminer la sanction.

Seul l'article 132-24 du Code pénal leur commande de prononcer des peines en fonction des circonstances de l'infraction et de la personnalité de son auteur. L'article 707 du Code de procédure pénale en son alinéa second précise que « l'exécution des peines favorise, dans le respect des intérêts de la société et des droits des victimes, l'insertion ou la réinsertion des condamnés ainsi que la prévention de la récidive ». Les lois plus récentes depuis 2001 donnent de nombreux exemples d'aggravation des peines, laissant ainsi au juge une liberté du choix de la peine. Le juge n'est pas lié, même si l'accusation et la défense partagent le même point de vue. Que ce soit le prévenu ou l'accusé, la victime, le ministère public ou la défense, chacun se trouve ainsi aux prises avec le choix de la peine ou avec celui de son « quantum ». Laissons s'exprimer en ce sens l'un des avocats de la défense dans l'affaire du bus incendié de Marseille :

> Ce qui m'intéresse en tant qu'avocat, c'est d'abord de savoir si la personne que je défends reconnaît les faits ou, si je suis partie civile, si mon adversaire reconnaît les faits ou ne les reconnaît pas. Parce qu'à un moment, la question est de savoir si on joue un acquittement ou un quantum des peines, ce qui n'est pas la même histoire ; et avant toute chose en défense, regarder si des nullités de procédure sont exploitables ou ne le sont pas. Voilà, globalement, quelles sont les préoccupations. Il faut savoir si on va accompagner le mouvement ou si on va chercher à contrarier le mouvement, le mouvement étant l'action publique dans le déroulé de l'instruction ou, dans les toutes petites affaires, garde à vue et audience[5].

Ici, le dialogue de l'avocat pénaliste avec son client est essentiel. Il implique que ce dernier ait réalisé un véritable travail de culpabilisation sur les faits qui vont être jugés. Il s'agit pour l'avocat de discuter du sens de la peine quand le prévenu ou l'accusé s'est engagé sérieusement dans une thérapie et a fait tout un cheminement par rapport à son acte, de s'interroger avec le client sur la durée du quantum et ses conséquences sur le maintien des liens affectifs ou au contraire sur les risques de destruction de toute leur affectivité. Il s'agit de ne pas oublier non plus de débattre avec le client du sens de la peine pour la victime.

Il apparaît que dans les prétoires, diverses théories sur les finalités de la peine sont à l'œuvre et diffèrent selon la culture et les choix idéologiques. Comme le précise Jean Danet, « si les acteurs du procès pénal empruntent à l'une ou à l'autre de ces théories, ils ont bien du mal souvent à comprendre

---

[5] Ph. Vouland, *in* J. Danet, *Des deux côtés de la barre*, op. cit.

comment ils ont retenu ce qu'ils pensent être une juste peine[6] ». Cet art de trouver pour chaque affaire le quantum de la sanction qui convient repose non pas sur des règles explicites, mais plutôt sur un intuition qui dépasse tous les acteurs du procès pénal.

« La vraie sagesse [disait Aristote] n'est pas la science : elle ne se déploie pas comme un système de propositions vraies. La vraie sagesse, c'est de prendre la décision adéquate à la situation donnée. Non pas la *bonne* décision car toute décision est déchirante mais la décision qui convient[7]. » Ainsi, la défense remplit une « fonction de régulation des excès répressifs » et une « fonction de critique des pratiques pénales et sanctionnatrices »[8] .

Être attentif au risque de discriminations devant la justice

Le mot discrimination vient du latin *discriminatio*, qui signifie séparation. Au sens courant, la discrimination est le fait de traiter de manière inégale et défavorable un ou plusieurs individus. De manière plus précise, il s'agit de distinguer un groupe social des autres en fonction de caractères extrinsèques (fortune, éducation, lieu d'habitation, etc.) ou intrinsèques (sexe, âge, origine ethnique, etc.), afin de pouvoir lui appliquer un traitement spécifique, en général négatif. La discrimination est ainsi une attitude de différenciation objectivement injustifiée. Elle est considérée comme une violation du principe d'égalité. Il n'est donc guère étonnant dans ce chapitre, de s'interroger sur l'influence des caractéristiques du client – son genre et son âge – dans cette rencontre avec l'avocat, ou inversement, des caractéristiques de l'avocat – son genre et son âge – dans cette relation avec son client. Le droit à la défense pourrait-il être malmené du fait de risque de discriminations ?

Selon les avocats, la clientèle est majoritairement masculine, jeune, âgée de moins de 30 ans. Pour la plupart d'entre eux, au-delà des caractéristiques démographiques de leur client, l'enjeu important reste le dossier, qui diffère d'une affaire à l'autre et qui exige de plus en plus d'attention :

> La majorité des délinquants sont des hommes plutôt jeunes. Ils ont entre 20 et 45 ans. Il est certain que si vous avez devant vous un adolescent de

---

[6] J. Danet, *Défendre. Pour une défense pénale critique*, op. cit., p. 249.

[7] A. Garapon, J. Allard, F. Gros, *Les Vertus du juge*, Paris, Dalloz, 2008, p. 154.

[8] J. Danet, *Défendre. Pour une défense pénale critique*, op. cit., p. 245.

> 14 ans, ou une jeune femme de 35 ans qui a un enfant ou qui est enceinte, ou un monsieur de 75 ans, ce sont là des personnes qui sortent du panel le plus courant et qui ont souvent des parcours plus atypiques que les autres. Mais on a un dossier avant tout. Il y a aussi l'aspect humain. On peut avoir en face de soi une personne qui est âgée de 85 ans, qui est odieuse. Le fait de défendre une femme ou un homme ne contribue pas à l'intérêt que je pourrais avoir pour un dossier (Entretien n° 7).

> La délinquance féminine est plus marginale. Inconsciemment, ça jouera. C'est difficile de vous répondre, chaque dossier est différent, on essaie de les défendre le mieux possible en utilisant les arguments que l'on a. Aux assises en particulier, qui sont des moments très forts, avec une part importante de stress et d'angoisse pour nous, il y a une solennité plus importante. On peut dire que l'on traite tous les accusés de la même façon, on donne vraiment tout ce qu'on a dans tous les dossiers d'assises, c'est sûr. On peut se rater sur des plaidoiries, ça arrive, on n'est pas toujours satisfait de soi. Mais jamais, pour un procès d'assises, je ne peux me faire le reproche de ne pas être prête. Même si on est en retard, on y passe la nuit mais on est toujours prêt et on fait le maximum. Cela peut être moins vrai pour des dossiers en correctionnel où l'on peut être pris par le temps : il y aura peut être des injustices, le travail aura peut être été moins scrupuleusement fait (Entretien n° 9).

Dans le même esprit, si plusieurs avocats du barreau de Paris insistent sur le fait que l'âge ou le genre de l'accusé n'interfèrent pas dans leur plaidoirie, ils apportent quelques nuances à leurs propos, et notamment soulignent le risque d'un transfert entre l'avocat et son client.

> Personnellement, je ne pense pas que le fait qu'une femme soit plus âgée que moi, plus jeune ou qu'elle ait le même âge, ou le fait que je défende un homme ou une femme, interfère dans ma plaidoirie. Pas du tout. Je dis "pas du tout"... Ce n'est pas tout à fait exact. Il peut y avoir des cas dans lesquels, effectivement, vous pouvez faire un transfert. Vous pouvez vous dire : "Moi aussi, cela aurait pu m'arriver. Moi aussi, un jour, je peux prendre ma voiture..." Vous avez des dossiers de blessures involontaires, d'homicides involontaires en voiture. Cela peut arriver à n'importe qui en sortant de chez soi, au volant de sa voiture. On peut évidemment, dans une plaidoirie, ramener des dossiers à des éléments de sa vie personnelle. On peut même soulever l'attention du tribunal en disant : "Mais vous, Monsieur le Président, vous Monsieur, Madame, peut-être que vous auriez

> pu, en prenant votre voiture ce matin, alors que vous n'aviez pas bu, alors que vous n'étiez pas sous l'emprise de stupéfiants, renverser une personne" (Entretien n° 6).

Mais encore, si les avocats reconnaissent l'importance de défendre de manière identique tous leurs clients, qu'il soit homme ou femme, ils rappellent que chacun a sa sensibilité et que cela peut induire un plus ou moins grand engagement dans les affaires qu'ils prennent en charge.

> Le fait que le prévenu soit un homme ou une femme ne modifie pas ma défense. Je suis censé défendre tous mes clients de façon identique et avec la même conviction et la même force. Maintenant, il est évident que l'on est des hommes et que l'on a tous des sensibilités différentes, qui font que l'on est plus ou moins engagé dans un dossier à cause de différents critères – les faits qui vous touchent plus ou moins, la personne qui vous touche plus ou moins, les circonstances. On ne peut pas s'empêcher d'avoir une attirance pour certaines personnes, que ce soit des amis ou des clients. Ce Polonais dans l'affaire dont je vous ai parlé, il m'insupportait en tant que personne. C'était vraiment quelqu'un avec qui je n'arrivais pas à échanger, que j'allais peu voir en prison parce qu'il y avait la barrière de la langue, en plus ce n'était pas quelqu'un de sympathique, [il était] extrêmement fermé, extrêmement froid, et il n'avait pas non plus les capacités de remise en cause. Il ne m'aidait pas à faire mon travail. Je n'avais pas d'empathie pour lui mais parce que j'avais l'impression qu'il s'agissait d'une injustice, je ne me suis pas laissé faire. En plus, je n'avais aucune conviction dans le fait qu'il ait commis ou pas les faits. Il se trouve que j'ai des clients pour lesquels j'ai une affection particulière, pour des raisons que parfois je ne maîtrise pas d'ailleurs. Parce qu'ils sont sympathiques, parce qu'ils me touchent particulièrement, parce qu'ils ont commis la bêtise de leur vie et qu'ils en ont conscience tout de suite et que, du coup, ils se rapprochent de vous. C'est terrible à dire, mais dans ces situations, on a l'impression d'avoir un pseudo alter ego. Évidemment, cela est plus facile avec des interlocuteurs qui se mettent à votre niveau, qui ont un certain niveau d'échanges, de langage, intellectuel. C'est sûr qu'avec le réfugié politique libanais qui ne parle pas bien la langue, qui a commis des faits qui semblent très éloignés de ce en quoi vous pourriez vous projeter, vous n'avez pas beaucoup de proximité ; alors qu'un braqueur qui du jour au lendemain a décidé de faire ça avec ses copains, a ruiné la vie de sa famille et vous parle de ses enfants avec tout le langage qui vous touche, vous avez évidemment plus de facilités à vous mettre à sa place. C'est totalement arbitraire finalement (Entretien n° 13).

Ainsi, une partie des avocats rencontrés affirment avoir une ligne de défense identique pour tous leurs clients ; ils manifestent ainsi leur souci de ne pas avoir d'attitudes discriminatoires. Mais certains d'entre eux émettent quelques réserves : selon le transfert, l'empathie, la sympathie avec celui-ci… Il y aurait pour ces avocats, tout de même, des éléments subjectifs qui interfèrent dans la défense du client.

D'autres avocats disent clairement utiliser toutes les arguments possibles – l'âge, le genre – pour défendre au mieux leur client : « Elle n'avait plus rien de féminin », « J'ai plaidé le calvaire de cette femme que je comprenais », dit une avocate. Ces pénalistes essaient de se mettre à la place de leur client. Ils peuvent imaginer que le client est leur mère, leur sœur :

> Je me rappelle très bien d'une affaire où je plaidais. Une femme était incarcérée pour abus de biens sociaux. Très grosse affaire en province. Je suis allée la voir à Fresnes, et cette femme m'expliquait que la première fois que l'on arrive en prison, même s'il est quatre heures du matin, on prend une douche de la tête aux pieds, il n'y pas de séchoir – et à l'époque j'étais jeune. Pas de séchoir, pas de vernis… Elle n'avait plus rien de féminin. Je me rappelle que l'on a demandé la liberté devant le juge d'instruction, et la liberté a été rejetée. On a fait appel, je crois que c'était devant la cour d'Amiens, et j'ai plaidé le calvaire de cette femme, que je comprenais combien il était difficile d'avoir perdu toute sa féminité. Quand j'ai reçu l'ordonnance de placement judiciaire, je n'y croyais pas. Je ne sais pas si cela a eu un impact. Mais je m'étais mise à sa place et cela m'avait tellement touchée… Je leur disais : "Vous vous rendez compte, en plus d'être en prison, elle n'a plus rien de féminin." Je pense que cela a joué. Je crois que les magistrats ont besoin de se mettre à la place de la personne qu'ils jugent pour comprendre la réelle dimension qui est en jeu (Entretien n° 3).
>
> J'essaie de trouver des clés dans la vie de mon client. Aujourd'hui, j'ai 35 ans. Je ne suis pas encore maman, je suis belle-maman. Si vous voulez, je me place encore en termes d'enfant. Si j'ai une femme plus âgée, pour la défendre j'essaie d'imaginer qu'elle aurait pu être ma mère, si je défends une personne qui a mon âge, j'essaie d'imaginer une sœur, et si je défends quelqu'un qui est beaucoup plus jeune, j'imagine ma petite cousine. Je défendrai peut-être différemment. Je pense que l'on ne peut pas faire ce métier là si on n'aime pas l'être humain. C'est certain qu'une femme qui a commis sa première infraction à 55 ans et qui a un casier vierge, je joue là-dessus en disant "ce

n'est pas anodin, c'est plus la résignation, c'est souvent un constat de sa vie ; ce n'est pas une vraie délinquante, elle n'a pas la personnalité délinquante, c'est un acte isolé dans sa vie" (Entretien n° 3).

Les caractéristiques de l'avocat – son genre et son âge – n'ont pas non plus d'incidence sur la fonction de défense pénale. On aurait pu en effet penser avec de nombreux auteurs qu'il existe des différences de jugements moraux entre les sexes[9] et que cela aurait pu induire la manière de défendre le client. Carol Gilligan, dans ses critiques de la théorie de la morale restreinte de la justice, note que les hommes et les femmes ont des orientations morales différentes, les hommes étant plus tournés vers la justice, les femmes vers la sollicitude[10]. Mais rien, dans nos donnés recueillies, ne permet de confirmer cette théorie. Le récit de cette avocate du barreau de Paris ne soulève aucune ambiguïté.

> Pour moi, la défense n'a pas de sexe ; peut-être que je vais plaider différemment d'un homme mais pour moi, ce n'est pas le critère. Je pense qu'il n'y a pas de sexe intellectuellement (Entretien n° 14).

Toutefois, il arrive qu'un accusé homme impliqué dans un viol ou une affaire de proxénétisme fasse volontairement appel à une avocate, pensant que le jury sera plus compréhensif, et clément, du fait qu'une femme ait accepté de le défendre. L'avocate peut être pressentie comme une caution morale. C'est ce que livre la lecture de plusieurs entretiens recueillis :

> Il y a certains accusés de viol devant la cour d'assises qui décident de prendre comme avocat une femme. Ils se disent que c'est quand même bien que ce ne soit pas un homme qui défende cela. Et que si une femme est capable de le défendre, son cas peut être défendable et que ça passera peut-être mieux par rapport au jury (Entretien n° 6).
>
> Choisir, pour un agresseur sexuel, une femme comme avocat, cela me semble trop sophistiqué comme raisonnement. Soit ils sont psychotiques et là la question pourrait se poser, notamment chez les schizophrènes. J'en ai beaucoup, ils sont relativement intelligents, relativement cultivés, avec une réflexion, mais ce n'est pas la question qu'ils se posent. Soit ce sont des pervers, alors là, ils jouissent de vous faire les défendre, ou bien ils ont les facultés mentales altérées, et c'est un peu compliqué au niveau du

---

[9] J. Wilson, *The Moral Sense,* New York: Free Press, 1993.

[10] C. Gilligan, *In a Different Voice: Psychological Theory and Women's Development*, Cambridge MA, Harvard University Press, 1982.

> dialogue… C'est davantage avec le pervers bien inséré dans la société. C'est plutôt dans les affaires de proxénétisme où j'ai eu des proxénètes qui disaient "je trouve très bien que vous me défendiez parce que vous êtes une femme" ; donc défendre un proxénète, qui est dans la maltraitance avec les femmes, effectivement, c'est comme une caution morale. Mais il n'y en a pas beaucoup qui ont cette réflexion-là (Entretien n° 14).

La défense est ainsi chaque jour témoin de notre société, de sa justice mais aussi de ses failles. Comme l'écrit Jean Danet : « La défense peut bien espérer dans ce combat judiciaire l'égalité des armes, elle ne pourra faire l'économie de sa confrontation aux charges dont l'inégale qualité est la caractéristique essentielle[11]. » Elle ne pourra faire non plus l'économie de la médiatisation des procès avec toutes ses conséquences pour son client.

Prêter attention à l'influence des médias sur le déroulement du procès

Relatant son parcours, Henri Leclerc évoque l'affaire Roman et les dangers de ce qu'Antoine Garapon appelle « la délocalisation de la scène judiciaire dans les médias[12] ». Il nous dit combien les médias peuvent nuire au prévenu et à l'accusé et mettre en péril par les armes redoutables des micros, et des caméras, la présomption d'innocence : « L'affaire Richard Roman figure parmi celles qui m'ont le plus marqué. En 1988, j'avais appris par la presse, comme tout le monde, le viol et l'assassinat de la petite Céline Jourdan, âgée de sept ans. L'opinion se déchaînait sur les deux marginaux qui avaient avoué les faits. […] Didier Gentil accusait Roman de l'assassinat. Roman avait confirmé cette version des faits à la gendarmerie avant de se rétracter. Je me souviens qu'à l'époque *Le Quotidien de Paris* m'avait demandé mon sentiment relatif à un éventuel rétablissement de la peine de mort, que certains réclamaient en raison de l'horreur des faits. J'avais manifesté une nouvelle fois mon hostilité à l'égard de ce châtiment inhumain. J'avais aussi rappelé incidemment le principe de la présomption d'innocence, totalement bafoué, que les aveux de Roman ne devaient pas suffire à écarter. Cet article a amené ses frères, convaincus de son innocence, à me contacter. […] Après l'avoir rencontré à la prison des Baumettes, j'ai été moi aussi totalement certain de son innocence. Nous sommes entrés dans une affaire de violence inouïe. Le climat était effrayant. Aux yeux de la famille de la petite Céline, j'étais le

---

11 J. Danet, *Défendre. Pour une défense pénale critique*, ibid., p. 179.

12 A. Garapon, *Bien juger, Essai sur le rituel judiciaire*, Odile Jacob, 1997, p. 267.

complice des assassins. Cela a culminé quand il y a eu la reconstitution des faits, dans une atmosphère de quasi-émeute [...]. Les gendarmes que je devais tant mettre en difficulté lors du procès étaient présents ce jour-là, le 16 juin 1989. Toujours est-il que je me suis fait casser la figure. Tout le monde a vu ces images spectaculaires. [...] Il y a enfin eu des réactions dans l'opinion publique. [...] Un article d'Agathe Logeart dans *Le Monde* rappelait les droits de la défense. [...] Les manières de procéder qui ont abouti à l'arrestation, à la longue détention de Roman et à son lynchage médiatique sont comparables à ce qui s'est passé quinze ans plus tard à Outreau. Cela s'est bien terminé dans l'affaire Roman. [...] Oui, les mêmes causes produisent les mêmes effets. Il y a encore des innocents en prison. Il ne faut jamais baisser les bras[13]. » De même, à propos de l'affaire Bertrand Cantat, Olivier Metzner raconte les risques de l'impact de la presse sur la décision de justice : « Certains de mes clients ont appris leur mise en examen par les journaux. À partir du moment où les médias vont plus vite que la justice, l'avocat doit s'inscrire dans ce rythme et plaider sa cause auprès des journalistes. [...] Dans le cas de Bertrand Cantat, c'était une horreur. Cela pouvait aller jusqu'à cinquante coups de fil par jour. Quand il arrivait à l'audience au tribunal de Vilnius, il avait cinquante objectifs en face de lui. Là-bas, c'est légal. [...] Dès que vous êtes présenté comme coupable, cela a un effet sur la justice. L'avocat est donc obligé de jouer avec les médias. Si les journalistes ont la parole d'un avocat en qui ils croient, ils en tiendront compte dans ce qu'ils écriront. Ils ne sont pas le porte-parole de l'avocat, mais l'avocat peut les convaincre que ce que l'on raconte par ailleurs n'est pas forcément la réalité. Le client ne souhaite pas que l'on parle de lui. Parler de lui dans la presse, c'est déjà le présenter comme coupable[14]. » Alain Molla, avocat de la partie civile dans l'affaire du bus incendié de Marseille, raconte comment la famille de Mama Galledou apprenait par la presse l'état de santé aggravé ou en amélioration de leur fille.

> J'ai été sidéré de voir combien son état évoluait avec lenteur. On est deux ans après, elle est toujours avec des soins, je dis bien quotidiens. La difficulté de communiquer avec elle a été constante, permanente et j'avoue que plus cet état de santé était présenté – on parlait tout à l'heure de la garde à vue, de la pression médiatique, de l'actualité de tout ce qui était revendiqué chaque jour

[13] Entretien avec Henri Leclerc, in Ch. Perrin et L. Gaune, *Parcours d'avocats(e)s*, préface par Ch. Charrière-Bournazel, *op.cit.*, p. 114 sq.

[14] Entretien avec Olivier Metzner, *ibid.*, p. 148.

> par la presse, dans ce devoir d'information sur cette affaire… Mais chaque jour, il y avait un communiqué de presse de l'hôpital pour dire où elle en était, et le pronostic vital a duré, a été très incertain pendant près de deux mois. On avait cet espèce de paradoxe qui a amené un jour Monsieur Galledou a réagir : lui-même et la famille apprenaient son état de santé aggravé ou en amélioration dans la presse avant de l'apprendre du médecin en question. Donc il a fallu que l'on intervienne. Ce que je veux dire par là, c'est que la présence, la situation de santé de la victime étaient tellement une obsession des uns et des autres que j'avais ressenti la nécessité d'éviter peut-être qu'elle soit au centre du procès pénal. Inévitablement, elle l'est devenue, et c'est « l' affaire de Mama Galledou » plus que « l'affaire du bus »[15].

Voilà donc présentées différentes affaires où les médias et la presse ont été fort présents. Cela montre qu'il ne suffit pas, pour l'avocat pénaliste, de connaître le droit auquel se rattache l'infraction, mais qu'il doit aussi prendre conscience que l'intérêt des médias pour les affaires pénales peut avoir des conséquences préjudiciables pour son client, et sur l'issue du procès. On peut dire, à propos des médias, que « leur vérité n'est pas celle de la justice et leurs moyens d'y parvenir non plus. Leur vérité est multiple, changeante sans le moindre complexe, puisque précisément, sa qualité première doit en être la nouveauté. Le procès des médias n'a rien du procès équitable, il en est l'envers, comme une inquisition moderne qui aurait troqué le secret de l'enquête pour la publicité[16] ». L'expression de l'avocat en dehors du prétoire risque d'aller à l'encontre des garanties judiciaires nécessaires à un procès équitable.

Ainsi, le simple constat que l'égalité des armes dans le procès équitable fasse défaut pour des causes multiples (effet du phénomène de disqualification, peines planchers, durcissement du système judiciaire, personnalité du juge, diversité des procédures avec des disparités des peines), qu'il y ait un risque, certes limité, de discriminations devant la justice (selon l'âge et le genre du client ou de l'avocat), et qu'il y ait une influence des médias sur le déroulement du procès offre l'occasion de prolonger la réflexion sur les lignes de la défense pénale.

---

[15] A. Molla, *in* J. Danet, *Des deux côtés de la barre*, op.cit.

[16] J. Danet, *Défendre. Pour une défense pénale critique*, op. cit., p. 118.

CHAPITRE 6

Les lignes de la défense pénale

« Avant certaines affaires pénales même banales, il m'arrive de ne pas dormir de la nuit. Je me lève trois ou quatre fois. Je corrige une ligne, un mot de la trame que j'ai préparée. Cette trame sur laquelle j'ai planché, je l'évacue toujours lorsque je me lève pour plaider. C'est ça le pénal, cette angoisse, ce stress que même l'expérience ne permet pas d'évacuer. Je plaide aux assises plusieurs fois par mois. Il n'y a rien de plus formateur que la préparation d'une affaire criminelle tellement c'est difficile, poignant, angoissant. Après trente-cinq ans de métier, j'ai toujours la même crainte. À côté, tout semble facile, que ce soit une affaire administrative embrouillée ou une négociation commerciale à grands enjeux. Je crois cependant que cette angoisse est indispensable. La notoriété n'arrange rien, bien au contraire. Plus un avocat est connu, plus il est attendu. La presse et les confrères ne vous pardonnent rien. Comme le client qui a tout misé sur vous. Vous lui devez de vous battre et d'être au meilleur de votre forme[1] », explique l'avocat Gilles-Jean Portejoie. Il n'y a donc pas de défense facile. S'il importe dans ce chapitre d'insister sur cet extrait du parcours de cet avocat, c'est parce qu'il met bien en évidence cet espace ordonné, ce temps scandé par de multiples questionnements. En fait, rares sont les avocats qui n'ont pas entendu cette phrase dans les diners mondains : « Défendre, c'est quoi ? Comment vous faites pour les défendre ? » Il n'y a sans doute pas une seule réponse, ni une seule alternative.

« Défendre c'est quoi ? Comment vous faites pour les défendre ? »

Comme l'expliquent plusieurs avocats, au-delà de ces questions que le public non avisé se pose, il faut entendre ces représentations vives du rôle

[1] G.-J. Portejoie, « L'angoisse du pénaliste », *in* Ch. Perrin et L. Gaune, *Parcours d'avocat(e)s*, op. cit., p. 163.

de défenseur dans la société, mais aussi parfois l'expression de jugements moraux à leur égard :

> Cela revient à dire : « Défendre un innocent, d'accord ; défendre quelqu'un qui a fait quelque chose de pas très bien, d'accord ; mais alors ces criminels-là, comment vous faîtes pour les défendre ? » « Qu'est-ce que cela signifie ? Est-ce que cela veut dire que vous allez sauver quelqu'un d'un crime atroce qu'il aurait commis et réussir à le faire échapper à sa responsabilité ? » Défendre n'est pas du tout cela. L'avocat n'est pas là pour juger. Il a un métier qui est celui de défendre. Que le client ait commis une infraction ou qu'il soit victime, il a besoin d'être représenté pour faire valoir ses droits. Certes, c'est bien plus prégnant lorsqu'il s'agit de prévenus parce qu'ils sont au plus haut de la nécessité de défense (Entretien n° 13).

> Le travail de l'avocat n'est jamais d'applaudir, il est d'essayer d'expliquer, éventuellement de réduire le quantum qui va être proposé. Défendre, c'est tenter d'expliquer et, surtout dans un État de droit, offrir un petit rempart à une personne qui est montrée du doigt et qui n'a personne d'autre que vous pour le représenter (Entretien n° 9).

> Les gens pensent que défendre un violeur, c'est acquiescer à son acte ou considérer que ce n'est pas un acte grave. C'est bien parce que l'acte est grave qu'il faut un défenseur. Bien sûr que l'acte est insupportable, intolérable. Il m'arrive de plaider que de telles violences sont insoutenables. Ce sont des affaires difficiles à défendre. Vous êtes devant des jurés qui peuvent se poser la question suivante : « Comment une femme peut défendre un tel criminel ? » Cela fait partie de la plaidoirie, ce ne serait pas normal que l'avocat ne se pose pas la question. Être avocat, c'est retranscrire la parole de quelqu'un. Vous avez des présumés coupables qui avec la parole, violeurs ou pas, sont très effrayés parce qu'ils pensent que "dire, c'est faire". Il faut faire le tri là-dedans : ce n'est pas soutenir (Entretien n° 14).

> En tant que prévenu, tout s'abat sur vous, vous êtes celui qui a commis une infraction grave. Non seulement vous allez devoir répondre de vos actes devant les victimes mais ensuite il y a la justice en elle-même, avec tout le parcours que cela suppose, et enfin il y a votre entourage. Souvent, tout le monde se retourne contre vous. Vous avez des personnes qui se retrouvent immédiatement en détention provisoire, parce que les faits sont graves, et qui finalement ont tout perdu du jour au lendemain parce qu'elles sont passés du côté obscur, que plus personne ne veut les aider,

> plus personne ne veut leur parler même en prison où elles arrivent, où elles sont confrontées à une population qui elle-même est responsable – chacun avec ses infractions. Car parfois, quand vous avez commis des crimes qui sont stigmatisants, même au sein de la population carcérale vous en subissez les conséquences. C'est un cercle vicieux dans lequel vous plongez rapidement, vous vous enfoncez d'une façon irrémédiable, et la seule personne qui peut être votre interlocuteur, qui est là pour ne pas vous juger, est votre avocat (Entretien n° 13).

> Dans sa fonction de défense en matière pénale, l'avocat est un rempart contre des condamnations qui pourraient être arbitraires (Entretien n° 12).

Ainsi, l'hypothèse que l'on pourrait poser ici est que la justice pénale ne peut être juste et comprise que si la défense est présente et joue ce rôle de rempart contre le retour à une justice hors démocratie ou contre des décisions arbitraires. Selon la Déclaration des droits de 1789 dans son article 7 : « Nul homme ne peut être accusé, arrêté, détenu que dans les cas déterminés par la loi et selon les formes qu'elle a prescrites », et selon la Convention européenne de sauvegarde des droits de l'homme et des libertés fondamentale dans son article 6 : « Toute personne a droit à ce que sa cause soit entendue équitablement et publiquement et dans un délai raisonnable, par un tribunal indépendant et impartial, établi par la loi, qui décidera soit des contestations de ses droits et obligations de caractère civil, soit du bien-fondé de toute accusation en matière pénale dirigée contre elle. [...] Tout accusé a droit notamment à : [...] se défendre lui-même ou avoir l'assistance d'un défenseur de son choix et, s'il n'a pas les moyens de rémunérer un défenseur, pouvoir être assisté gratuitement par un avocat d'office, lorsque les intérêts de la justice l'exigent. » Le procès pénal est un débat de droit. Dans un État de droit, on juge selon des règles de droit. Or, comme le disent les avocats, la science du droit ne s'improvise pas, elle s'apprend et s'expérimente. L'accusé ne la connaît pas. Il est donc nécessaire de rétablir l'équilibre dans le débat. Le défenseur a ici un rôle essentiel, il est l'interlocuteur indispensable dans un procès équitable qui rétablit l'éventuelle injustice. Toujours est-il que tout un questionnement autour des pratiques de la défense pénale émerge. Y a-t-il des principes éthiques particuliers à cette fonction de défense ? Comment l'avocat peut-il dépasser le prisme des faits que le prévenu ou l'accusé a commis ? L'avocat peut-il établir une relation de confiance avec son client ? Quelle place doit-il donner aux confidences de son client ? Est-il soumis au secret professionnel ? Sur quels critères l'avocat récuse-t-il un juré ? Peut-il construire sa plaidoirie dans la distance, à l'égard du juge, de la justice, comme du prévenu, de l'accusé ou de la victime ? Quelle place donne-t-il à la victime ?

Dépasser le prisme des faits que le prévenu a commis

> L'avocat fait un travail préparatoire de contrôle des faits avec son client. Il pourra peut-être l'aider à s'exprimer devant les juges. Je plaide fréquemment des choses que j'ai vraiment comprises au bout d'un an, deux ans d'échanges avec mon client. Entre la version du dossier et la vision de son client par l'avocat, le prisme des faits commis peut apparaître très différent, voire méconnaissable. C'est le côté le plus négatif puisque ce sont des faits délictueux ou criminels. L'avocat essaie de re-dérouler la pelote en sens inverse pour comprendre comment son client en est arrivé là. "Mais avant vous étiez qui ? Vous connaissiez qui ? Vous faisiez quoi ? Quels sont vos intérêts ?" Je ne commence pas par les faits. Ou alors je parle des faits et après je les abandonne pendant deux ou trois visites, et après j'y reviens. Parce que c'est quand même très réducteur. Vous n'êtes pas seulement que ce que vous avez fait (Entretien n° 7).

Ainsi, l'exercice de la défense n'est pas assuré par le seul fait que nous vivons en démocratie et dans un État de droit. Cette avocate du barreau de Paris évoque ce temps nécessaire pour dépasser la représentation du mal incarné dans les termes même de faits criminels ou délictueux. Lors des échanges avec le client, elle tente de comprendre les raisons de l'acte commis, discute sur les preuves rapportées contre lui et sur les moyens de sa défense qui serviront d'appuis solides au moment de la plaidoirie et pour la réflexion du juge et des jurés.

Dans le même esprit, un autre avocat explique qu'il ne s'agit pas dans la relation avec son client de cautionner les actes commis, mais d'aller au-delà des faits en lui demandant des arguments face aux charges qui pèsent sur lui :

> Je ne suis pas là pour dire à mon client : "Comment avez-vous pu faire cela ?" Je lui dis juste : "Écoutez, on va faire ce qui est le mieux pour vous, on va en discuter, on va réfléchir." Je ne suis pas là pour faire en sorte que ce "dangereux criminel", comme souvent l'accusation veut le présenter, soit libéré du jour au lendemain et commette à nouveau un crime. Mon objectif est de défendre mon client pour qu'à un moment donné, la lumière

> se fasse sur lui. Nos clients sont enfoncés par les accusations, perdent leur famille, leur travail, ils perdent tout en même temps. On ne défend pas des causes. On défend des personnes. Pourquoi, ce jour-là, ce monsieur s'est-il laissé aller à commettre cette infraction ? Pourquoi, malgré le fait qu'il savait qu'il ne fallait pas, l'a-t-il commise ? Pourquoi en est-il arrivé là ? Qu'est-ce qui fait qu'il a lâché prise sur lui-même (Entretien n° 13) ?

Pour ces avocats, c'est la raison qui sert de boussole implicite ou explicite dans le travail de pénaliste. La défense soumet ainsi à un examen critique la culpabilité de son client.

Établir la confiance avec son client

La situation de prévenu, d'accusé et *a fortiori* de détenu, la nature ou la gravité des faits reprochés, l'image que le client se fait de lui-même comme la difficulté intellectuelle, voir culturelle qu'il peut avoir à s'exprimer sur les faits et sur son histoire personnelle ne facilitent pas toujours le dialogue avec l'avocat. De même pour les victimes, notamment d'agressions sexuelles, du fait parfois du sentiment de honte éprouvé, voire de culpabilité, il ne leur sera pas toujours facile d'exprimer les événements vécus. Pourtant l'avocat ne saurait remplir son rôle sans établir une réelle confiance avec son client : « Quand les gens viennent ou lorsqu'ils appellent, il faut à la fois leur exposer le vrai risque qu'ils encourent au regard des accusations, car s'ils ne le mesurent pas, si l'avocat est trop rassurant, ils se défendront mal. Il faut les accompagner dans leur douleur, leur expliquer que l'on peut s'en sortir si l'on gère bien ce risque. Le client a besoin de savoir qu'il a quelqu'un sur qui compter[2]. »

> Quand vous avez un client qui est détenu pendant huit mois, vous allez le voir. Ce que j'essaie d'expliquer à mes clients, incarcérés, c'est que je ne suis pas baby-sitter. Je suis avocat et je viendrai les voir dès qu'il y aura un élément nouveau dans le dossier, ou pour préparer un interrogatoire, Bien sûr, si je dois aller voir un client pour préparer un dossier, je vais rencontrer mes autres clients. Mais je ne vais pas en maison d'arrêt pour dire "bonjour". Par contre, si j'ai un client qui m'écrit : "Maître, j'ai absolument besoin que vous veniez me voir parce que je souhaite discuter de quelque chose", je vais aller le voir. On fait des visites de courtoisie lorsque l'on va voir un autre détenu, on parle cinq minutes avec les clients parce qu'il y a ce lien, parce que l'avocat est souvent le

[2] Entretien avec O. Metzner, *in* Ch. Perrin et L. Gaune, « Parcours d'avocat(e)s », *op.cit.*, p. 146.

> seul lien avec l'extérieur. Les permis de visite sont longs à obtenir. On reste souvent le seul lien avec l'extérieur. C'est donc important que le client sente que l'avocat est présent pour lui (Entretien n° 6).

Cette confiance n'est pas acquise d'emblée. Elle doit se construire, parfois avec des tensions qu'il faudra nécessairement dépasser. L'avocat doit souvent expliquer à son client ce qu'est un avocat, notamment qu'il a pour fonction de défendre. Il doit rompre le fossé entre les préoccupations émotionnelles que peut ressentir le client et les solutions rationnelles qu'il peut proposer à la lecture du dossier. Il engage avec son client un « processus de négociation[3] », en le plaçant devant la version policière du dossier. L'avocat, dans cet échange avec son client, est à la recherche du « vraisemblable ». À aucun moment, il n'impose sa vision des événements. L'avocat recevra des confidences de son client et il ne pourra pas les divulguer sans discernement.

Respecter le principe du secret professionnel

Avec le secret professionnel, nous pénétrons dans un des plus défendus « saint des saints » de l'avocature. C'est probablement, avec le principe d'indépendance, le principe le plus cher au cœur de l'avocat. Le client a besoin de savoir que son conseil ne va révéler à aucun moment de la procédure n'importe quelle confidence recueillie. Ce secret professionnel conduit l'avocat à refuser de donner aux proches de son client les éléments de l'affaire. Même à l'époux ou l'épouse du ou de la prévenu(e), l'avocat ne pourra rien dire, ni donner de nouvelles ni même dire qu'il a rencontré son client. C'est ce qu'affirme cette avocate :

> Le secret professionnel est un principe important et fondamental. Si on emporte le dossier d'un client à la maison, on ne parlera jamais du nom du client, on évitera de parler du dossier, on sera le plus vague possible. En tant qu'avocate, je suis soumise au secret professionnel. Ce principe est très compliqué à gérer. La famille qui vient vous régler les honoraires s'attend à ce que vous répondiez à toutes ses questions. Quand vous dites : "Je ne peux pas vous parler de ce dossier", les gens ne comprennent pas pourquoi. On peut seulement avoir une approche globale mais on ne peut pas entrer dans le détail. Il faut aussi que l'incarcéré puisse écrire à sa famille. J'ai eu un cas hier, pour un dossier d'agression sexuelle. J'ai reçu la femme, qui était parfaitement au courant parce que les policiers l'ont entendue dans le

[3] P. Milburn, *La Défense pénale : une relation professionnelle*, Thèse de doctorat en sociologie, université Paris VIII, p. 126 sq.

> cadre de la garde à vue de son mari. Elle savait parfaitement pourquoi il était incarcéré et elle a donné hier mon numéro de téléphone à un des fils de son mari, fils qui n'a jamais donné signe de vie. J'ai trouvé que c'était surprenant que ce fils m'appelle. Il m'a appelé parce qu'il a absolument besoin que son père signe un papier pour une donation d'un appartement qui a été faite il y a quelques années et qu'il souhaite revendre aujourd'hui. Il m'a dit : "Mais pourquoi mon père est en prison ?" – "Je suis soumise au secret professionnel. Je ne peux pas vous en parler. L'audience est publique, si vous voulez venir, vous pouvez venir." C'est souvent à l'audience que la famille apprend les faits. C'est l'accusé ou le prévenu qui lui-même informe sa famille. À partir du moment où vous savez qu'il y a un permis de visite accordé à la famille et que vous vous êtes mis d'accord avec le client sur l'éventuelle information de la teneur du dossier, vous n'entrez pas dans les détails mais vous pouvez donner des bribes d'informations. Vous ne pouvez pas faire lire un dossier à qui que ce soit. La famille a beaucoup de mal à comprendre cela (Entretien n° 3).

Cette garantie de confiance absolue fait de ce secret une des libertés individuelles fondamentales de notre société démocratique. Le secret professionnel est d'ordre public et peut être invoqué en toutes circonstances. Le client dispose là d'un droit majeur, illimité. Le client ne peut non plus délier l'avocat de ce principe. Assez étonnamment, alors que l'avocature a toujours été à la pointe des grands principes déontologiques, l'ancien article 378 et l'actuel article 226-13 du Code pénal sont de portée très générale et ne visent pas expressément les avocats : « La révélation d'une information à caractère secret par une personne qui est dépositaire soit par état, soit par profession, soit en raison d'une fonction ou d'une mission temporaire, est punie d'un an d'emprisonnement et de 15 000 euros d'amende. » S'y ajoutent les dispositions de l'article 11 du Code de procédure pénale modifié par la loi du 15 juin 2000[4] relative à l'instruction. L'article 160 du décret du 27 novembre 1991, spécifique à la profession, précise que « l'avocat, en toute matière, ne doit commettre aucune divulgation contrevenant au secret professionnel ». La loi n° 97-308 du 7 avril 1997 apporte un certain nombre de précisions en mettant un terme aux débats sur ce secret professionnel et la distinction opérée entre les activités judiciaires et les activités juridiques de conseil. La loi du 11

[4] La loi n° 2000-516 du 15 juin, Art. 96, *JORF* 16 juin 2000 : « Sauf dans le cas où la loi en dispose autrement, et sans préjudice des droits de la défense, la procédure au cours de l'enquête et de l'instruction est secrète. Toute personne qui concourt à cette procédure est tenue au secret professionnel dans les conditions et sous les peines des artcles 226-13 et 226-14 du code pénal. »

février 2004, modifiant la rédaction de l'article 65-5 de la loi fondamentale du 31 décembre 1971, complète l'applicabilité du secret en ces termes : « En toutes matières, que ce soit dans le domaine du conseil ou dans celui de la défense, les consultations adressées par un avocat à son client ou destinées à celui-ci, les correspondances échangées entre le client et son avocat, entre l'avocat et ses confrères, à l'exception pour ces dernières de celles portant la mention "officielle", les notes d'entretien et, plus généralement, toutes les pièces du dossier sont couvertes par le secret professionnel. » C'est ce que rappelle cet avocat :

> Le sens moral, c'est aussi lorsque l'on consulte un dossier. Il y a aussi un secret de l'instruction, le respect d'un dossier est de ne pas divulguer les informations (Entretien n° 1).

Pour autant, le secret professionnel n'est pas sans poser des difficultés dans sa mise en œuvre. L'avocat reçoit les confidences de son client dans l'objectif de préparer sa défense. Si le secret est absolu dans son principe, il ne l'est pas dans son étendue.

> Vous êtes le seul avec lui contre tous, contre les magistrats, contre la victime, sa famille, ses amis, contre ses employeurs, parce qu'il arrive même que pour une personne extrêmement bien insérée, vous avertissiez l'employeur du jour au lendemain que son salarié, à qui il tient tant et qui est son meilleur ouvrier ou cadre, ne reviendra pas, du moins pas de sitôt. Commencent alors les procédures qui vont avec : si ce n'est pas le licenciement parce que parfois ils n'y ont pas droit, c'est le dénigrement. Quand toute la société sait que vous avez tué votre voisine, [ou que] vous avez violé votre sœur, vous vous dites : "Je ne pourrai plus jamais y remettre les pieds." C'est pour cela que le secret professionnel a du bon, mais il n'est pas toujours évident à tenir avec certains protagonistes du dossier (Entretien n° 13).

Qu'en est-il des écoutes téléphoniques prévues par les articles 100 à 100-7 du Code de procédure pénale, issus de la loi du 10 juillet 1991[5] sachant « [qu'] en matière criminelle et en matière correctionnelle, si la peine encourue est égale ou supérieure à deux ans d'emprisonnement, le juge d'instruction peut, lorsque les nécessités de l'information l'exigent, prescrire l'interception, l'enregistrement et la transcription de correspondances émises par la voie des

[5] Loi n° 91-646 du 10 juillet 1991 – Art.2 *JORF* 13 juillet 1991 en vigueur le 1er octobre 1991.

télécommunications ». Par application de l'article 100 du Code de procédure pénale, l'avocat est traité comme n'importe quel citoyen. La seule différence est que le bâtonnier est prévenu par le juge d'instruction, sans avoir la faculté de prévenir l'avocat mis sur écoute. Si la dérogation au secret professionnel est compréhensible lorsque l'avocat est susceptible d'avoir participé à une infraction dans une affaire précise, elle pose le problème de la protection des autres clients de l'avocat qui n'est pas, dans ce cas-là, assurée.

On notera que lors de nos entretiens, peu d'avocats ont évoqué la confidentialité des correspondances qui est un concept quasiment indissociable de celui du secret professionnel. Le terme de « correspondance » doit être pris dans un sens large, il inclut les correspondances écrites ou verbales, les communications téléphoniques[6] et la messagerie électronique. Cette confidentialité se fonde sur l'article 66-5 de la loi du 31 décembre 1971 déjà cité et sur le décret codifié à l'article D 69 du Code de procédure pénale qui dispose que « les lettres adressées sous pli fermé par le prévenu à leurs défenseurs, ainsi que celles que leur envoie ce dernier, ne seront pas soumises au contrôle » sous-entendant par là au contrôle habituel de l'administration pénitentiaire. Ses origines remontent à un arrêt de la chambre criminelle de la Cour de cassation du 12 mars 1886 qui consacre la règle de la libre défense. La Cour européenne des droits de l'homme a renforcé les garanties existantes en jugeant que l'ouverture et la lecture de correspondances échangées entre le client et son conseil constituaient une violation caractérisée de l'article 8, indépendamment du contenu même du pli, qu'il soit à caractère professionnel ou privé. Cette norme européenne ne peut être entendue que de façon restrictive, n'autorisant la saisie des consultations et correspondances échangées que si elle permet de prouver la commission par l'avocat d'une infraction en qualité d'auteur principal ou de complice.

---

[6] Voir à ce sujet l'arrêt de la chambre criminelle de la Cour de cassation du 1er octobre 2003 qui a rejeté le moyen de cassation qu'avait présenté M. Z… en énonçant que « le principe de la confidentialité des conversations échangées entre une personne mise en examen et son avocat ne saurait s'opposer à la transcription de certaines d'entre elles, dès lors qu'il est établi que leur contenu est de nature à faire présumer la participation de cet avocat à des faits constitutifs d'une infraction, fussent-ils étrangers à la saisine du juge d'instruction ». Voir également l'arrêt de la chambre criminelle du 14 octobre 2008, n° de pourvoi : 07-88459 non publié au bulletin selon lequel « la partie civile qui n'est pas soumise au secret de l'instruction a la faculté, au soutien de la demande de sursis à statuer qu'elle présente au juge civil en application de l'article 4 du Code procédure pénale, de produire, par le moyen de l'avocat ou de l'avoué qui la représentent, les éléments tirés d'une procédure pénale nécessaires aux besoins de la défense ».

Une remarque vient alors à l'esprit : qu'en est-il de la plaidoirie ? N'est-elle pas une exception au secret professionnel ? Avant de traiter cette question, portons un regard sur la prudence dont doit faire preuve l'avocat pour récuser un juré.

Faire preuve de prudence pour récuser un juré

« Tout citoyen français, âgé de plus de vingt-trois ans et inscrit sur les listes électorales, est susceptible d'être juré d'assises[7]. » Toutefois, on ne peut pas être juré si l'on a été condamné à une peine de prison supérieure à six mois pour un crime ou un délit, si l'on a des liens de parenté avec l'accusé, la partie civile, les magistrats ou les avocats ou si l'on est lié à l'affaire en tant que témoin, si l'on exerce certaines professions (membres d'institutions étatiques et plus généralement comme hauts fonctionnaires). Ainsi, un groupe de personnes sont convoquées et introduites lors d'un premier contact dans le monde social de la justice. L'objectif de cet accueil est d'obtenir le quorum indispensable pour pouvoir constituer la formation de jugement dont les magistrats ont besoin. Lors de cette première rencontre, le droit de récuser par les avocats, partagé ne l'oublions pas par l'avocat général, est expliqué de manière à ne pas être perçu par les jurés comme une atteinte personnelle[8]. L'avocat ne doit pas hésiter à faire usage de ce droit de récusation dans l'intérêt bien compris de son client. Cela ne suppose pas seulement que l'avocat ait une connaissance générale de la loi, des règles ou une bonne disposition de caractère mais nécessite que celui-ci ait une capacité à saisir la singularité du dossier et fasse preuve de vertu de prudence dans son acte de récuser tel ou tel juré. C'est ce que traduisent les propos d'une avocate du barreau de Paris :

> Le choix d'un jury est extrêmement important dans un dossier criminel. C'est même fondamental. C'est une des tâches les plus difficiles à faire. On porte un espoir sur ces jurés qui vont déterminer le sort de votre client. C'est la première phase des assises, il ne faut surtout pas se tromper. Toutefois, je ne plaiderai pas différemment selon la composition du jury. Mais il se passe tellement de choses au cours de ces journées d'audiences, que l'on peut se

[7] Articles 255 à 258-2 et articles 259 à 267 du Code de procédure pénale.

[8] Sur cette question du jury populaire, voir A. Jolivet, « La participation des citoyens à la fonction de juger en France et en Italie : une étude socio-anthropologique du jury populaire en cour d'assises », *Thèse de doctorat*, université de Lyon 2 et université de Milan, 12 décembre 2012, 435 p.

> demander dans quelle mesure la composition du jury aura une influence déterminante (Entretien n° 6).

Cette avocate dit ainsi son droit de récuser qui lui est imparti par la loi. Car devant ce jury, le débat du procès ne tournera pas seulement autour de la recherche de la vérité judiciaire, mais aura aussi d'autres fonctions telles que celles de tendre vers la loyauté de la discussion et d'ouvrir des espaces critiques vis-à-vis de la justice. Avec une conception différente, une autre avocate souligne que récuser un juré est une possibilité que les avocats exercent avec beaucoup de difficultés, quasiment à l'aveugle :

> On a la possibilité de récuser un juré. C'est quasiment à l'aveugle. C'est une faculté qui est laissée à la défense et à l'accusation, mais qui n'appartient pas à la partie civile. Mais c'est un privilège qui n'en est pas un. C'est une loterie. Vous disposez d'éléments d'état civil : date de naissance, lieu de naissance, profession mais vous avez beaucoup de personnes qui se contentent de mettre "cadre de santé" sans aucune précision, ou "retraité". On ne sait pas si ce sont des gens mariés, si ce sont des gens qui ont des enfants, on ne sait pas grand-chose. Aux assises, j'utilise le droit de récuser. C'est aussi en fonction de la composition. Si sur les neuf jurés il y a des femmes, par exemple dans une affaire de viol, j'aurai tendance à récuser une femme pour qu'il y ait des hommes. Vous avez aussi, par exemple, des dossiers d'atteinte aux mœurs qui concernent des enfants : si vous avez cinq assistantes maternelles, puéricultrices, institutrices dans le jury, vous allez essayer d'équilibrer. C'est plus la recherche d'un équilibre que l'affirmation d'un pouvoir. C'est vraiment au petit bonheur la chance. Il y a également des jurés qui freinent des quatre fers, qui ne souhaitent pas être tirés au sort… Cela peut être déterminant car aux assises, vous avez quand même un président qui incarne le pouvoir, qui incarne le savoir, et à tendance à mener ses troupes. Si vous avez des jurés qui se laissent faire, ce n'est pas une grande valeur ajoutée. Ainsi, quand je vois des jurés qui mettent un certain temps à se lever de leur siège – vous savez que la récusation se fait le temps pour le juré de regagner son siège –, si vous avez un juré qui vous regarde, prend son sac, qui frôle les murs, qui se demande pourquoi il est là, qui implore le ciel qu'on veuille bien le récuser, je le récuse si j'en ai la possibilité car je sais qu'il ne servira à rien, il ne sera probablement pas une voix qui se fera entendre (Entretien n° 7).

Autrement dit, l'avocat décide de récuser tel ou tel juré en se basant sur des éléments d'état civil, mais surtout en s'appuyant sur son intuition. Chacun possède sa propre grille de lecture…

> Les jurés. C'est une loterie, une énorme loterie ! On nous communique quelques jours avant l'audience la liste des jurés : âge, sexe, profession, adresse, et le nom (donc éventuellement l'origine ethnique…), une liste d'une quarantaine de noms avec des suppléants. Chacun a sa grille de lecture. Chacun fait sa cuisine, sa sauce, ou ne fait rien. J'ai tendance à récuser les jurés trop jeunes, par principe. Pour appréhender la justice, la lourdeur, la détention, les jeunes ont tendance à être plus sévères, les chômeurs et les milieux ruraux aussi. En fonction des affaires que l'on a, si on défend un violeur avec une victime qui est une jeune femme, on va éviter les jeunes femmes qui vont se projeter. Pour les pédophiles, on évitera les mères de famille. *A priori*, je vais essayer d'avoir le jury le plus âgé possible (Entretien n° 9).

L'objectif premier est de tendre vers un procès équitable. Ce mécanisme de récusation de tel ou tel juré que peuvent utiliser les avocats contribue à pallier un éventuel défaut d'équité de la procédure.

> Je dirais que géographiquement parlant [soutient une avocate], il peut y avoir une adaptation. Ce serait mentir que de vous dire que l'on plaide exactement de la même manière devant la cour d'assises de Paris que devant la cour d'assises de Cayenne. Ce ne sont pas les mêmes populations. Cela ne veut pas dire qu'à Paris, vous ne plaidez que devant des professeurs et des médecins. Mais vous avez par exemple certaines cours d'assises qui ne sont constituées que d'agriculteurs à la retraite. Donc effectivement on jette un œil, mais ce n'est pas non plus déterminant. Je ne suis pas certaine que l'avocat qui a un style extrêmement ampoulé, complexe, aura la possibilité de parler terroir devant la cour d'assises. Je ne suis pas sûre. Mais quand même, on y prête une certaine attention, c'est certain (Entretien n° 7).

« Ne pas se rater », « équilibrer » « faire sa sauce », « en fonction des affaires », « éviter », toutes ces expressions montrent que par cette sélection des jurés, l'avocat joue un rôle dans le fonctionnement « démocratique » du procès et tente ainsi de rééquilibrer idéologiquement le poids de la fonction répressive.

Plaider la cause de son client

Pour préparer sa plaidoirie, l'avocat va devoir trier, parmi les confidences qu'il a reçues de son client, celles qu'il pourra utiliser pour le défendre. Certes, l'histoire personnelle de son client, ses origines géographiques et sociales sont des éléments importants dans la compréhension de sa vie subjective, comme tout ce qu'il peut exprimer avec son corps au cours des divers entretiens. Cela suppose que l'avocat ait bien écouté mais aussi pu entendre le choix des mots de son client, ses expressions et sa manière de présenter les choses qui participent de ce qui le caractérise. Comme l'exprime très clairement une avocate, le sens moral de son métier implique qu'elle ne trahisse pas l'information donnée par le client et plaide la cause de son client :

> Le sens moral de mon métier, ce serait de ne pas trahir le client par rapport à ce qu'il a dit. La deuxième chose, ce serait de ne pas plaider n'importe quoi. Dans les dossiers de stupéfiants, [il y a] différentes drogues : [il y] l'herbe, et les drogues dures, la cocaïne... Si un procureur requiert [pour l'herbe] comme pour l'héroïne, il faut remettre les choses à leur place. De même pour un procureur qui requiert pour l'escroquerie comme pour un viol, alors que c'est une infraction aux biens, ce n'est pas une atteinte aux personnes. C'est la seule subjectivité que je me permets. Je crois qu'il faut avoir un certain comportement devant le magistrat, même lorsque l'on plaide. [...] La liberté s'arrête là. Si la personne est trouvée la main dans le sac, je ne vais pas dire non. Il faut plaider réel (Entretien n° 3).

Les avocats peuvent mettre en avant dans leur plaidoirie des arguments de droit : problèmes de qualification juridique, non respect de l'élément matériel et de l'élément intentionnel de l'infraction, vices de procédure, non respect des droits de la défense, non respect des délais de prescription.

> Il m'arrive de plaider en droit. Par exemple, dans un dossier, prochainement, je vais défendre un pharmacien accusé pour abus de biens sociaux. C'est un dossier qui pose des questions juridiques. Est-ce que les actes qu'il a commis vont à l'encontre des intérêts de la société ? On est en plein droit. En droit pénal financier, c'est juridique. Il y a toujours du juridique dans ce sens où la première chose que doit faire un avocat, c'est de prendre l'ordonnance de renvoi et se demander : "Qu'est-ce que l'on reproche à mon client ?" Et vérifier si la qualification juridique correspond bien aux faits commis. On ne peut pas exclure le juridique. On ne peut pas exclure les problèmes de procédure qu'il peut y avoir. [S'il y a] vice de forme, on va jouer là-dessus. Il y a aussi les droits de la défense qui doivent être respectés (Entretien n° 3).
>
> Selon les dossiers, on aborde plus on moins les questions de droit. Parce que le côté légaliste – condition de fond et de forme –, c'est très scolaire

et très ennuyeux à la fois. C'est souvent ce que l'on fait en tout début de carrière, parce que c'est ce qu'on nous a appris à la faculté. On nous a appris les conditions de fond, les conditions de forme, on nous a appris l'élément matériel et l'élément intentionnel. Au début, on va jouer là-dessus parce que c'est la seule chose que l'on connaît, et petit à petit, fort de l'expérience, de ce que l'on a entendu chez les autres, on essaie de dépasser cela. Toutefois, sur certains dossiers, c'est impératif, car on se rend compte véritablement qu'il y a une nullité de procédure et que l'on est obligé de la soulever. Là, on est obligé de faire du droit pur. Je ne dis pas que l'on ne fait pas du droit dans les plaidoiries. Mais la plupart du temps, ce n'est pas le point principal (Entretien n° 6).

Il y a des dossiers dans lesquels on ne va pas aborder le droit du tout, ou peu, parce que cela n'a pas d'intérêt fondamental de l'aborder devant le tribunal, qui connaît le droit aussi bien que l'avocat. Il y a des dossiers où il va falloir y insister, parce que les droits fondamentaux n'ont pas été respectés ou que les principes de base tels que l'élément matériel ou l'élément intentionnel, dans les dossiers, ne sont pas rassemblés. Vous allez dire : "Excusez-moi ! Quand j'étais à la faculté, vous y étiez aussi, on vous a appris un certain nombre de choses : aujourd'hui, les deux éléments n'étant pas là, l'infraction ne peut pas être constituée." Je peux jouer là-dessus (Entretien n° 1).

Selon que l'on plaide devant un tribunal correctionnel ou devant une cour d'assises, la technicité ne sera pas la même. Il est évident que l'on plaide beaucoup plus technique devant un tribunal correctionnel que devant une cour d'assises. Le but quand même, devant une cour d'assises, c'est de se faire comprendre, ce n'est pas d'avoir raison. Vous pouvez avoir raison : si personne ne vous comprend, cela n'a aucun intérêt. Il faut plaider utile devant une cour d'assises, alors que devant un tribunal correctionnel, on peut vraiment plaider le droit. Ce n'est pas parce que vous plaidez le droit que vous ne plaiderez pas les faits. Mais c'est vrai que le droit a une importance non négligeable devant les tribunaux correctionnels. Alors, ça se traduit par des vices de procédure qui peuvent être soulevés, par des discussions sur des qualifications, la prescription… c'est assez large (Entretien n° 7).

Mais tous s'accordent pour dire, comme Jean-Denis Bredin et Thierry Levy l'expriment très bien, que l'exercice de la défense « est premièrement le choix stratégique sur ce qu'il va falloir défendre, le choix des moyens pour arriver au but attendu ; ensuite la parfaite connaissance du dossier ; l'absence de la plus infime maladresse ; enfin la puissance montante d'émotion, sans que le juge, à aucun moment, n'aperçoive l'éloquence comme un truc qui essaierait de le séduire[9] ». « Trop d'avocats plaident pour leur client. Seul le tribunal nous intéresse. Pour autant, il faut aussi convaincre son client de la meilleure stratégie, l'acclimater à cette stratégie, le préparer, et avec cette stratégie, convaincre le juge[10]. »

> Je pense que l'on met un peu de soi quand on plaide. Je défends des sourds, essentiellement en lien avec la surdité de mon frère. J'ai seize mois d'écart avec lui. Je ne parle pratiquement plus le langage gestuel mais je sais comment réagit un sourd. Par exemple, j'ai une affaire : un sourd est en train de marcher vite, vite, dans le métro. À un moment donné, il touche quelqu'un pour lui dire : "Laissez-moi passer." La personne se retourne, s'énerve, il y a une bagarre. Par rapport à mon expérience, j'explique que le sourd, quand il touche, ce n'est pas pour faire mal, c'est son seul mode de communication ; car comme il n'entend pas, il pense que c'est pareil pour tout le monde. Je plaide par rapport à une expérience vécue. Je ne remets pas en cause la gravité des faits, je ne les minimise pas. Mais j'explique pourquoi cela s'est passé, ce qu'il aurait pu ou dû faire (Entretien n° 3).

Ainsi, l'art de convaincre peut nécessiter que l'avocat mette un peu de soi. Chacun le fera avec sa technique mais aussi avec son expérience vécue.

Il faut ici se demander si la plaidoirie est la même lorsque l'on défend un prévenu ou un accusé et une victime. Laissons ici la parole à une avocate racontant comment l'art de persuader lors de la plaidoirie diffère selon le client :

> Je défends autant des violeurs que des victimes. C'est beaucoup plus difficile de défendre une victime qu'un prévenu ou un accusé. Quand on défend une partie civile, on ne peut pas uniquement être sur le registre de l'émotion. La victime, quand elle est présente, elle exprime une émotion. L'avocat retranscrit cette émotion dans un langage audible pour le magistrat ou pour les jurés. Mais dans la défense de la victime, il n'y a pas que l'émotion. Il y a aussi la victime qui n'est pas que pleurs et larmes, qui est réaction, qui a du ressentiment : elle a aussi son mot à dire sur ce que l'autre va prétendre. Ce n'est pas uniquement une plaidoirie de la douleur, c'est aussi une plaidoirie des faits, sur ce qui s'est passé, avec cette limite que

[9] J.-D. Bredin, Th. Lévy, *Convaincre*, Paris, Odile Jacob, 1997, p. 276.

[10] Entretien avec O. Metzner, *in* Ch. Perrin et L. Gaune, *Parcours d'avocat(e)s*, op.cit., p. 146.

> l'avocat de la partie civile n'est ni procureur, ni avocat général. Ce n'est pas l'avocat de la partie civile qui porte l'accusation. Malheureusement, souvent, les avocats de partie civile se prennent pour le procureur ou l'avocat général. Chacun doit assurer son rôle. Cela n'empêche pas que l'on puisse faire une démonstration, cela n'empêche pas que l'on puisse soulever des incohérences du prévenu ou de l'accusé dans une plaidoirie de partie civile, mais la frontière est ténue. J'ai défendu des victimes qui étaient en réaction, qui n'étaient pas que plaies vivantes, larmes, qui étaient dans un processus de reconstruction qui passe par le ressentiment. J'ai défendu des femmes qui ne pleuraient pas, qui ne semblaient absolument pas atteintes par ce qu'elles avaient vécu. Dans ces affaires, il faut aussi transmettre ce côté qui semble aller bien. Je défends des agresseurs et des violeurs – ce qui est difficile, c'est d'expliquer que l'agresseur, compte tenu du contexte, du statut de la victime, d'un certain nombre d'éléments, n'a pas pu mesurer ou comprendre qu'elle n'était pas d'accord. C'est terrible, car viol il y a, mais conscience qu'elle ne voulait pas, il n'y a pas eu. Donc, il ne peut pas y avoir condamnation. Et là, c'est l'effondrement pour la victime (Entretien n° 14).

Lorsqu'elle défend des victimes, plus que de faire pleurer, ou de faire une plaidoirie de la douleur, cette avocate préfère retranscrire l'émotion de son client dans un langage audible, et parfois tout le processus de reconstruction dans lequel la victime est engagée.

> Défendre, c'est une notion qui a mis du temps à germer dans ma tête, dans ma façon de penser et dans ma tolérance. Pour défendre, il faut avoir une certaine maturité. Je me souviens très bien d'un dossier devant la cour d'assises de Charleville-Mézières. Je défendais une personne qui avait avec d'autres personnes, complices, ouvert un château. Ils avaient fait une tentative de meurtre sur le châtelain et tué sa concubine qui avait 33 ans et trois enfants. L'horreur ! Avec ma consœur, on a voulu comprendre. On défendait, entre guillemets, “le chef”, qui avait cette particularité qu'il avait la moitié du visage brûlée. Quand nous sommes allées le voir, ma consœur lui a demandé : “Comment avez-vous pu ?” Il nous a expliqué que ce jour-là, ils avaient bu et fumé, qu'ils pensaient que le châtelain ne serait pas là ; le châtelain devait partir pour une soirée avec la concubine. Et ils avaient entendu dire qu'il y avait un trésor. Ils ont voulu le trésor pour qu'il puisse se refaire le visage. On n'avait pas prévu… Cela le rendait humain, ça ne l'excusait pas. Jamais ! On comprenait qu'il avait vécu à 8 ans l'horreur atomique, avec en plus un père qui lui disait, à 13 ans, quand il rentrait tard : “Tu dors dehors !” et sa mère dans son élan de maternité qui lui jetait

> une couverture. Je ne dis pas qu'il avait tous les droits. Je dis seulement que dans chaque histoire, il y a des clefs, et ces clefs, il faut les comprendre. Dans la défense, je peux mettre en avant ces clefs-là. Je n'excuse pas, j'essaie de comprendre, je ne les juge jamais car ce n'est pas mon métier. J'ai en face de moi un être humain qui m'explique et me dit pourquoi il regrette. Je n'oublie jamais qu'il existe aussi une victime. J'essaie juste d'expliquer pourquoi (Entretien n° 3).

Autrement dit, plaider, c'est surprendre, s'opposer à une thèse, démontrer ce que l'on a compris d'un dossier ou d'une personne, ne pas blesser inutilement, rendre humain, sans pour autant excuser, mais aussi respecter les acteurs du procès par le choix des mots.

Toujours respecter la victime

Les victimes choisissent souvent la voie pénale pour rechercher réparation de leur préjudice plutôt qu'une action devant les tribunaux civils ou administratifs, même si l'infraction a été involontaire ou si le prévenu ou l'accusé n'a pas eu intention de leur nuire. Les victimes apportent devant la justice leurs souffrances et souhaitent interpeller les responsables de leur préjudice. Ces derniers demandent éventuellement pardon même si les victimes ne leur pardonnent pas. Plusieurs avocates disent ainsi ce respect qu'elles portent aux victimes :

> Le côté moral, c'est de toujours respecter la victime. Si c'est une victime, lorsque je plaide en cour d'assises pour une personne qui a reconnu les faits, je plaide aussi pour la victime en lui demandant de ne pas voir en moi la main de celui qui l'a agressée mais de comprendre ce qui s'est passé, pour l'apaiser (Entretien n° 3).

> Quand vous passez devant la cour d'assises trois ans après les faits, c'est souvent problématique pour les victimes, parce que c'est long et que pendant ce temps, elles aussi, elles doivent faire un chemin. Ce n'est intéressant pour personne, et d'autant moins pour la victime, d'avoir un prévenu qui occulte les faits. Or c'est souvent le cas lorsqu'il n'y a pas eu une maturation des faits. Les victimes, même si elles ont hâte que le procès se passe, ont aussi très souvent quand même besoin d'entendre le prévenu. S'il n'a rien d'intéressant à dire, s'il n'a pas entrepris le début d'une réflexion, c'est très frustrant pour les victimes et cela rend plus difficile à mon sens le cheminement qu'elles doivent faire, alors que si elles ont en

> face d'elles quelqu'un qui a pris conscience de ce qu'il a fait, qui a pris ses responsabilités, a pris en compte la souffrance qu'il a causée, qui montre qu'il se prend en main, qui demande pardon, cela n'a plus rien à voir, même pour la victime. C'est ma vision des choses (Entretien n° 7).

> J'ai remarqué que lorsque vous défendez une victime, quelle que soit la peine, il y a toujours une déception, il n'y a rien à faire. Ça passe par le jugement, par un dédommagement. On ne peut pas réparer en fait. À l'époque, j'étais un peu rigide dans mes plaidoiries de partie civile, car à deux reprises j'ai quand même plaidé qu'il n'y avait pas de pardon. Le procès, c'est le pardon institutionnel. Le fait que le prévenu ou l'accusé ait droit à un procès, s'il est coupable et qu'il est condamné, c'est une manière de lui accorder un pardon et d'expliquer "quoi ?", "comment ?", "pourquoi ?" et même de lui permettre de se sentir coupable. Mais le vrai pardon est rare, il nécessite une grande générosité. C'est un tel mouvement de l'âme, d'accorder un pardon, que c'est quasiment impossible dans la réalité, à moins d'être croyant. Et encore, je n'en suis pas sûre. Je pense que cela nécessite beaucoup de temps, de bonté, de mouvement ; c'est un mouvement de l'âme, et un mouvement de l'âme, cela ne se fait pas comme ça. Je pense que c'est quasiment impossible. J'ai deux affaires, les victimes sont incapables de pardonner (Entretien n° 14).

Ainsi pouvons-nous dire avec Paul Ricoeur, que « le pardon n'appartient pas à l'ordre juridique. [...] Pour le comprendre, il faut d'abord dire qui peut l'exercer. Absolument parlant, ce ne peut être que la victime. À cet égard, le pardon n'est jamais dû. Non seulement il ne peut être que demandé, mais la demande peut être légitimement refusée. Dans cette mesure, le pardon doit d'abord avoir rencontré l'impardonnable, c'est-à-dire la dette infinie, le tort irréparable. Cela dit, bien que non dû, il n'est pas sans finalité. Et cette finalité a rapport avec la mémoire. Son "projet" n'est pas d'effacer la mémoire ; ce n'est pas l'oubli ; bien au contraire, son projet est de briser la dette, il est incompatible avec celui de briser l'oubli ; [...] Le pardon donne un futur à la mémoire[11] ». Laissons ici les avocats dans l'affaire du bus incendié de Marseille s'interroger sur leur rôle et leur positionnement dans la défense des intérêts d'une partie civile :

> Il y a trois niveaux : il y a ceux qui s'en remettent complètement à moi, il y a ceux qui ont une exigence éthique, et j'ai une obligation d'avoir

[11] P. Ricoeur, *Le Juste*, Paris, éd. Esprit, 1995, p. 206-207.

> un niveau éthique qui leur convient, il y a aussi ceux qui sont dans une confiance mais à la condition que j'obtienne pour le prévenu ou l'accusé le maximum. Là, on est en contradiction totale avec la mission qui est la mienne, il faut que je leur repositionne les choses en leur indiquant que je ne suis pas l'autorité d'accusation, que je ne suis pas celui qui va réclamer vengeance ou qui va réclamer une peine. C'est très complexe, parce que la soif de rétribution de la part de la partie civile parfois existe et on ne peut pas la nier. S'il y a une soif de vengeance, une soif de sanction, une soif de rétribution, il faut faire comprendre que ce n'est pas le domaine dans lequel ils s'exprimeront le plus[12].

> L'avocat de la partie civile ne réclame pas de peine. C'est vrai qu'il n'est pas là pour cela, ce n'est pas prévu dans le code, mais qu'est-ce qui le lui interdit ? Est-ce qu'un avocat de la partie civile ne peut pas se lever et dire : "Je pense que la bonne peine serait cela ?" Eh bien, ça ne se fait pas parce que le Barreau pèse de tout son poids en ce sens. Mais jusqu'à quand ? J'ai entendu un avocat – et pas des moindres – réclamer une peine de manière extrêmement adroite. Je ne l'ai entendu qu'une fois[13].

On voit ainsi que la plupart des avocats défendant les intérêts de la partie civile n'adoptent pas une attitude rigoriste qui ferait disparaître l'individualité (les circonstances concrètes de l'acte commis, la personnalité du prévenu ou de l'accusé) par rapport à la transgression de la loi.

La défense pénale peut prendre en charge l'innocent comme le coupable de crimes les plus horribles ou la victime. Elle se situe entre le juge, les jurés et le présumé coupable, la victime et son bourreau, les proches du prévenu ou de l'accusé et les médias ou l'opinion publique. Défendre ne se résume donc pas à une simple application du droit. C'est aussi participer à la mise en œuvre des droits de l'homme et des libertés fondamentales. Le procès équitable implique l'équilibre des arguments, l'indépendance de la pensée et le souci permanent de la dignité. Comme l'écrit Jean Danet, la défense pénale existe dans un processus critique : critique des pratiques judiciaires et policières, critique de l'application du droit, critique enfin de la réaction sociale et de ses réponses[14]. Mais pour exercer ses diverses fonctions, elle doit sans doute faire preuve d'une éthique particulière.

---

12 A. Molla, *in* J. Danet, *Des deux côtés de la barre*, op.cit.

13 Ph. Vouland, *in* J. Danet, *Des deux côtés de la barre*, ibid.

14 Cf. J. Danet, *Défendre. Pour une défense pénale critique*, op.cit., p. 257.

CHAPITRE 7

Une éthique plurielle

Tout au long des précédents chapitres, nous avons interrogé la manière pour l'avocat d'être présent avant, pendant et après le procès, montrant ainsi que son activité de défense s'inscrit dans une participation à la justice. En effet, chaque affaire judiciaire met aux prises plusieurs personnes titulaires de droits et de prérogatives. L'avocat pénaliste fait le pari qu'en assumant son rôle de défenseur dans cet espace si particulier entre lui et son client, il amènera ce dernier à occuper pleinement son statut de sujet de droit. En effet, l'acte de défendre ne peut avoir atteint son but que lorsque le prévenu, l'accusé ou la victime ont conscience que leur cause méritait d'être entendue et ceci quel que soit le verdict rendu. Mais il arrive que les avocats soient dans une impasse morale, c'est-à-dire face à une situation où il leur semble que leur client a perdu toute qualité humaine – empathie, sens de la responsabilité de ses actes par exemple. Il peut en être ainsi avec certains clients qui ont commis des actes que les avocats considèrent comme odieux et qui leur donnent l'impression d'une humanité jetée dans le vide. Ils s'interrogent pour savoir comment dialoguer authentiquement avec ces clients. Cela rejoint la question posée dès l'introduction de cet ouvrage : « Comment faites-vous pour défendre ces criminels ? »

L'acte monstrueux n'exclut pas une trace d'humanité

Les avocats disent tous qu'il leur arrive de se trouver en face de clients qui ont commis des faits qui leur apparaissent plus immoraux que d'autres, voire monstrueux[1]. Ils insistent sur le fait que certains crimes portent les risques d'un

[1] Le terme « monstrueux » a été souvent employé par les avocats pour souligner des affaires qui bouleversent le droit, les catégories morales et le temps judiciaire, comme les crimes sexuels qui touchent les enfants et les crimes de masse. Denis Salas les nomme « les figures du mal radical », cf. D. Salas, *La Volonté de punir. Essai sur le populisme pénal*, Paris, Hachette, 2005 ; Arthème Fayard/Pluriel, 2010, p. 80.

opprobre qui happe dans sa représentation hégémonique tout le procès pénal. Ce sont souvent des affaires qui font la une des médias et qui renvoient, comme le dit très justement Georges Auclair, à « des rôles stéréotypés – l'assassin odieux et les innocentes victimes – une représentation volontiers binaire (le bien et le mal) qui appellent un jugement immédiat de son public – coupable ou innocent. Ce simulacre de sens donné à l'Inexplicable agit comme le Mana des sociétés primitives[2] ». Citant l'affaire de Patrick Henry qui en 1976 kidnappe et rançonne un enfant de 8 ans, Denis Salas écrit : « On répétera *ad nauseam* que le cadavre de l'enfant est resté abandonné treize jours sous le lit alors que le meurtrier multipliait les déclarations sur les écrans », et il conclut que le récit médiatique, qui donne d'horribles détails, parle le langage des affects et rend le fait divers immédiatement perceptible[3]. Ce qui nous intéresse ici, c'est de savoir comment l'avocat peut défendre un présumé coupable d'un acte considéré odieux, sans scrupules. La lecture de Cora Diamond[4], qui aborde le genre de distance qu'il peut y avoir entre les manières de penser l'importance et la signification du moral, apporte ici des éléments de réflexion. Son analyse s'appuie sur l'article publié dans *Le Washington Post* sur l'accident d'un paraplégique, Hobart Wilson, vivant sur une planche-à-roulettes, qui avait défié toute sa vie les lois et les conventions et avait été condamné à plusieurs reprises, le plus souvent avec sursis, ainsi que sur les lettres écrites en réaction de ce récit qui accusent *Le Post* d'encourager la sympathie pour cet homme handicapé. Cet article rappelle que ce délinquant a eu une destinée humaine qui peut être très différente de la capacité à avoir une personnalité morale. Il montre que la sympathie ou l'intérêt pour une personne, ici Hobart Wilson, peuvent aller et venir indépendamment du mérite moral. L'analyse de ce récit met en évidence le fait que le sens de la vie, le sens de ce qui est humainement intéressant peut se porter là où la moralité ne le ferait pas. Rapporté à notre réflexion, ce récit aide à comprendre pourquoi les avocats défendent ces criminels considérés comme monstrueux. Au-delà de l'acte commis, l'avocat défend l'humanité. Si l'avocat refusait de défendre un prévenu, on pourrait penser qu'il nie la part d'humanité de son client et que par là il renoncerait à sa propre humanité.

---

[2] G. Auclair, *Le Mana quotidien*, Paris, Anthropos, 1982, cité par Denis Salas in *La Volonté de punir. Essai sur le populisme pénal*, ibid, p. 58.

[3] D. Salas, *La volonté de punir. Essai sur le populisme pénal*, ibid.

[4] C. Diamond, *L'Importance d'être humain*, Paris, Puf, Coll. « Quadrige », 2011, p. 180 sq.

L'apport d'une éthique narrative

L'analyse sociologique des entretiens des avocats met en évidence le fait qu'il existe souvent des écarts entre les valeurs de justice du client et celles de l'avocat. À titre d'exemple, le prévenu ou l'accusé peut tenir un discours en apparence nihiliste, en ce sens où pour lui rien ne semble avoir de valeur. Or souvent, les faits montrent que le client, à travers l'acte qu'il a commis, défend quelque chose, même s'il n'a pas conscience qu'il a fait cet acte impulsif pour défendre une valeur. De même, la victime peut avoir une attitude revancharde et agressive ou sans colère par rapport à l'acte subi. Comment alors l'avocat peut-il avoir accès au système de valeurs de l'autre, différent du sien ? Comment l'avocat et son client peuvent-ils arriver à s'entendre sur des valeurs et, par voie de conséquence, sur des lignes de défense ? L'avocat devra rechercher comment exclure les différences insurmontables des ordres de valeur. Dans bien des situations, il ne sera pas possible de se référer à des valeurs préétablies. La difficulté tient également au fait qu'il n'y a pas pour le pénaliste de recettes qui seraient liées uniquement à une compétence ou une expertise professionnelle. L'analyse des entretiens réalisés auprès d'avocats montre que l'avocat pénaliste entend et voit avant de raisonner. Dans toute affaire pénale, il existe une phase de compréhension avant le jugement. L'avocat pénaliste ne doit pas en effet se satisfaire de l'état de la première rencontre avec son client, sinon il n'y aurait plus de progrès possible. La conscience défendante et la conscience présumée coupable ou la conscience victime échangent leurs positions. Si l'avocat est en défense, il peut se trouver devant différents cas de figures : soit le présumé coupable clame son innocence, soit le prévenu ou l'accusé n'a pas conscience de la gravité de l'acte qu'il a commis ou qui lui est reproché, soit il sait ce qu'il a fait mais ne s'explique pas son acte, soit il est anéanti devant l'acte qu'il a commis ou qui lui est reproché. Il peut être ici argumenté que ces situations ne sont pas similaires et que ce n'est pas la même responsabilité qui sera engagée pour chacune d'elles. Si l'avocat est représentant de la partie civile, il peut être confronté à diverses situations : soit la victime est sans haine, demande toute la discrétion sur l'acte vécu et souhaite être dans le recueillement, soit au contraire elle a une soif de vengeance, de sanction ou une soif de rétribution. Il peut être argué là que ces allégations ne sont pas identiques, et que ce ne sera pas la même relation avec le client selon qu'il est dans une attitude proche du pardon ou dans une revendication forte vis-à-vis du présumé coupable.

L'analyse des entretiens avec les avocats met en évidence le fait que la relation qui se noue entre le client et son avocat excède le cadre procédural. Quel que soit l'acte commis, reproché ou subi, l'avocat tente, tout en étant aiguillé par les charges du dossier, à temps et à contretemps, de penser l'impensé du discours de son client. Pour cela, il doit atteindre le meilleur état de lui-même, au sens d'une connaissance de sa propre subjectivité, pour comprendre l'autre et préparer sa défense. En se référant à Iris Murdock[5], nous pouvons soutenir que les avocats doivent se rendre attentifs à la texture de la vie de leur client, aux modes de leurs réactions, à la relation particulière entre cette texture et leurs actions, leurs pensées, leurs réactions particulières. Mais si les avocats cherchent à comprendre le délit ou le crime, en déployant les raisons, contexte familial par exemple, ils ne doivent pas non plus trop comprendre, trop accompagner la pente secrète des motivations de l'acte commis. Sera-t-il possible pour l'avocat de déterminer ce qui lui apparaît juste, bon pour son client à l'aide d'arguments rationnels, sans qu'il soit nécessaire de recourir aux institutions formelles qui constituent les lois et le système juridique de la société ? Ou, comme le défend Tony Honoré, sera-t-il nécessaire pour l'avocat de relier les exigences de moralité à la loi en vigueur au sein de la société[6] ? L'imposition d'une sagesse philosophique trop détachée de la réalité du client risque d'être perçue par celui-ci comme trop abstraite.

Aussi peut-on penser, à tort ou à raison, certains diront compte tenu du contexte, que l'avocat devra privilégier une éthique narrative au sens de l'herméneutique de l'agir de Paul Ricoeur, qui permettra au client par une approche critique d'expérimenter d'autres manières d'être et de penser[7]. Tout en cherchant à connaître aussi objectivement que possible les faits reprochés à leur client (le présumé coupable) ou subis par leur client (la victime), les avocats ont parfois pour objectif de les aider à se re-positionner autrement comme sujet, c'est-à-dire de leur restituer la compréhension de leur propre acte ou de cet acte subi en tenant compte de leur histoire et de l'interprétation qu'ils se sont construite autour des faits évoqués. On comprend bien toute

[5] I. Murdock, « Vision et choix en morale », *in* S. Laugier (dir.), *La Voix et la Vertu*, Paris, Puf, 2010.

[6] Notamment T. Honoré, « The dependence of morality on law », *Oxford Journal of Legal Studies*, 13 (1), 1993, p. 1-17.

[7] P. Ricoeur, *Temps et récit, III, Le Temps raconté,* Paris, Seuil, 1985. Du même auteur, *Du texte à l'action. Essais d'herméneutique II,* Paris, Seuil, 1986 et *Soi-même comme un autre*, Paris, Seuil, 1990.

l'importance, dans la fonction de l'avocat pénaliste, de la mise en œuvre de ce processus de « désubjectivation » du client.

L'agir de l'avocat s'étend plus loin que l'intérêt de son client

On ne contestera pas l'idée du caractère incertain de l'issue du procès pénal. On ne contestera pas non plus que l'avocat participe à la recherche d'un équilibre entre l'acte commis et la peine infligée[8]. L'analyse sociologique des affaires jugées devant les tribunaux correctionnels ou les cours d'assises montre en effet que lors de sa plaidoirie, l'avocat participe à la prise en compte par les juges et jurés des éléments caractérisant la vie de son client. Il est un des acteurs de la mise en scène d'un débat individualisé. Au cours du procès, le client, l'autre, devient proche avec son histoire, son identité. Au-delà du rituel judiciaire apparaît une scène plus intime, souvent plus tragique aussi. L'avocat met également en avant toutes les circonstances de l'acte, circonstances atténuantes ou circonstances aggravantes – dont il serait injuste de ne pas tenir compte pour le verdict de procès mais aussi pour la nature et l'intensité de la peine.

Tout au long de ce processus judiciaire, l'avocat peut être saisi par des sentiments moraux – sympathie, compassion, dégoût, indignation, pitié – vis-à-vis de son client, par des conflits éthiques et parfois par des doutes persistants sur la culpabilité ou non du prévenu ou de l'accusé. L'avocat a ainsi une responsabilité morale concernant à la fois le prévenu ou l'accusé, la victime mais aussi la société civile. Car comme l'écrit Denis Salas : « Le débat actuel est moins de savoir quels sont les facteurs de risque de l'individu, que quel est le degré de risque acceptable pour la société. Il ne cherche pas à inspirer à cet individu la crainte d'une sanction mais à éviter à la société le risque qu'il représente[9]. » Même si l'avocat n'a pas à trancher une situation de fait et à juger, son agir dans le cadre du procès pénal est considéré comme pouvant affecter le destin des autres. S'il y a toujours un degré d'inconscience dans l'agir humain, la question se pose alors de savoir ce que la conscience éthique peut tolérer. Jusqu'où l'avocat peut-il aller dans la défense de son client – prévenu, accusé ou victime – sachant qu'au moment du procès, ce

[8] Pour une réflexion sur la justification de la peine dans une société démocratique, cf. B. Guillarmé, *Penser la peine*, Paris, Puf, Coll. « Questions d'éthique », 2003.

[9] D. Salas, *La volonté de punir. Essai sur le populisme pénal*, op.cit., p. 190.

n'est pas seulement l'incrimination qui est en cause mais aussi le poids de l'acte, ses représentations et sa résonnance sociales ? D'autant plus que de nos jours, un place importante est donnée à la victime, qui se fait de plus en plus proche au cours de l'audience et éloigne ainsi subitement le présumé coupable. Comment l'avocat peut-il se situer face au principe de l'intime conviction, au sens d'un jugement moral où « le mobile, l'intention, la réputation, le contexte comptent plus que les faits légalement qualifiés[10] » ? En acceptant de défendre son client, l'avocat pénaliste s'ouvre à une responsabilité[11] qui n'est pas que formelle, certes qui se base sur un accord entre lui et son client mais qui est au service du bien commun et du vivre ensemble. Dans cet objectif, on pourrait proposer une éthique de la conviction ou une éthique « absolue[12] » qui partirait du principe que l'accomplissement du délit ou du crime – considéré comme un acte immoral tant d'un point de vue subjectif qu'objectif – constitue la condition à la fois nécessaire et suffisante pour justifier la peine. On pourrait affirmer que le prévenu ou l'accusé doit être puni en proportion du mal qu'il a fait. Mais cette conception n'aurait de légitimité morale que si l'on s'abstenait de réfléchir sur les conséquences de l'acte reproché, commis ou subi. Les avocats, dans les arguments donnés, mettent souvent en avant qu'en pénal, la peine n'est pas un but en soi mais seulement un moyen dont l'usage n'est légitime que parce que et dans la mesure où elle est utile mais également juste. Ils soulignent la nécessité de prendre en considération les facteurs individuels et sociaux étrangers à la seule gravité de l'infraction, pour déterminer la nature et l'intensité de la peine.

L'avocat pénaliste, d'une théorie morale à une autre

Les avocats pénalistes s'appuient-ils implicitement, dans leur activité de défense, sur une théorie morale spécifique ou sur plusieurs théories morales ? Telle est la question à laquelle nous allons tenter de répondre. L'affaire du

---

[10] *Ibid,* p. 211.

[11] Voir pour une discussion sur le principe responsabilité et les thèses divergentes s'y rapportant : H. Jonas, *Le Principe responsabilité. Une éthique pour la civilisation technologique*, trad. de l'allemand par Jean Greisch, Le Cerf, Coll. « Champ Essais », 1990 ; E. Pommier, *Hans Jonas et le principe responsabilité*, Paris, Puf, Coll. « Philosophies », 2012 ; C. Larrère, E. Pommier (dir.), *L'Éthique de la vie chez Hans Jonas*, Paris, Publications de la Sorbonne, Coll. « La philosophie à l'œuvre », 2013.

[12] M. Weber, *Le Savant et le Politique*, Paris, La Découverte, 2003.

mineur Patrick Dils apportera des éléments à cette interrogation. Les faits[13] étaient les suivants. Lors d'un premier procès le 27 janvier 1989, l'adolescent avait été condamné après trois jours d'audience par la cour d'assises des mineurs de Moselle à la réclusion criminelle à perpétuité pour le double meurtre d'Alexandre Bekrich et de Cyril Beining, deux garçons âgés de 8 ans, meurtre qui avait eu lieu le 28 septembre 1986 à Montigny-lès-Metz. Tout d'abord Patrick Dils avait avoué avoir commis ces meurtres puis, quelques jours après ses aveux dévastateurs, s'était rétracté, les justifiant par la fatigue et la lassitude. Mais à compter du 17 juillet 1987, le présumé coupable n'avait cessé de proclamer son innocence. Le 3 avril 2001, la cour de révision prononce l'annulation de la condamnation de Patrick Dils et ordonne que l'affaire soit rejugée devant la cour d'assises des mineurs de la Marne en raison d'éléments nouveaux, « un doute sur la culpabilité du condamné ». On apprend en effet que bien que niant être l'auteur de ces crimes, Francis Heaulme, condamné pour cinq meurtres depuis 1984, était sur les lieux du crime le jour des meurtres. Lors du second procès qui débute le 20 juin 2001, la cour rend son verdict et condamne une seconde fois Patrick Dils, à la veille de son trente-et-unième anniversaire, à vingt-cinq ans de réclusion criminelle, malgré la demande d'acquittement de l'avocat général, les preuves de la présence de Francis Heaulme sur les lieux du crime et les arguments de l'innocence de leur client apportés par Maître Florand et Maître Becker. On peut ainsi lire dans l'ouvrage *Les Grandes Erreurs judiciaires*[14] que « le verdict retentit dans la salle d'audience dans un silence de mort. Accablé, Patrick reste immobile, sans mot dire. Sa mère et son frère qui sont présents dans la salle restent figés de stupéfaction… Les avocats de Patrick sont également abasourdis. Pour les avocats des parties civiles, c'est au contraire un soulagement. Maître Rondu, défenseur de la famille Beckrich souligne les "charges énormes" qui pesaient contre lui et son "absence totale d'explications ». On comprend bien ici que même si l'ensemble des acteurs du procès étaient en accord sur un nouveau récit des faits en cause, pour les parties civiles, continuant à reconnaître Patrick Dils comme l'agresseur de leurs enfants, cette nouvelle vérité reste difficile à admettre. Le 2 juillet 2001, Patrick Dils fait appel. Devant la cour d'assises de Lyon, Maître Florand fonde sa plaidoirie sur la présence de

[13] Nous résumons ici l'affaire Dils présentée par Maître Olivier Proust, avocat au barreau de Paris, in *Les Grandes Erreurs judiciaires* : *Dreyfus, Seznec, Dils, Outreau*, Issy-les-Moulineaux, Prat éd., 2006, p. 421-466.

[14] O. Proust, *ibid*, p. 442.

Francis Heaulme sur les lieux du crime, rappelle que des erreurs judiciaires ont été occasionnées par des innocents ayant avoué, dénonce la manière dont l'instruction a été menée, « trop rapide et sans humanité », et conclut en ces termes : « L'erreur judiciaire est un malheur public et la justice s'anoblit en la reconnaissant. » À son tour, Maître Becker s'adresse à la Cour : « Cette quête d'un coupable a détruit la vie d'un innocent. Les non-sens, les oublis, les trahisons, les tricheries ont emmuré vivant un adolescent. [...] À vous de dire votre mépris de l'injustice, votre mépris de la haine. À vous de proclamer la justice et la vérité. À vous de dire l'innocence ! À nous tous, Patrick, de t'aider à pardonner sans juger. » Ainsi, le 24 avril 2002, Patrick Dils est acquitté.

On notera que le crime dont est accusé Patrick Dils apparaît odieux. Les policiers arrivés sur les lieux décrivent une scène abominable : « Les deux enfants ont la tête écrasée par des coups de pierre. Ils ont été si violemment frappés que l'un d'eux à la tête enfoncée de dix centimètres dans le sol composé de pierres du ballast. » Les policiers remarquent « des projections importantes de sang, et de matière cervicale autour des corps. Des traces de sang, qui ressemblent à celles d'une main qui s'est essuyée, sont visibles sur l'un des wagons qui se trouve à proximité des corps. L'un des enfants a le pantalon et le slip baissés[15] ». De même, lorsque l'on entend les propos de la juge d'instruction sur les aveux de Patrick Dils, celle-ci dit avoir été « sidérée » par le récit du jeune garçon et en avoir eu « froid dans le dos ». Le greffier du juge d'instruction, également entendu, raconte que les propos de Patrick Dils et sa manière de mimer les coups portés aux enfants lui avaient donné « la chair de poule ». On soulignera que Patrick Dils est décrit par les premiers psychiatres qui le rencontrent comme un garçon timide et réservé, comme « solitaire, introverti, sans émotion, obstiné, replié sur lui-même ». Seul un trouble « explosif » permettait d'expliquer le meurtre. Il est ainsi potentiellement perçu comme un suspect « dangereux ». C'est ainsi que lors de son incarcération à la maison d'arrêt de Metz-Queuleu, pendant deux ans jusqu'à son procès en 1989, il est isolé sans avoir le droit de voir ses parents. De même, malgré l'annulation de la condamnation de Patrick Dils par la cour de révision et dans l'attente du second procès, celui-ci reste en détention. Il faudra d'ailleurs attendre le rapport du Docteur Roland Coutanceau au cours de la procédure de révision pour que Patrick Dils soit présenté comme ne présentant aucune pathologie mentale et de dangerosité criminologique.

[15] *Ibid,* p. 424.

Toutefois, lors du troisième procès, si son avocat demande qu'il puisse comparaître libre, sa demande de mise en liberté est rejetée par la chambre d'instruction de la cour d'appel de Lyon en raison de « l'extrême gravité » des faits qui lui sont reprochés et des risques de troubles à l'ordre public que cela pourrait entraîner.

Ainsi, cette affaire met en évidence toute la complexité de la posture de l'avocat en défense ou comme partie civile. Dès le début de l'affaire, les avocats sont pris entre des aveux circonstanciés et réitérés par Patrick Dils du double crime et sa déclaration répétée de son innocence. Comme l'explique Denis Salas, ils sont au cœur d'un système judiciaire où « la volonté de punir tend à s'affranchir de toute limite. Sollicitant largement les incriminations, encourageant l'urgence procédurale, mesurant chichement les droits de la défense, elle semble surtout ne vouloir réparer que le mal des victimes[16] ». Dans cette affaire, il semble en effet important que les parents des victimes connaissent ce qui s'est réellement passé pour leurs enfants. Les avocats sont devant un dossier sans preuve matérielle solide mais avec un coupable idéal.

Il me semble alors important de souligner que devant la gravité des faits, les avocats font le choix d'une orientation de défense en fonction de ce qui leur paraît le plus cohérent, mais peuvent également se demander au nom de quoi cette orientation est la bonne, ou la moins mauvaise possible. Il n'est pas ici inutile de rappeler que l'éthique prête une grande importance à la justification, notamment à montrer que ce qui a été fait – ou sera fait – est bon ou est la meilleure chose à faire. Il n'est pas non plus incohérent de rappeler que si la philosophie morale distingue plusieurs théories éthiques[17] – le déontologisme, le conséquentialisme, l'éthique des vertus pour n'en citer que quelques-unes –, dans ce contexte pragmatique et appliqué qui est celui de la défense pénale, il peut apparaître plus simple de considérer ces théories[18] comme des styles d'argumentation éthique qui peuvent être en tension, et qui ont chacune leur place légitime. Car, comme nous avons déjà commencé à le pressentir, les expériences de comportements des avocats pénalistes ne permettent pas de donner plus de poids à une théorie plutôt qu'à une autre.

---

[16] D. Salas, *La Volonté de punir. Essai sur le populisme pénal*, op.cit., p. 174.

[17] M. Canto-Sperber, *L'Inquiétude morale et la vie humaine*, Paris, Puf, 2001 ; M. Canto-Sperber (dir), *Dictionnaire d'éthique et de philosophie morale*, op. cit.

[18] M. Canto-Sperber, *L'Inquiétude morale*, ibid. ; M. Canto-Sperber (dir), *Dictionnaire d'éthique et de philosophie morale*, ibid.

Les avocats peuvent prendre une orientation de défense en s'appuyant sur quelques obligations éthiques générales qui incombent à chaque personne en vertu de son caractère fondamental d'être autonome. On se situe, ici, dans une perspective kantienne[19] : ce qui rend l'orientation bonne est précisément sa conformité à telle règle. Une telle éthique centrée sur la notion de devoir avec les droits qui en sont le corollaire est dite déontologique. L'avocat qui représente son client a des obligations mais aussi des droits fondamentaux, qu'il ne peut prendre à la légère. Cette conception de l'éthique peut être critiquable. L'avocat peut-il, en effet, ne pas tenir compte des conséquences de son action de défense ? Par exemple, l'avocat de la défense peut-il faire un choix d'action en se désintéressant complètement des risques de condamnation de son client à la réclusion criminelle à perpétuité alors qu'il clame son innocence ou des risques que le meurtrier soit toujours en liberté et commette un autre crime ?

L'avocat peut orienter son action de défense en fonction des conséquences prévisibles en termes de balance bénéfice/dommage probable du résultat du procès. Par exemple dans notre affaire citée, après la seconde condamnation, les avocats pouvaient conseiller à Patrick Dils de ne pas faire appel de la décision de la cour d'assises des mineurs, d'accepter la condamnation définitive, estimant qu'il serait plus favorable pour lui de bénéficier d'une remise de peine, ou au contraire pouvaient lui conseiller de faire appel, estimant qu'il était probable qu'il serait acquitté. Dans cette perspective, ce qui rend l'action bonne, c'est le caractère globalement positif du résultat escompté, ici, donc, l'acquittement. Sous sa forme la plus radicale, l'éthique conséquentialiste décrite s'appelle utilitarisme et n'admet comme seule règle morale que le principe d'utilité. Dans cette perspective théorique, s'appuyant sur une évaluation personnelle et impartiale, l'avocat choisira l'orientation dont le résultat prévisible produira le maximum de bien et le minimum de mal pour le client. Une perspective conséquentialiste a donc un rôle important à jouer. Toutefois, il ne faudrait pas que l'avocat ne fasse dépendre une action que des probabilités, qui peuvent être fragiles. Dans cette affaire, l'acquittement de Patrick Dils aurait pu ne pas se réaliser comme lors du second procès. De plus, les principes éthiques et juridiques comme la présomption d'innocence, la recherche de vérité auraient pu être remplacés par des aprioris sur la personne de Patrick Dils – « personne

[19] Kant, *Métaphysique des mœurs* : *I Fondation, Introduction*, trad., présentation, bibliographie et chronologie par Alain Renaut, Paris, Flammarion GF, 1994 ; Kant, *Métaphysique des mœurs* : *II. Doctrine du droit, Doctrine de la vertu,* trad., présentation, bibliographie et chronologie par Alain Renaut, Paris, Flammarion GF, 1994.

insensible et indifférente[20] » – comme dans le second procès, ne pouvant convaincre le jury de sa sincérité et de son innocence. Enfin, les conséquences d'un utilitarisme sans réserve peuvent être en conflit grave avec les attentes vis-à-vis de la justice comme source de cohésion sociale.

Il reste à identifier une théorie de conception plus ancienne qui renvoie à une autre question : quelle est la fin qu'il faut atteindre ? L'avocat se situe là dans une démarche d'inspiration aristotélicienne[21] ou téléologique en ce qu'il poursuit la réalisation d'un souverain bien. L'avocat devra alors déterminer en fonction du souverain bien si le suspect est du côté du vice ou de la vertu. Dans cette théorie téléologique, appelée « éthique des vertus », l'avocat prend en considération les caractéristiques de la personne pour la réalisation du souverain bien. Si le souverain bien est la justice, une personne qui accomplit des actes justes sera une personne vertueuse. Cette personne, puisqu'elle est vertueuse, fera de bons actes. Dans l'affaire citée ci-dessus, on peut penser que la personnalité même de Patrick Dils, qui ne correspond pas à l'image vertueuse que l'on peut se faire de la personne morale, a convaincu les jurés de sa culpabilité, indépendamment du dossier. L'attitude de l'avocat s'approchant de l'éthique de la vertu serait d'agir de façon compassionnelle envers celui même qui est considéré par tout le monde comme le coupable parfait.

On voit dès lors que l'avocat pénaliste se réfère à une éthique plurielle. Son champ d'actions n'est pas plus influencé par une théorie morale que par une autre. C'est au croisement des théories morales et en fonction du contexte de chaque affaire singulière que se construit la défense pénale.

---

20 O. Proust, in *Les Grandes Erreurs judiciaires : Dreyfus, Seznec, Dils, Outreau*, op.cit., p. 443.

21 Aristote, *Éthique à Nicomaque*, trad., préface et notes par Jean Voilquin, Paris, Flammarion GF, 1992.

Conclusion

Ce ne sont pas seulement les écrits des avocats les plus connus qui donnent à connaître leurs souvenirs, leurs émotions, leurs déceptions ou font revivre les grands procès, procès d'assises le plus souvent, qui orientent vers le choix du métier d'avocat pénaliste. Ce sont le plus souvent le souvenir d'un événement marquant, poignant, injuste, la plaidoirie d'un avocat qui a bouleversé, impressionné, qui conduisent vers cette orientation professionnelle.

Précisons d'abord que les termes « éthique » et « morale» ont suscité chez les avocats rencontrés des interrogations sémantiques. Certains avocats les distinguent fortement – d'un côté le terme « éthique » venant du grec *ethos*, signifiant les mœurs, les habitudes de vie, les coutumes, et de l'autre le terme « morale » du latin *mores*. D'autres, au contraire, les emploient indifféremment et rejoignent ainsi la posture que nous avons choisie.

> Est-ce qu'il y a un sens moral, un sens éthique à notre métier d'avocat pénaliste ? Je ne saurais pas vous répondre. Je dirais "oui !" "Oui, un sens moral ! Oui, une éthique !" Je pense qu'elle est très différente d'un cas à l'autre. Je pense que cela va dépendre beaucoup de la personnalité de l'avocat. Je pense que ce sont deux notions qui sont très subjectives, que chaque avocat pénaliste va les adapter différemment selon sa personnalité, ses clients et ses dossiers (Entretien n° 6).

Si défendre au pénal n'était que les bribes de plaidoirie, les joutes verbales que nous livrent un court instant les micros et les caméras, ou encore n'était que cet exercice technique tiré de la loi, ce serait une vision bien étroite du métier d'avocat pénaliste. Défendre est infiniment plus que cela. L'avocat a un discours pluriel parce qu'il peut défendre soit la victime, soit le présumé coupable d'actes les plus réprouvés. Il est chargé de dire aux juges, aux jurés, des vérités parfois insoutenables. Il se glisse dans les logiques de la faute et du risque, de la sécurité et de la liberté, de la souffrance et du pardon. Il participe à la fonction symbolique du procès. Il est une pédagogie dans la cité. Il est un partenaire mais aussi un témoin de la justice.

> Être avocat pénaliste, c'est faire un exercice de combat. Le premier que vous combattez, c'est votre client. Parce que vous n'avez pas un avocat qui ait envie d'aller à un jugement quel qu'il soit avec un dossier qui dit quelque chose et puis un client qui dit tout autre chose et se prendre des coups. Même si on croit la version de son client sur certains aspects, on va pouvoir l'exhorter à adopter une autre attitude parce que la forme est très importante. On est quand même dans des procédures orales. La façon de s'exprimer, la façon de comparaître, la façon de s'habiller, tout est important ; on se bat beaucoup contre les juges qui ont une perception des avocats négative. Ils nous voient comme des collaborateurs de nos clients, non comme des plus-values, des interlocuteurs dignes de ce nom. On peut quand même avoir de la distance avec son client, sans le trahir, mais les magistrats ne le voient pas. Si vous avez un client à qui l'on reproche des faits ignobles, le magistrat que vous avez en face de vous ne vous parlera pas de la même façon. Quand on vient à un interrogatoire et que l'on est pour la partie civile, c'est souvent beaucoup plus détendu, car vous êtes du bon côté. La victime, c'est le bon côté. Le prévenu, c'est le méchant. L'avocat n'est qu'un prolongement du mis en examen, du prévenu, de l'accusé ou de la victime (Entretien n° 7).

À propos d'une question récurrente posée par une journaliste : « Y a-t-il pour vous des gens indéfendables ? Défendriez-vous, par exemple, Georges Bush ou Ariel Sharon ? », l'avocat Jacques Vergez avait répondu : « Un avocat est là pour défendre, comme un médecin pour soigner. Vous ne comprendriez pas un médecin qui refuserait de soigner un malade du sida au motif que c'est une maladie sexuellement transmissible et qu'il réprouve, par exemple, la sodomie ; de même, vous ne comprendriez pas s'il refusait de soigner un malade non plus à cause de sa maladie mais de ses activités, un gangster par exemple. Il en est de même pour l'avocat. Plus l'accusation est grave, plus l'accusé a le droit d'être défendu et l'avocat, le devoir de le défendre. L'avocat, cependant, n'est pas un mercenaire, il a sa propre vie et ses propres convictions, et la défense qu'il propose à l'accusé doit en tenir compte. Si

Barbie, par exemple, m'avait demandé, pour sa défense, de soutenir la thèse de la supériorité de la race aryenne, j'aurais refusé. Ceci pour dire que l'avocat doit accepter de défendre les pires criminels à une seule mais importante condition : c'est d'être d'accord sur la stratégie de défense. Pour Bush et Sharon, je suis partant s'ils plaident coupable[1]. » La question et la réponse exposées sont intéressantes. Elles illustrent qu'il peut être moral d'accepter un mandat, ou qu'il peut être moral d'en refuser un s'il y a une mésentente sur la stratégie de défense entre l'avocat et le client.

Au fil des chapitres, nous avons pu découvrir que les avocats pénalistes pratiquent dans un contexte non figé, en mouvance, en construction perpétuelle, leur donnant ainsi le ton de la moralité comme source d'identité.

> Il y a beaucoup d'aprioris, les magistrats ne connaissent pas suffisamment l'exercice de la profession d'avocat. Ce sont vraiment deux mondes très opposés. Pourtant, chacun peut faire son métier, chacun a sa place. On a vraiment le sentiment de casser un carreau et de rentrer par la fenêtre. Très souvent, l'avocat est l'élément dérangeant. Vous avez le sentiment que s'ils pouvaient rester entre soi, magistrats, parquet, policiers, ils seraient quand même plus tranquilles. Notre système impose de plus en plus la présence des avocats. Il suffit de regarder les réformes. Ce n'est pas un hasard s'il y a un tel fossé entre ce qui se passe en France et ce qui peut être perçu par la Cour européenne. La Cour européenne nous donne des signaux forts et précise que l'avocat doit être présent, l'avocat n'est pas un intrus. Il n'y a pas à se méfier de l'avocat (Entretien n° 7).

Les avocats sont nécessairement attentifs aux évolutions juridiques, comme tout acteur de leur époque, dans la mesure où ces changements affectent les structures du pouvoir judiciaire. Ces nouvelles dispositions juridiques, qui permettent entre autres une plus grande présence de l'avocat au moment de la garde à vue et de l'instruction, sont pour eux un moyen utile pour pallier les risques d'éléments falsifiés, fabriqués, maquillés, les nombreuses erreurs judiciaires[2] et veiller à améliorer le respect du principe de la présomption d'innocence.

Sachant que l'on peut faire un usage « déontologique » du terme éthique, nous avons consacré un chapitre sur le rapport des avocats pénalistes à leur

[1] J. Vergès, *Journal. La passion de défendre*, Paris, éd. du Rocher, 2008.

[2] *Les Grandes Erreurs judiciaires : Dreyfus, Seznec, Dils, Outreau*, Issy-les-Moulineaux, Prat éd., 2006.

institution. La déontologie définit ainsi le rôle de l'avocat avec toutes les obligations morales : respect de divers principes comme l'indépendance, la courtoisie, la prudence, l'honneur, le désintéressement, la probité, la confraternité, la loyauté, le contradictoire, et la délicatesse. En se fondant uniquement sur ces principes, il pourrait alors être tentant de définir ce qu'est un « bon » avocat. Toutefois, ces principes sont insuffisants pour émettre un jugement et pour répondre à notre questionnement sur la place de l'éthique dans le métier d'avocat pénaliste.

On peut se demander si les bonnes manières ne suffisent pas pour tout avocat à se conduire correctement et s'il est tant besoin de tout cet arsenal de règles avec, en arrière-plan, la menace d'une sanction disciplinaire. On peut aussi s'interroger sur ce foisonnement de la règle de droit : n'est-il pas la marque de l'affaiblissement de la morale dans cette profession ? C'est ce que nous avons tenté de savoir en posant cette question aux avocats pénalistes : « Quel est le sens moral ou éthique pour vous du métier d'avocat ? »

Certains rappellent que l'avocat pénaliste a longtemps été perçu comme l'avocat qui protège la veuve et l'orphelin ou l'avocat qui défend le criminel sans foi ni loi. Ils insistent sur le fait que l'avocat pénaliste ne peut exercer ce métier juste pour défendre celui qui est sous une menace de peine grave et gagner, sans considération morale. Ils précisent qu'ils n'ont pas non plus à accepter ou à refuser une affaire parce que c'est bien ou c'est mal.

> Je ne sais pas ce qu'est le sens moral dans un procès. On ne parle pas de sauver les gens et de faire semblant même s'ils ont commis quelque chose de grave. On ne se dit pas : "Je suis une espèce d'avocat véreux, complètement sorti de toutes considérations morales" ou "Je suis là juste pour défendre et gagner un procès, et faire mon métier." Ce n'est pas cela. C'est véritablement un moment difficile pour une personne ; et l'on ne doit pas refuser de défendre quelqu'un sous prétexte que les faits commis sont graves ou que ce n'est pas bien. Sinon on ne fait pas ce métier (Entretien n° 13).

> La morale au sens du bien ou du mal, elle est un peu étrangère dans notre métier. Si j'ai un client qui me dit : "J'ai tué cette personne involontairement ou volontairement", je ne suis pas là pour lui dire "c'est bien" ou "c'est mal". L'avocat ne se positionne pas sur ce terrain-là. Ce sont d'autres personnes qui vont se charger de le lui dire. En revanche, l'avocat peut

aider son client à s'exprimer et à se positionner correctement devant ses juges (Entretien n° 7).

Le risque encouru par le suivi d'une stricte ligne déontologique ne peut-il être de voir cette dernière se transformer en refuge, en « une éthique déontologique » dans la simple « conformité » avec les règles de bienséance du Barreau ? Les règles ont été respectées, l'accusé a eu droit à son défenseur, les intérêts de la victime ont été défendus, l'avocat a fait ce qu'il a pu dans le cadre « déontologique », ensuite la décision sera ce qu'elle sera... De même, lors de la présence de l'avocat durant la garde à vue (une sorte de pré-jugement ?) le risque, pour celui-ci, n'est-il pas de cautionner par sa présence les procès-verbaux de la police judiciaire ? Ils ne seront plus contestables. Les règles auront été respectées.

En fait, on peut se poser la question de la cohabitation des deux notions – déontologie et éthique – et du « trouble de voisinage » qui pourrait en résulter. L'essence même du métier d'avocat, du rôle de l'avocat, n'est-elle pas de se rapprocher au plus près d'une conduite éthique, celle nécessitée par la défense – nous l'avons vu *supra*, une « défense libre » –, plutôt que de se contenter de se soumettre à une déontologie indispensable mais inévitablement teintée de corporatisme qui donnerait une large place à « la confraternité » et à « la déférence », l'auxiliaire de justice justifiant là son appellation ? Ce trouble de voisinage, plutôt qu'une aporie, ne semble pas par essence incontournable. La déontologie est une nécessité professionnelle[3], elle ne règle pas la conduite éthique du défenseur.

D'ailleurs, le chapitre intitulé « L'avocat et la relation à l'autre » met bien en évidence le fait que les avocats peuvent éprouver pour leur client de la sympathie, de l'empathie, de la compassion, de la pitié, du dégoût ; devant certains scènes de crimes, l'horreur ; devant certains situations, de la détresse, de la sévérité, de l'indulgence ; à l'égard des faits présentés par le client, de la défiance, des préjugés. Les avocats pénalistes disent ainsi leurs intuitions

[3] Les exemples (nombreux) d'infractions aux règles de fonctionnement de la profession d'avocat, qui sont donnés dans un résumé concernant la déontologie de la profession, ne concernent pas « la défense » dans sa stratégie, sa morale... « Tenue de propos diffamatoires et injurieux à l'encontre de magistrats, fraude fiscale, offre de corrompre un magistrat, manquement aux règles de maniement des fonds, inexécution des obligations déontologiques en cas de succession à un confrère, termes désobligeants à l'égard du bâtonnier, [...] » *in* M. B. Guillet, F. Le Bris-Munch (coll.), *Déontologie de la profession d'avocat*, Paris, Studyrama, Coll. « Aide-mémoire », oct. 2008.

morales. Mais ils n'ont pas connaissance, dans cette relation qui se crée avec leur client, des étapes par lesquelles ils sont arrivés à leur jugement[4]. En réalité, leurs processus cognitifs leur sont inaccessibles. Leur comportement de sympathie à l'égard d'un client peut être activé par la situation triste dans laquelle ce dernier se trouve. Si ces dispositions psychologiques ne sont pas intrinsèquement éthiques, elles le deviennent lorsqu'elles permettent de mieux équilibrer les intérêts de chaque partie au procès.

Lorsque l'on aborde la question de la vérité, les avocats pénalistes parlent de vérité convaincante, de vérité de fait, de vérité artificielle. Pour eux, il y a surtout la confrontation avec le dossier, un amas d'informations éparses, incertaines, parfois sans logique ou lien évident entre elles. Il y a les interrogations sur les intentions de leur client, sa capacité à dissimuler, à mentir, les questionnements sur les zones obscures. Il y a les rencontres entre la version du client et celle du dossier qui permettent de mûrir lentement leur plaidoirie. Ils sous-entendent ainsi qu'en vertu de l'incapacité de l'homme à accéder pleinement à la conscience objective de lui-même et d'autrui, il est préférable d'agir avec prudence. Sur le plan éthique, l'avocat pénaliste doit suspendre son jugement lorsqu'il ne possède pas l'ensemble des facteurs intrinsèques et extrinsèques de l'affaire qu'il défend. Il doit ainsi laisser une place au doute qui profitera au prévenu ou à l'accusé. On pourrait parler d'une éthique de la parole[5] : le discours de l'avocat pénaliste n'est pas feint, il n'est pas arrangé pour séduire. Il n'est pas commandé par l'intérêt ni par la nécessité. Il est quelque peu risqué dans le sens où l'avocat en disant « une vérité » vise à affranchir et à libérer son client. La vérité-liberté devient ainsi la liberté-action.

De plus, le modèle français du procès équitable et contradictoire conduit les avocats pénalistes à se soucier de l'équilibre de la balance des droits, à veiller à l'égalité devant la loi et au respect des droits d'autrui. Ils devront ainsi s'appuyer sur les règles de l'équité[6], et sur des valeurs morales auxquelles l'opinion publique est d'ailleurs susceptible d'adhérer bien plus naturellement

[4] N. Baumard, *Comment nous sommes devenus moraux. Une histoire naturelle du bien et du mal*, Paris, Odile Jacob, 2010, p. 21.

[5] S. Laugier (dir.), *La Voix et la Vertu. Variétés du perfectionnisme moral*, Paris, Puf, Coll. « Éthique et philosophie morale », 2010.

[6] J. Rawls, *La Justice comme équité. Une reformulation de la théorie de la justice,* trad. de l'anglais par Bertrand Guillarme, Paris, La Découverte, Coll. « Textes à l'appui/Politique et société », (2003), 2008.

qu'à celles d'un droit positif distancé. L'avocat pénaliste n'est donc pas un automate se référant uniquement à la loi implacable. Celui-ci garde une marge de liberté dans son acte de défense, et participe à l'accomplissement de la justice. Il souhaite une atténuation apportée au Droit, à la Loi en considération des circonstances particulières de chaque affaire. Aristote ne disait-il pas déjà que « la nature propre de l'équité consiste à corriger la loi, dans la mesure où celle-ci se montre insuffisante, en raison de son caractère général[7] » ? Il veille à un équilibre entre la clémence et la sévérité de la peine infligée au prévenu ou à l'accusé, sans toutefois exclure les possibles effets qu'elle peut avoir à travers le psychisme, sur le comportement de l'homme coupable. Il défend ainsi une approche psychologique de la peine et du coupable en ce sens où les sanctions prononcées doivent l'éduquer et non l'accabler.

Par ailleurs, on peut relever que les actes de l'avocat pénaliste ont une coloration morale : celui-ci ne doit pas trahir son client, ne doit pas plaider sans s'appuyer sur des arguments justifiés, doit s'abstenir de divulguer des éléments du dossier, doit respecter les règles pénitentiaires, doit prendre en considération le vécu de la victime. Laissons une avocate donner son point de vue sur le sens moral ou éthique de son métier :

> Sur le sens moral ou éthique de notre métier, je dirai que l'avocat pénaliste ne doit pas trahir le client par rapport à ce qu'il lui a dit. Il ne doit pas plaider n'importe quoi. Il doit respecter le secret de l'instruction, du dossier et ne doit pas divulguer les informations. Il doit avoir un certain comportement : il ne doit ni apporter un téléphone à un détenu, ni accepter une lettre d'un détenu pour la poster pour qu'elle ne passe pas par la prison. Il doit toujours respecter la victime (Entretien n° 3).

On peut ici soutenir l'idée que les avocats ont l'intuition que certains comportements pourraient être immoraux mais qu'ils ne savent pas consciemment ce qui motive leur impression. Lorsqu'un avocat pénaliste, envisagé ici dans sa dimension humaine, arrive à se débarrasser dans son action de défense, grâce à la contrainte éthique qu'il exerce sur lui-même, des penchants les plus bas de sa personnalité, ses capacités d'appréciation des ressorts d'une situation donnée s'en trouvent améliorées. Car la défense pénale est au confluent d'un certain nombre d'éléments d'origines diverses, juridiques et extra-juridiques :

---

7 Aristote, *Éthique à Nicomaque*, trad., préface et note par Jean Voilquin, Paris, Flammarion GF, 1992, p 163.

la connaissance des lois et des règles juridiques, la connaissance des pratiques, la connaissance des référents et des implicites culturels, psychologiques, anthropologiques et sociologiques et enfin la connaissance et la pratique de l'éthique. L'extra-juridique aurait pour finalité d'assurer à l'avocat pénaliste une meilleure compréhension de son client et des contenus liés au dossier sur lequel il doit apporter sa défense. L'avocat pénaliste dissocie souvent la personne, son client, et les actes pour lesquels il se retrouve devant la justice.

Enfin dans un dernier chapitre, il a été démontré qu'au-delà de l'acte criminel qui peut avoir une connotation monstrueuse, l'avocat ne doit pas oublier la trace d'humanité de son client. S'il tient compte des faits objectifs incriminés, des éléments du dossier, sa fonction de défense le conduit souvent à aider le prévenu ou l'accusé à devenir sujet de son acte et si nécessaire à lui faire accepter d'orienter différemment son système de défense. Dans cette relation entre l'avocat et son client, il n'est pas toujours facile de résoudre la distance existante entre les valeurs de l'un et les valeurs de l'autre. Un processus de négociation peut s'engager mettant le client devant la réalité de l'affaire. Au-delà du dialogue avec le client, l'avocat peut trouver des pistes à explorer pour mieux comprendre son client et le dossier, et par une démarche de dépassement de lui-même, permettre à celui-ci d'expérimenter d'autres manières de penser. L'agir de l'avocat s'inscrit dans la préservation des droits des individus en particulier, mais aussi dans celle des droits de la société en général. L'avocat pénaliste, qui exerce une fonction délicate, engage dans les différentes phases de la défense pénale sa responsabilité morale. En reliant les différentes théories morales aux actes de défense des avocats pénalistes, on observe qu'il n'est pas possible de définir une éthique spécifique de l'avocat pénaliste. Ce dernier est au cœur d'une éthique plurielle.

Bibliographie

Arendt Hannah, *La Crise de la culture*, Paris, Gallimard, 1972.

Arendt Hannah, *Juger. Sur la philosophie politique de Kant*, trad. par M. Revault d'Allones, Paris, Le Seuil, 1991.

Arendt Hannah, *Condition de l'homme moderne*, Paris, Calmann-Lévy, Coll. « Agora », (1961) 1983.

Aristote, « Sur la Justice », *Éthique à Nicomaque, Livre V,* trad., préface et notes par Jean Voilquin, Paris, Flammarion GF, 1992.

Aristote, « Sur la Justice », *Éthique à Nicomaque, Livre V*, présentation et notes par Dabiel Agacinski, trad. par Richard Bodéus, Paris, Flammarion GF, 2008.

Badinter Raymond, *L'Exécution*, Paris, Grasset, 1973.

Baumard Nicolas, *Comment nous sommes devenus moraux. Une histoire naturelle du bien et du mal*, Paris, Odile Jacob, 2010.

Bergson Henri, *Essai sur les données immédiates de la conscience*, Paris, Alcan, « Bibliothèque de philosophie contemporaine », 1988.

Beziz-Ayache Annie, Boesel Delphine, *Droit de l'exécution de la sanction pénale*, Reuil-Malmaison, Lamy, Coll. « Axe Droit », 2010.

Bowen Murray, *La Différenciation du soi*, ESF, 1984.

Bredin Jean-Denis, Lévy Thierry, *Convaincre,* Paris, Odile Jacob, 1997.

Cadiet Loïc (dir.), *Dictionnaire de la justice*, Paris, Puf, 2004.

Canto-Sperber Monique, *L'Inquiétude morale et la vie humaine*, Paris, Puf, 2001.

Canto-Sperber Monique, *Dictionnaire d'éthique et de philosophie morale*, Paris, Puf, 1996.

Charrière-Bournazel Christian, Mondot Jean-François (collab), *La Rage sécuritaire : une dérive française*, Paris, Stock, Coll. « Parti pris », 2011.

Constant Benjamin/ Kant Emmanuel, *Le Droit de mentir*, Paris, Mille et une nuits, « La petite collection », septembre 2003.

Corato Nicolas, *Grandes Plaidoiries et grands procès du XVe au XXe siècle,* Issy-Les-Moulineaux, Prat éd., 2011.

Corneille Pierre, *Le Menteur*, Paris, Gallimard, « Folio théâtre », 2000.

Dalle Hubert, « Juges et procureurs dans la loi Perben II », in *Le Nouveau Procès pénal après la loi Perben II*, Journée d'étude, Paris, Dalloz, 2004.

Damien André, Ader Henri, *Règles de la profession d'avocat, 2004-2005*, Paris, Dalloz, Coll. « Dalloz action », 10e éd., 2004.

Danet Jean, *Défendre. Pour une défense pénale critique*, Paris, Dalloz, Série « Regards sur la justice », 2004.

Diamond Cora, *L'Importance d'être humain*, Paris, Puf, Coll. « Quadrige », 2011.

Dibos Laurent, Duran Dany, Francois Evelyne, Laumonier Anne, Mesplier David, Peillon Luc, Proust Olivier, Val Dominique, Calster (Van) Valérie, *Grandes Erreurs judiciaires*, Issy-Les-Moulineaux, Prat éd., 2006.

Dostoïevski Fiodor M., *Crime et Châtiment*, 1966, trad. par D. Ergaz, Paris, Gallimard, « Bibliothèque de la Pléiade », 1950.

Engel Pascal, Rorty Richard, *À quoi bon la vérité ?*, Paris, Grasset, Nouveau Collège de philosophie, 2005.

Folscheid Dominique, Feuillet-Le Mintier Brigitte, Mattéi Jean-François (dir.), *Philosophie, éthique et droit de la médecine*, Paris, Puf, 1997.

Foucault Michel, *Surveiller et punir*, Paris, Gallimard, 1975.

Gaboriau Simone, *L'Éthique des gens de justice*, Entretiens d'Aguesseau, actes de colloque, Limoges, Presses Universitaire de Limoges, 2000.

Gailly Philippe, (Textes réunis et traduits), *La Justice restauratrice*, Bruxelles, éd. Larcier, 2011.

Garapon Antoine, *Bien juger, Essai sur le rituel judiciaire*, Paris, Odile Jacob, 1997.

Garapon Antoine, Allard Julie, Gros Frédéric, *Les Vertus du juge*, Paris, Dalloz, 2008.

Gide André, *Souvenirs de la cour d'assises*, Paris, Gallimard, 1914.

Gilligan Carol, *In a different Voice: Psychological theory and women's development*, Cambridge MA, Harvard University Press, 1982.

Girard René, *La Violence et le Sacré*, Paris, Grasset, Coll. « Essais France », 1972.

Heinich-Luiger Laure, *Porter leur voix. Un avocat sans effets de manche*, Paris, Fayard, 2014.

Hart Herbert L.A., *Le Concept de droit*, trad. de l'anglais par Michel van de Kerchove, Bruxelles, Facultés universitaires de Saint Louis, 2005.

Honneth Axel, *La Lutte pour la reconnaissance*, trad. de l'allemand par Pierre Rusch, Le Cerf, Coll. « Passages », 2007.

Hume David, *Enquête sur les principes de la morale*, trad. par Philippe Baranger et Philippe Saltel, Flammarion GF, (1991) rééd. 2008, Coll, « Le Monde de la Philosophie ».

Hume David, *Traité de la nature humaine, t. III, La morale*, trad. par Philippe Saltel, Paris, Flammarion GF, 1993.

Inchauspé Dominique, *L'Erreur judiciaire*, préface par André-Michel Ventre, Paris, Puf, 2010.

Jolivet Anne, « La participation des citoyens à la fonction de juger en France et en Italie : Une étude socio-anthropologique du jury populaire en cour d'assises », *Thèse de doctorat en sociologie*, Université Lumière Lyon 2 et Université de Milan, 12 décembre 2012.

Jonas Hans, *Le Principe responsabilité. Une éthique pour la civilisation technologique*, trad. de l'allemand par Jean Greisch, Le Cerf, Coll. « Champ Essais », 1990.

Kant Emmanuel, *Théorie et pratique sur un prétendu droit de mentir par humanité*, Paris, Vrin, 1992.

Kant Emmanuel, *Métaphysique des mœurs I. Fondation. Introduction*, trad., présentation, bibliographie et chronologie par Alain Renaut, Paris, Flammarion GF, 1994.

Kant Emmanuel, *Métaphysique des mœurs II. Doctrine du droit, Doctrine de la vertu*, trad., présentation, bibliographie et chronologie par Alain Renaut, Paris, Flammarion GF, 1994.

Lamaze (de) Edmond et Pujalte Christian, *L'Avocat, le Juge et la déontologie*, préface par Jean-Claude. Magendie, avant-propos par M. Benichou, Paris, Puf, 2009.

Laugier Sandra(dir.), *La Voix et la Vertu*, Paris, Puf, Coll. « Éthique et philosophie morale », 2010.

Larrère Catherine, Pommier Éric (dir.), *L'Éthique de la vie chez Hans Jonas*, Paris, Publications de la Sorbonne, Coll. « La philosophie à l'œuvre », 2013.

Letourneau Alain, Moreault François (collab.), *Trois Écoles québécoises d'éthique appliquée. Sherbrooke, Rimouski et Montréal*, Paris, L'Harmattan, Coll. « Ethiques en contextes », 2006.

Lévy Thierry, *L'Animal judiciaire*, Paris, Grasset, 1974.

Lévy Thierry, *Éloge de la barbarie judiciaire*, Paris, Odile Jacob, « Poches », 2011.

Martin Robert, *Déontologie de l'avocat*, Paris, LexisNexis, 2008.

Milburn Philip, *La défense pénale : une relation professionnelle*, Thèse de doctorat en sociologie, Université Paris VIII, 1991.

Ruwen Ogien, *L'Influence de l'odeur des croissants chauds sur la bonté humaine*, Paris, Grasset et Fasquerelle, 2011.

Ost François, *Raconter la loi. Aux sources de l'imaginaire juridique*, Paris, Odile Jacob, 2004.

Perelman Chaim, *Éthique et Droit*, Bruxelles, éd. de l'Université de Bruxelles, 2012.

Perrin Christophe et Gaune Laurence, *Parcours d'avocat(e)s*, préface par Christian Charrière-Bournazel, Paris, Le Cavalier bleu, 2010.

Pommier Eric, *Hans Jonas et le principe responsabilité*, Paris, Puf, Coll. « Philosophies », 2012.

Poncela Pierrette, P. Lascoumes Pierre, *Réformer le Code pénal*, Paris, Puf, Coll. « Les voies du droit »,1998.

Proust Olivier, in *Les Grandes Erreurs judiciaires : Dreyfus, Seznec, Dils, Outreau*, Issy-les-Moulineaux, Prat éd., 2006.

Rawls John, *La Justice comme équité. Une reformulation de la Théorie de la justice*, trad. de l'anglais par Bertrand Guillarme, Paris, La Découverte, « Textes à l'appui/Politique et société », 2003 ; « Poches/Sciences humaines et sociales », 2008.

Ricoeur Paul, *Temps et récit, III. Le temps raconté,* Paris, Le Seuil, 1985.

Ricoeur Paul, *Du texte à l'action. Essais d'herméneutique II,* Paris, Le Seuil, 1986.

Ricoeur Paul, *Histoire et vérité*, Paris, Le Seuil, 1955.

Ricoeur Paul, *Le Juste*, Paris, Esprit, 1995.

Rousseau Jean-Jacques, *Discours sur les fondements et l'origine de l'inégalité parmi les hommes,* Paris, Flammarion, 1971.

Rude-Antoine Edwige (dir.), *Le Procès pénal : enjeu de droit, enjeu de vérité*, Paris, Puf, Currap, 2007.

Saint-Pierre François, *Avocat de la défense*, Paris, Odile Jacob, 2009.

Saint-Pierre François, *Au nom du peuple français. Jury populaire ou juges professionnels*, Paris, Odile Jacob, 2013.

Salas Denis, *Du procès pénal*, Paris, Puf, 1992, Coll. « Quadrige », 2010.

Salas Denis, *La Volonté de punir. Essai sur le populisme pénal*, Paris, Hachette/ Littératures, 2005 ; Arthème/Fayard, Coll. « Pluriel », 2010.

Scheler Max, *Nature et Formes de la sympathie. Contribution à l'étude des lois de la vie affective*, Paris, Payot, 1971, 2003.

Schopenhauer Arthur, *Le Fondement de la morale* (1840/1861), nouvelle trad. par Christian Sommer, Folio-Gallimard, 2009.

Smith Adam, (1759), *Théorie des sentiments moraux*, trad. par Michael Biziou, Claude Gautier et Jean-François Pradeau, Paris, Puf, Coll. « Quadrige », 2003.

Vergès Jacques, *Journal. La passion de défendre*, Paris, éd. du Rocher, 2008.

Vergès Jacques, Maillard de la Morandais Alain, *Avocat du diable, Avocat de Dieu*, Paris, Presses de la Renaissance, Coll. « Petite Renaissance », 2008.

Wilson James Q., *The Moral Sense,* New York: Free Press, 1993.

Ballande Olivier, *Avant les assises. Une affaire de meurtre*, DVD vidéo, 62 mn, Maha Productions, 2004.

Danet Jean, *Des deux côtés de la barre*, DVD vidéos 1 et 2, réalisation Daniel Duuez, Filippi et Duuez Production, janvier 2009.

Table des matières

Autres publications de, ou sous l'égide de la Fondation Ostad Elahi aux éditions L'Harmattan

Collection « Journées de la solidarité humaine »

Pourquoi croire encore en l'homme? (à paraître)
Avec des contributions de B. Bourgeois, A. Merker, J.-M. Besnier, S. de Mijolla-Mellor, P. Le Vaou, J. Lecomte.

Se connaître soi-même : pourquoi, comment ? 2012
Avec des contributions d'E. Godart P. Guénancia, M.-F. Hirigoyen, J. Mesnard, P.-M. Morel, Ch. Rancé, J. Sackur.

Spirituel et Rationnel : Les alliances paradoxales, 2011
Avec des contributions de M. Balmary, B. Bourgeois, D. de Courcelles, A. Cugno, M. Dixsaut, É. During, P. Maniglier, J. Mesnard, Gh. Waterlot.

Comment la littérature change l'homme – Rûmi, Dante, Montaigne, Tagore, Hesse, Soljénitsyne, 2009
Avec des contributions de L. Anvar, F. Bhattacharya, R. Dadoun, Mgr. C. Dagens, J.-Ch. Darmon, J. Risset.

L'Invention de la tolérance – Averroès, Maïmonide, Las Casas, Lincoln, Voltaire, 2008
Avec des contributions d'A. Benmakhlouf, N. Capdevila, B. de Negroni, C. Fohlen, M. Ruben-Hayoun.

De l'Esprit à l'éthique. Les constructions de l'humain, 2007
Avec des contributions d'A. Baudart, P. Maniglier, M. Meslin, J.-D. Nasio, J.-L. Petit, Fr. Worms.

L'Universel (au) féminin, – Hannah Arendt, Camille Claudel, Marie Curie, Françoise Dolto, Eleanor Roosevelt, Clara Schumann, 2006
Avec des contributions de L. Adler, A. Delbée, B. François-Sappey, H. Harter, H. Langevin-Joliot, J.-P. Winter.

Comment devient-on universel ?, Socrate, Confucius, Avicenne, Galilée, Bach, Gandhi, 2005
Avec des contributions d'A. Baudart, G. Cantagrel, Fr. Chareix, A. Cheng, R. Deliège, A. Hasnaoui.

Comment devient-on universel ?, De Vinci, Shakespeare, Descartes, Mozart,

Einstein, Luther King, 2005
Avec des contributions de F. Balibar, J.-M. Beyssade, S. Bramly, B. François-Sappey, A. Kaspi, Fr. Laroque. Avant-propos par P.-Henri Imbert, directeur général des Droits de l'homme au Conseil de l'Europe.

Quelle éthique après le 11 septembre ? 2003
Avec des contributions d'O. Abel, J. Baubérot, J.-M. Belorgey, B. Bourgeois, J.-P. Dupuy, J.-P. Guetny, P.-H. Imbert, B. Kriegel, J.-M. Muller, D. Reynié.

Collection « Éthique au quotidien »

L'Éthique du mensonge, 2012
Dominique Ducerf.

Juger n'est pas jouer, 2006
Claude Berger.

L'Éthique des petits actes, 2005
Eric Camerlynk.

Changer de regard, 2004
Olivier de Brivezac et Emmanuel Comte.

Vaincre la jalousie, 2003
Béatrice Guernier et Agnès Rousseau.

Collection « Éthique vivante »

L'Impact de nos actes, 2005
Témoignages recueillis par A. Rousseau.

Le Bien, qu'en disent les jeunes ?, 2005
Témoignages recueillis par S. Levasseur.

Collection « Logiques du spirituel »

L'Archet et le lutrin. Enseignement et foi dans la poésie médiévale d'Oc, 2008
S. Thiolier-Méjean.

Les Fous d'amour dans la littérature médiévale européenne et proche-orientale, 2007

Sous la direction de C. Kappler et S. Thiolier-Méjean.

Petit dictionnaire de la vie monastique, 2004
M. Covin.

Dieu a-t-il sa place dans l'éthique ?, 2002
Avec des contributions de J.-M. Belorgey, A. Cugno, F. Marty, J. W. Morris, H. Politis, A. Saudan, J.-L. Vieillard-Baron, J.-J. Wunenburger.

La Mystique, une éthique paradoxale, 2002
Avec des contributions de M. Broc-Lapeyre, C. Chalier, L. Croix, A. Cugno, M. Fromaget, E. Geoffroy, C.-A. Keller, L. Lavaud.

L'HARMATTAN ITALIA
Via Degli Artisti 15; 10124 Torino

L'HARMATTAN HONGRIE
Könyvesbolt ; Kossuth L. u. 14-16
1053 Budapest

L'HARMATTAN KINSHASA
185, avenue Nyangwe
Commune de Lingwala
Kinshasa, R.D. Congo
(00243) 998697603 ou (00243) 999229662

L'HARMATTAN CONGO
67, av. E. P. Lumumba
Bât. – Congo Pharmacie (Bib. Nat.)
BP2874 Brazzaville
harmattan.congo@yahoo.fr

L'HARMATTAN GUINÉE
Almamya Rue KA 028, en face du restaurant Le Cèdre
OKB agency BP 3470 Conakry
(00224) 657 20 85 08 / 664 28 91 96
harmattanguinee@yahoo.fr

L'HARMATTAN CAMEROUN
BP 11486
Face à la SNI, immeuble Don Bosco
Yaoundé
(00237) 99 76 61 66
harmattancam@yahoo.fr

L'HARMATTAN CÔTE D'IVOIRE
Résidence Karl / cité des arts
Abidjan-Cocody 03 BP 1588 Abidjan 03
(00225) 05 77 87 31
etien_nda@yahoo.fr

L'HARMATTAN MAURITANIE
Espace El Kettab du livre francophone
N° 472 avenue du Palais des Congrès
BP 316 Nouakchott
(00222) 63 25 980

L'HARMATTAN SÉNÉGAL
10 VDN en face Mermoz, après le pont de Fann
BP 45034 Dakar Fann
33 825 98 58 / 33 860 9858
senharmattan@gmail.com / senlibraire@gmail.com
www.harmattansenegal.com

L'HARMATTAN BÉNIN
ISOR-BENIN
01 BP 359 COTONOU-RP
Quartier Gbèdjromèdé,
Rue Agbélenco, Lot 1247 I
Tél : 00 229 21 32 53 79
christian_dablaka123@yahoo.fr

655907 - Mai 2016
Achevé d'imprimer par

1livre.com
du rêve à la réalité !

www.ingramcontent.com/pod-product-compliance
Lightning Source LLC
LaVergne TN
LVHW010935061026
849535LV00007B/2406
* 9 7 8 2 3 4 3 0 5 2 2 2 9 *